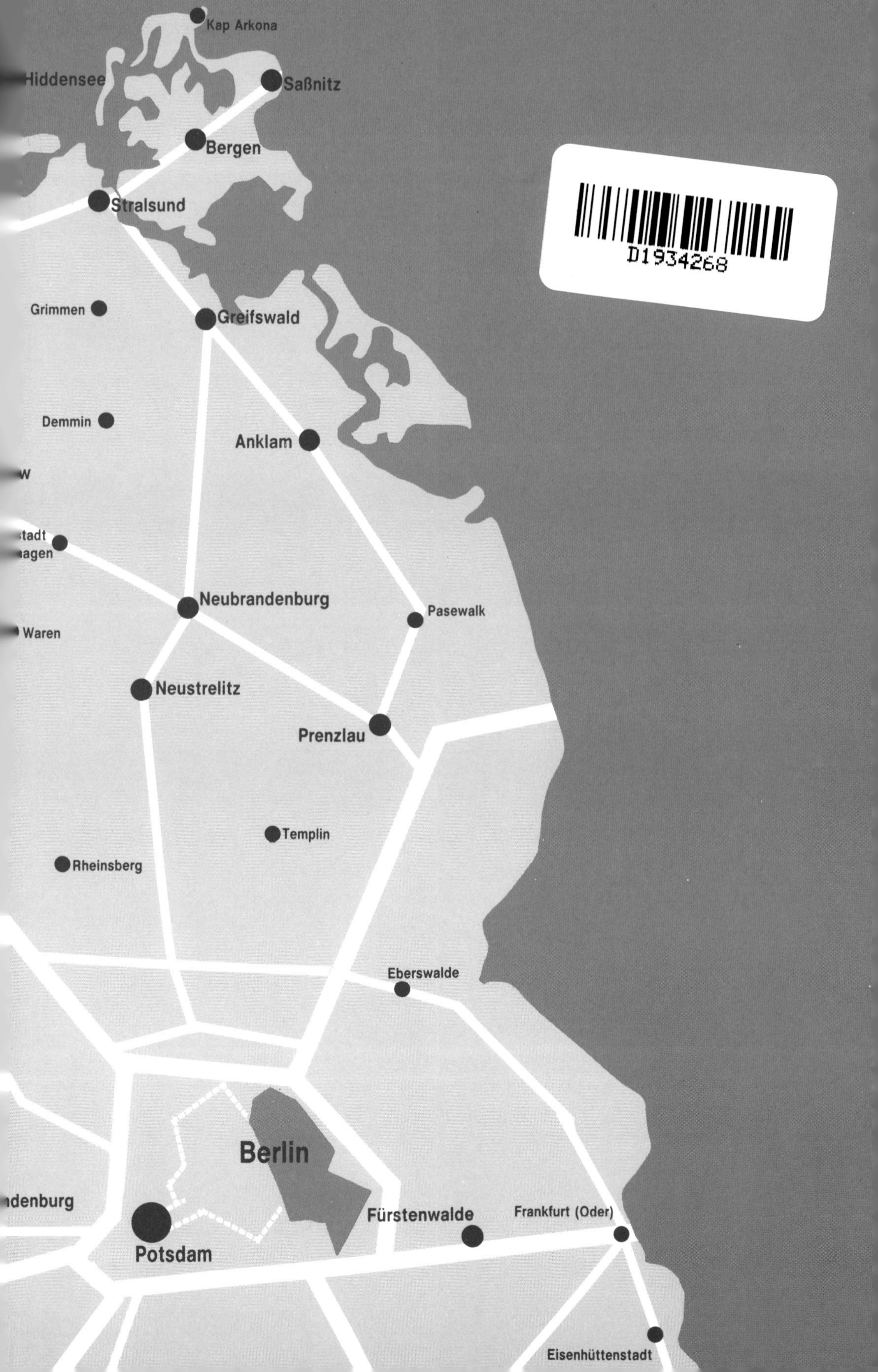
Kap Arkona
Hiddensee
Saßnitz
Bergen
Stralsund
Grimmen
Greifswald
Demmin
Anklam
Neubrandenburg
Pasewalk
Waren
Neustrelitz
Prenzlau
Templin
Rheinsberg
Eberswalde
Berlin
Fürstenwalde
Frankfurt (Oder)
Potsdam
Eisenhüttenstadt
D1934268

Unterwegs im anderen Deutschland

Uwe Gerig

Unterwegs im anderen Deutschland

Reisen zwischen Fichtelberg und Kap Arkona

Uwe Gerig

Umschau

**Meinen Freunden
jenseits und diesseits der Mauer**

CIP-Kurztitelaufnahme der Deutschen Bibliothek

Gerig, Uwe
Unterwegs im anderen Deutschland · Reisen zwischen
Fichtelberg u. Kap Arkona / Uwe Gerig. –
Frankfurt am Main · Umschau, 1986.
ISBN 3-524-63036-7

Umschlaggestaltung: Manfred Sehring
unter Verwendung eines Fotos der Basteibrücke im Elbsandsteingebirge

Gestaltung: Kreativ-Design Gerd Aumann, Iris Feuerbach

Alle Bilder im Buch stammen von Uwe Gerig

Gesamtherstellung: Brönners Druckerei Breidenstein GmbH, Frankfurt am Main
Printed in Germany

Inhalt

Und mittendrin: Preußen 7

»Weiße Mäuse« liegen auf der Lauer 9

Insel ohne Intershop 13

Dialektisches 25

Die »Schildbürger« wohnen in Schildau 29

Unverständliches 33

Geteilte Landschaft zwischen Werra und Leine 39

Ein Grund zum Feiern findet sich immer – Volksfeste – 49
- Die Ulk-Großmeister einer Kleinstadt 50
- Zur Pfingstzeit wird ein Baum gestemmt 51
- Jubel um Jumbo 54
- PS im Mühlenholz 55
- Motorenlärm und Dauerkuß 56
- Auf dem Kopf ein Gockelhahn 57
- Tauben-Tausch-Tag 62
- Weihnachtsmänner sind sie nicht 63

Erfurt 65

Bimmelbahnen 77
- Eisenbahn als Straßenbahn 79
- Die längste Strecke 81
- Zwischen Sternhaus und Mägdesprung 82
- Der höchste Bahnhof 82
- Die älteste Kleinbahn 82
- Sonderfahrt in historischen Kostümen 83
- Traditionsbewußtsein und Einsatzfreude 88

Die heile Welt der kleinen Städte 89

Türme, Tore, Telespargel 97
- Keine Zierde, aber praktisch 99
- Der Aussichtsturm vom Bäckermeister 99
- Das Gefängnis einer schönen Gräfin 100
- Der einzige Leuchtturm im Binnenland 101
- Minarett ohne Muselmanen 101
- Ausblick in den Westen 102

Wo Knöpfe rollen und ein Kaiser reitet 103

Sehenswertes, Kurioses, Einmaliges 117
- Für einen Groschen in die Höhe 118
- Eine Kuh spuckt Wasser 119
- Zug um Zug 120
- Der »Schnapphans« von Jena 120
- Ein Rathaus ohne Treppen 122
- Der unerklärbare Kahlbutz 123

Hexenspuk und Riesensprünge 123
Erzgebirge im Kleinformat 124

Auf grünem Pfad im Dauerlauf 125

»Elbflorenz«, »Spreeathen« und »Klein Paris«:
Verblaßte Größen 133

Spreewald-Gondolieri 141

Meininger Mimen 147

Die Ritter des Rechts am Rathaus 151

Eine Stadt der kurzen Wege: Weimar 157

Hinüber – herüber – Brückengeschichten – 167
Riesenwand aus Stein 168
Ein gotisches Meisterwerk 168
Die Rettung eines Wunders 168
Häuser über dem Wasser 170
Nur für Wanderer 170
Die Allerkleinste 171
Brücke mit Fenstern 171
Alt aber standfest 174
Unten soll der Teufel wohnen 174
Mit der Kurbel in die Höhe 174

Von Arnstadt bis Zwickau: Ein Städte-Alphabet 175

Reiseformalitäten 197

Weiterführende Literatur 201

Alle Bimmelbahnstrecken auf einen Blick 201

Die Rolande der DDR befinden sich in: Belgern,
Brandenburg, Buch, Calbe, Halberstadt,
Haldensleben, Halle/Saale, Neustadt/Harz,
Nordhausen, Perleberg, Potzlow, Quedlinburg,
Questenberg, Stendal, Zerbst 202

Verzeichnis der geographischen Namen 203

Namen- und Sachregister 205

Reisetips: Baden/Strände, Camping, Feste, Gaststätten,
Transitreisen, Wallfahrten/Prozessionen, Wandern,
Feste im Jahreslauf 207

Und mittendrin: Preußen

Zwischen Fichtelberg und Kap Arkona, zwischen Marienborn und Frankfurt/Oder wird an 16,5 Millionen Deutschen nach bester preußischer Kasernenhofmanier ein »Sozialismus« sowjetischen Vorbildes erprobt. Die 1961 Eingemauerten haben sich arrangieren müssen mit ihrem ungeliebten Staat und dessen Funktionären, die sich nach außen gern weltoffen geben, die ihren Untertanen aber Reisen in die weite Welt erst mit Erreichung des Rentenalters gestatten. Der Besucherverkehr findet deshalb nur auf Einbahnstraßen statt. Doch Deutsche aus Deutschland-West kommen erfreulicherweise in immer größerer Zahl nicht nur zu Verwandtenbesuchen nach Deutschland-Ost, sondern haben wie viele Ausländer das Transitland DDR im Herzen Europas auch für touristische Stippvisiten entdeckt. Das stimmt hoffnungsfroh, denn jeder westliche Besucher, egal, ob er bildungsbeflissen oder erholungsbedürftig gen Osten reist, wird aus eigener Anschauung nicht nur neue Einsichten gewinnen, sondern durch Begegnungen mit den Gastgebern deren Selbstvertrauen und das Gefühl stärken: Wer uns besucht, der hat uns nicht vergessen. Dies ist ein Vierteljahrhundert nach dem Mauerbau von besonderer Bedeutung.

Abb. Seite 8: Der Leuchtturm am Kap Arkona steht unter Denkmalschutz.

Links: Militärisches Gehabe nach alter preußischer Tradition gehört zum DDR-Alltag. Ihr Privatleben arrangieren sich die Bürger dagegen zivil-gemütlich.

Das eine Ende:
Der Fichtelberg im Erzgebirge. Mit 1214 Metern die höchste Erhebung und einer der südlichsten Punkte des kleineren deutschen Staates. (Der südlichste geographische Punkt der DDR liegt im Vogtland.) Auch dort Grenzmarkierungen und Soldaten. Doch die Reise ins Nachbarland Tschechoslowakei ist möglich. Ohne Visum. Personalausweis genügt. An der 454 km langen Grenze zwischen der DDR und der Tschechoslowakei sind sechs Straßenübergänge geöffnet. Die 460 km lange Ostgrenze nach Polen ist dagegen seit 1981 für die DDR-Bürger wieder fast ebenso hermetisch geschlossen, wie die 1 378 km lange, durch Mauern und Stahlgitterzäune gesicherte innerdeutsche Demarkationslinie.

Das andere Ende:
Kap Arkona, 54 Grad, 41 Minuten Nord, Insel Rügen. Nördlichster Punkt der DDR. Auf dem sturmumtosten Plateau gruppieren sich ein halbes Dutzend Wohnhäuser um den Leuchtturm und die Wetterstation. Nur 23 Menschen leben ständig dort. Die Anzahl ihrer Nachbarn, Soldaten einer Grenzkompanie, ist größer, natürlich aber streng geheim. Die Uniformierten patrouillieren tagaus, tagein mit umgehängter Maschinenpistole am steinigen Ufersaum. Sie bewachen eine imaginäre Staatsgrenze, die irgendwo auf dem Wasser, draußen am Horizont, verläuft. Neugierige aus dem Binnenland, die bis in die Einöde rings um den Leuchtturm vorgedrungen sind, starren mit Ferngläsern über die Ostsee. Hinter den Wolken liegt Schweden. Hundert Kilometer nah, doch für sie unerreichbar. Möwen kreischen. Am Kap, wo der Arbeiter- und Bauernstaat beginnt (oder endet), ist's langweilig und kalt.

»Weiße Mäuse« liegen auf der Lauer

Das Auto ist des Deutschen liebstes »Kind«, hüben wie drüben. Doch während bei uns mindestens ein guter Stern zum Statussymbol gehört, gibt man sich jenseits der Mauer – notgedrungen – bescheidener. Der Besitz eines Duroplastgehäuses auf Rädern, TRABANT genannt, gehört zu den Träumen jedes Fußgängers. Stolze Eigner dieser seltsamen Mobile pflegen ihre Schmuckstücke oftmals direkt vor der Haustür, wie dieser Hobbybastler aus Erfurt.

Abb. rechte Seite: Aufgebockt schlummert mancher Veteran der Landstraße wegen fehlender Ersatzteile dem fernen Tag seiner Wiederzulassung entgegen. Automatische Waschanlagen sind rar, deshalb greifen ostdeutsche Saubermänner selbst zu Lappen und Schwamm. Manche Enthusiasten wagen sich auch als Amateurrennfahrer an den Start. Auf dem Schleizer Dreieck in Thüringen, bei Frohburg (Bezirk Leipzig) und auf dem Sachsenring donnern einmal im Jahr die Motore. Hunderttausend begeisterte Autofans als Zuschauer sind keine Seltenheit.

Auto-risiertes

Der Herr Staatsratsvorsitzende Erich Honecker höchstselbst äußerte sich über die fahrbaren Untersätze seiner Landsleute. In einem ZEIT-Interview bemerkte er: »Ich möchte Ihnen aber sagen, daß es natürlich auch sehr viele Freunde des Zweitaktmotors vom »Trabi« und vom »Wartburg« gibt. Die sind sehr beliebt. Nicht jeder hat eine Garage, und man kann das Ding hinstellen und braucht im Winter keine großen Sorgen zu haben . . .«
Übrigens: Honecker benutzt als Dienstwagen keinen »Trabi«, sondern einen Peugeot oder VOLVO.

Ha, jubilierte meine Freundin Inge, so schlimm ist das alles gar nicht! Die Uniformierten an der Grenze hatten ausnahmsweise ihre verknitterten Dienstmienen gegen freundliche Gesichter ausgetauscht. Niemand wünschte das Gepäck zu inspizieren. Einer ließ sich sogar zu einer schmeichelhaften Bemerkung über das Foto in ihrem Reisepaß hinreißen. »Gute Weiterreise!«, wünschte der Zöllner. War es die unerwartet freundliche Behandlung an der Grenze? Lag's am schönen Wetter? Meine Freundin Inge hatte prächtige Laune, gab Gas und nahm sich vor, die DDR ab sofort mit ganz anderen Augen zu betrachten. Freundlichkeit auf Gegenseitigkeit!

Eisenach kam in Sicht. Die Stadt zur Rechten, hoch oben die Wartburg. Auf der Autobahn war Inge mit ihrer »Ente« allein. Sie blickte hinüber zum Städtchen und nicht auf den Tacho. Ein grober Fehler! Das Auto rollte talwärts. Schneller, immer schneller. Schneller, als erlaubt. Unten, an der Ausfahrt »Eisenach-Ost«, gebot ein Grüner mit weißer Mütze, ein Volkspolizist, auch »weiße Maus« genannt, »Halt!« Jener und sein Kollege im Streifenwagen wollten erst den Führerschein sehen und dann wollten sie Geld. Westgeld natürlich. Ihre Radarfalle hatten sie auf der Hälfte des Berges hinter einer Schilderwand postiert. Jeder rollt dort schneller als »100« hinunter. Wer denkt bei der herrlichen Aussicht auf Eisenach schon an Wegelagerer? Doch die liegen überall auf der Lauer. Vorsicht ist im Lande des Tempolimits überall geboten. Langsamfahrstrecken auf den Autobahnen, oftmals ohne ersichtlichen Grund eingerichtet, oder Ausfallstraßen in größeren Städten, auf denen man nur »60« fahren darf, werden von Ahnungslosen meist mit überhöhtem Tempo passiert. Und dann passiert's eben. Eine »weiße Maus« springt aus dem Gebüsch, schwingt den schwarzweißen Signalstab, belehrt den »Raser« und bittet zur Kasse. Einheimische Autofahrer werden, wenn sie nicht widersprechen und in Demutshaltung während der Strafpredigt verharren, mit zehn oder zwanzig Mark Strafgeld zur Ordnung gerufen. Manchmal gibt's zusätzlich noch einen »Stempel« in die »Berechtigungskarte« zum Führerschein. Diese Form der Bestrafung ist besonders gefürchtet, denn mehrere »Stempel« qualifizieren den Inhaber der Karte sehr schnell zum Verkehrsrowdy, dem mancherlei Unannehmlichkeiten drohen. West-Sünder büßen ausnahmslos mit West-Geld. Jede Währung ist willkommen. Doch: widerspruchslos sollte niemand das gepfefferte Strafmandat (in der Regel mehr als 100 DM) zahlen. Man kann um Angabe des Kontos bitten, auf das der Betrag später zu überweisen ist, und sollte zunächst von seinem schriftlichen Beschwerderecht beim zuständigen Volkspolizeikreisamt Gebrauch machen. Der Ordnungshüter am »Tatort« muß den vorerst Zahlungsunwilligen auf jeden Fall weiterfahren lassen. Gewiefte Leute wissen das und sparen so eine Menge Geld.

Autofahren in der DDR bedeutet stets eine Umstellung für den Reisenden aus dem anderen Deutschland. An Geschwindigkeitsbegrenzungen kann man sich gewöhnen, an den teilweise schlechten Straßenzustand kaum. Viele Fernverkehrsstraßen sind schmal und schlaglochgespickt. Kopfsteinpflaster oder die bei Regenwetter tückischen Blaubasalt-Straßendecken verlangen nach Fahrkünstlern. Hellseherische Fähigkeiten sind wegen der meist unzureichenden Beschilderung vonnöten. Die Schrift auf den Hinweistafeln am

FROSTOX
98
FROSTOX

Straßenrand ist oft klein und deshalb nur schwer zu enträtseln. Wer einmal versucht hat, ohne Ortskenntnis zügig durch Dresden oder Magdeburg zu fahren, wird wegen der uralten, versteckt angebrachten Straßenschilder an die Odyssee noch lange denken.

Verkehrsstau - dieser geläufige West-Begriff gehört selbst in den DDR-Ballungszentren noch zu den Ausnahmeerscheinungen. Die Motorisierung hat im vergangenen Jahrzehnt zwar deutlich zugenommen, trotzdem ist sie im Vergleich zu der in der Bundesrepublik noch gering. Von zehn DDR-Haushalten verfügen jetzt vier über ein Auto. (In der Bundesrepublik jeder zweite Haushalt.) Knapp drei Millionen Personenwagen waren Ende 1982 in der DDR registriert. Die Mehrzahl stammt aus einheimischer Produktion und hat teilweise schon Altertumswert. Knatternde Zweitaktmotore bringen den DDR-»Volkswagen« Trabant, von seinen Besitzern liebevoll »Trabi« genannt, auf die gesetzlich zulässige Höchstgeschwindigkeit von 100 km/h. Der Trabant wird in Zwickau hergestellt, kostet etwa zehntausend Mark und ist nach 13jähriger Wartezeit erhältlich. Gleichfalls mit einem Zweitaktmotor bestückt gehört der doppelt so teure Wartburg aus Eisenach zu den etwas schnelleren und komfortableren Fortbewegungsmitteln. Geduld muß ein DDR-Käufer aber auch haben, bevor er zum Wartburg-Besitzer wird. Zwölf Jahre mindestens. Ebensolange hat der fahrbare Untersatz dann auch wieder seinen Dienst zu versehen. Die Wartelisten sind endlos, denn Auto-Importe sind rar geworden. Die jeweils zehntausend VW-Golf und Mazda waren vor Jahren eine Ausnahme. Jetzt werden pro Jahr etwa 12 500 Skoda aus der Tschechoslowakei geliefert und ebenso viele Lada aus der Sowjetunion. Der Werkstatt-Service krankt an fehlenden Ersatzteilen. Pannenhilfsdienste, wie sie beispielsweise vom ADAC im gesamten Bundesgebiet organisiert werden, sind »drüben« Ausnahmen. Wer nachts oder an Feiertagen unterwegs mit seinem Auto stehen bleibt, kann nur zur Selbsthilfe schreiten oder auf den hilfsbereiten Herrn »Zufall« hoffen. Doch solche Hilfsbereitschaft ist unter den Autofahrern sehr verbreitet. Und wen als West-Besucher die Defekthexe ereilt, darf besonderer Zuvorkommenheit sicher sein. Nicht nur wegen des möglichen Trinkgeldes in der Intershop-Währung. Unsere motorisierten Nachbarn sind meist uneigennützige Helfer, die sehr viel Ehrgeiz entwickeln, als Trabant-Fahrer auch einmal einem BMW oder Mercedes wieder auf die Sprünge zu helfen. Wenn's klappt, hebt das die Selbstwertgefühle des Helfers ungemein. Davon kann man am Stammtisch erzählen!

Zugedeckt mit maßgeschneiderten Planen werden »Trabi«, »Wartburg«, LADA, »Moskwitsch« und andere Vehikel vor den Unbilden der Witterung geschützt.

Insel ohne Intershop

54 Grad, 34 Minuten Nord, 13 Grad, 0,6 Minuten Ost – das sind die Koordinaten einer »Trauminsel«. Für viele DDR-Bürger, Intellektuelle und Künstler vor allem, gehören Urlaubstage auf dem 18,6 Quadratkilometer kleinen Eiland Hiddensee zu den großen, aber nur mit Schwierigkeiten erfüllbaren Wünschen.

Nach mehr als zweistündiger Fahrt durchs flache Boddengewässer macht das aus Stralsund kommende Seebäderschiff im Hafen von Neuendorf fest.

Die Wohnhäuser auf der Insel haben hühnerstallartige kleine Anbauten, Unterkünfte für Feriengäste. Am »Dornbusch«, im Norden der Insel, finden Wanderer die große Einsamkeit.

Schlafstätten

Hotelbetten sind noch immer rar zwischen Ostsee und Erzgebirge. Über die größten Herbergen mit internationalem Standard verfügt die 1965 gegründete staatliche Vereinigung Interhotel mit zahlreichen Neubauten u. a. in Rostock, Potsdam, Ost-Berlin, Halle, Magdeburg, Gera, Dresden, Oberhof und Karl-Marx-Stadt. Auch das historische Hotel »Elephant« in Weimar gehört der Vereinigung. Auskünfte im Ostberliner Hotel Metropol, Friedrichstraße 150–153, Telefon 0037 2 2204 207.

»In dreißig Minuten sind wir drüben«, meint der Käpt'n beiläufig und weist westwärts. »Drüben« – mit diesem Wort verbindet sich normalerweise in der DDR viel Unerreichbares: Reisen, Freizügigkeit, die Welt jenseits der abgeriegelten Grenze. Dieses »drüben«, die im Nebeldunst am Horizont schemenhaft zu erkennende Ostseeinsel Hiddensee, ist erreichbar. Für jedermann. Ohne Ausreisevisum, ohne Antrag, ohne gestempeltes Formular. Nur ein Quartier muß der Besucher nachweisen. Und da beginnt schon wieder das Problem. Übernachtungsmöglichkeiten auf Hiddensee sind rar. Neunzig Prozent aller privaten Fremdenzimmer (Hotels oder Pensionen gibt es dort seit langem nicht mehr) müssen dem FDGB-Feriendienst vertraglich zur Nutzung gemeldet werden. Um die restlichen zehn Betten-Prozent buhlen tausende Möchtegern-Ostsee-Urlauber aus dem DDR-Binnenland. Die Hiddenseer haben schnell den Marktwert ihrer vermietbaren Behausungen erkannt. Mit Geld oder guten Worten allein ist keine Bleibe mehr zu bekommen. Wer Ware bieten kann, gerät schon eher in den Kreis der Auserwählten. Gefragt sind Kacheln fürs

BREEGE

Urlauberinvasion
Trotz unterentwickelter Infrastruktur und fehlender Übernachtungsmöglichkeiten steigt die Zahl der Ostseeurlauber jährlich weiter an. Drei Millionen Menschen erholen sich während der Saison für längere Zeit an der Küste zwischen Ahlbeck im Osten und Boltenhagen im Westen. Die meisten von ihnen erhalten Unterkunft in Gewerkschafts- oder Betriebsferienheimen. Etwa 600 000 Badelustige finden Platz im eigenen Zelt oder Wohnwagen auf den 54 staatlichen Campingplätzen. Die Bewerber um einen Zeltplatz müssen bereits im Winter zuvor bei einer zentralen Vermittlungsstelle in Stralsund einen Antrag stellen. Da die Zahl der Anträge die Anzahl vorhandener Zeltplätze an der Ostsee aber bei weitem übersteigt, kann nur jeder vierte Bewerber tatsächlich zum Campingurlauber avancieren.

Poetisches
»Meerumschlungen
und Kreidegrün,
märchendurchklungen
und heldenkühn.
Herden im Haage,
reifendes Feld,
flüsternde Sage,
Lug in die Welt.«
Gerhart Hauptmann, ein noch unbekannter Dichter, trug sich 1885 mit diesen Versen ins Gästebuch des Wirtshauses neben dem Leuchtturm am Kap Arkona auf der Insel Rügen ein.

Bad, elektrische Nachtspeicheröfen, Zement und andere schwer zu beschaffende Baumaterialien, denn gebaut wird viel auf der Insel. Genehmigungen zur Errichtung neuer Häuser sind vom Gemeindeamt kaum zu erhalten, der Um- und Ausbau wird dagegen gefördert. So verbessern sich nicht nur die Wohnbedingungen für die Einheimischen, auf Umwegen profitieren auch wieder die Fremden davon. Und die Mitarbeiter der örtlichen Staatsmacht drücken oft genug alle Augen zu. Der Inselbürgermeister meint resigniert: »Die Leute stellen einen Antrag zum Ausbau ihres Schafstalles, aber im nächsten Sommer zieren die angebliche Viehunterkunft schmucke Gardinen!«
Wo sich jetzt pro Jahr etwa 32 000 Sonnenhungrige mit FDGB-Ferienscheck oder in den 22 Betriebsferienheimen (889 Betten) jeweils 14 Tage organisiert erholen, dorthin verirrte sich vor hundert Jahren kein einziger Urlauber. Damals reiste, wer betucht genug war, in die Ostseebäder Warnemünde oder Heringsdorf. Aber nach Hiddensee? Kaum jemand wußte überhaupt, wo diese Insel lag. Gerhart Hauptmann, als junger Dichter schon eine Persönlichkeit, hat das landschaftlich reizvolle Refugium für den Tourismus entdeckt. Heute beruft man sich gern darauf, daß Hauptmann, mehr zufällig, während einer Rügenreise am 29. Juli 1885 erstmals Hiddenseer Boden betrat. Eine Gedenktafel am einstigen Gasthaus Schlieker in Kloster erinnert daran. Sein zweiter, längerer Hiddensee-Aufenthalt fand im Sommer 1896 statt. Auch diesem Ereignis hat der jetzige Hausherr des früheren »Hotel zur Ostsee«, der Gewerkschafts-Feriendienst, eine beschriftete Marmortafel an der Fassade gewidmet. Hauptmann soll, so berichten seine Biographen, 1896 in jenem Hause seiner Geliebten und späteren Ehefrau Margarete Marschalk große Teile des berühmt gewordenen Prosawerkes »Versunkene Glocke« in den Stenogrammblock diktiert haben. Was heute an gleicher Stelle von Mitarbeitern der Direktion des »FDGB-Objektes Hiddensee« an schriftlicher Urlauberagitation verfaßt wird, ist weniger poetisch, und ein Prospektzitat liest sich so: »Also: Tief einatmen und – herzlich willkommen im Objekt Hiddensee des Feriendienstes der Gewerkschaften mit den FDGB-Erholungsheimen in Kloster, Vitte und Neuendorf. Wir, die Mitarbeiter des Feriendienstes der Gewerkschaften, haben die ehrenvolle Verpflichtung übernommen, Sie von Jahr zu Jahr in höherer Qualität auf materiellem, geistig-kulturellem und sportlich-touristischem Gebiet zu betreuen. Das ist der uns in Beschlüssen von Partei, Regierung und FDGB gestellte Klassenauftrag.«
Um wie vieles freundlicher klingt dagegen der mundartlich gereimte Willkommens-Spruch eines Nicolaus Niemeier, der Hiddensee so besungen hat:
»Hett di de Welt watt dohn
Un da di weh
Un will di nich verstehn
Denn pack dien Leed un Krohm
Un go noh Hiddensee
Do warst du licht un free«
Leicht und frei zu werden, der Hektik des Alltagslebens zu entfliehen, Zwiesprache mit der herben Natur zu halten – das waren nicht nur Hauptmanns Motive für seine zunächst sporadischen, später regelmäßigen Besuche auf der Insel (seit 1930 im eigenen Haus in Kloster). Auch Thomas Mann und Albert Einstein verbrachten in den zwanziger Jahren ihre Ferien auf Hiddensee. Mit den Prominenten kamen viele unbekannt gebliebene

Künstler, Maler, Schauspieler und Dichter in die abseits gelegene Gegend. Gäste zu beherbergen wurde für die Inselbewohner zu einer willkommenen Nebenerwerbsquelle. Der Schiffer Bentzien nutzte die Reisekonjunktur bereits 1896 und richtete mit seinem Dampfer »Caprivi« eine regelmäßige Linienverbindung zwischen Stralsund und Kloster ein. 1919 hatte die »Rügensche Genossenschaftsreederei« mehrere Passagierschiffe zur Insel im Einsatz, und in den Jahren 1928 bis 1935 bestand sogar eine Sommer-Flugverbindung nach Kloster.

Die Schauspielerin Asta Nielsen schwärmte in ihren Lebenserinnerungen: »Auf Hiddensee, einer Insel westlich von Rügen, schaffte ich mir ein kleines Landhaus an, in dem ich – oft vier Monate lang – herrliche Ferien genoß. Schon die Reise dorthin erschien mir wie ein Märchen. Welch beschwingtes Gefühl hatte ich, wenn ich an einem strahlenden Maientag durch das reizende, gemütliche, provinzielle Stralsund bummelte und die letzten Einkäufe für den Haushalt machte, ehe das Schiff mich über das blaue Wasser weiterbrachte, wo die Möwen uns während der zweistündigen Überfahrt zu Hunderten begleiteten. Eine halbe Stunde bevor wir anlegten, konnte ich bereits mein rundes Paradies entdecken, das ›Karussell‹, das auf seine Gäste wartete ... Mein Haus wurde allmählich zum Sammelpunkt für Maler, Schriftsteller und Schauspieler, die sich auch Hiddensee für ihre Ferien ausgesucht hatten ...

Nirgends war man so jung, so froh und so frei wie auf dieser schönen Insel. Aber ach, bald hatten wir 1933, und die Stimmung verwandelte sich. Flugzeuge rasten dröhnend über die Dächer, Geleise wurden über die Insel gelegt, und Lokomotiven donnerten darüber. Die neue Zeit hatte von der Insel Besitz ergriffen. Ich hatte dort nichts mehr zu suchen.«

Flugzeuge, genauer Kampfhubschrauber der Nationalen Volksarmee, vom Marinefliegerstützpunkt Parow bei Stralsund rasen auch 50 Jahre danach wieder im Tiefflug über Hiddensee. Ihre Besatzungen erschrecken mit Vorliebe die Nudisten am Gellen oder am Bessin. Auch die unter strengem Naturschutz brütenden Vögel, die Elstern, Dohlen, Nebelkrähen, Sumpfrohreulen, Schleiereulen, Eichelhäher, Buchfinken, Grünlinge, Blaumeisen, Mehlschwalben, Gimpel, Sperber oder Zaunkönige leiden unter den stählernen Krach-

Zehntausende Seevögel brüten jährlich am Bessin. Ehrenamtlich tätige Naturschützer markieren die Jungtiere.

Zitat

Um hier nicht mißverstanden zu werden: Witze der Art, die eine ganze Region verunglimpfen, werden in der Deutschen Demokratischen Republik nicht gemacht, auch nicht über uns »Fischköppe«.

Aus: Mecklenburg, Ein Gästebuch, VEB Hinstorff Verlag, Rostock 1980

Freizügigkeit
Wer an Badestränden alle Hüllen fallen lassen will, kann das zwischen »Mövenort« auf der Insel Rügen und der Talsperre Pöhl im Vogtland an besonders gekennzeichneten Stellen tun. Die Mehrzahl der etwa achtzig »FKK«-Strände befindet sich an der Ostsee. Aber auch in Mecklenburg, zum Beispiel am Rätzsee bei Mirow oder am Useriner See bei Neustrelitz darf nackt gebadet werden. Rings um Berlin, bei Potsdam, Brandenburg und Frankfurt/Oder sind gleichfalls FKK-Strände, oftmals mit dazugehörenden Campingplätzen, eingerichtet worden. Nur im Süden und Westen der DDR sind textilfreie Strände (noch) Mangelware. Offiziell wenigstens, heimlich lassen auch dort Badefreudige alle Hüllen fallen.

Inselliebe
»Erst nach einem halben Jahrhundert gegenseitiger Treue kam der Augenblick, auf dem Eiland ein kleines Anwesen zu erwerben und also dort wirklich Fuß zu fassen. Alte Liebe rostet nicht: Hiddensee hat sich mir, neu und jung, im hohen Alter geschenkt, und sein Zauber verjüngt mich jedesmal, wenn meine Sohle seinen geliebten Boden berührt.«
Gerhart Hauptmann, nachdem er 1930 die Villa »Seedorn« (heute Museum) erworben hatte.

machern, die ihnen den Himmel über Hiddensee streitig machen. Begründet wird die zunehmende militärische Präsenz auf der Insel mit notwendiger Wachsamkeit gegenüber dem nur 45 km entfernten NATO-Land Dänemark. Hiddensee gilt als Grenzgebiet. Der Aufenthalt am Strand nach Einbruch der Dunkelheit ist verboten. Militärstreifen kontrollieren die Einhaltung der entsprechenden Verordnungen. Die Südspitze der Insel darf schon lange nicht mehr betreten werden. Das dort vorbeiführende Gellen-Fahrwasser, geübte Schwimmer erreichen es schnell, wird allzuoft von schwedischen oder dänischen Schiffen passiert. Zahlreiche Hiddensee-Urlauber haben an jener Stelle schon die Insel und damit das Territorium der DDR ohne Genehmigung der Behörden verlassen ...
Bedingt durch die geographische Lage und die geringe Zahl der Schiffsverbindungen von Stralsund oder Schaprode hat sich die Insel Hiddensee bis heute in der DDR so etwas wie einen autonomen Status bewahrt. Trotz der jährlich etwa 200 000 Tagesausflügler, die vor allem während der Sommermonate für wenige Stunden in Kloster, Vitte oder Neuendorf an Land gehen, finden Naturfreunde noch immer ruhige Eckchen. Auf den Hügeln des Dornbusch zum Beispiel, wo im Herbst die Sanddornbüsche von Kennern »gemolken« werden, oder in der Heide, oder am Gellen. Viele, die der Zufall per Gewerkschaftsferienscheck erstmals auf die Insel verschlagen hat, sind enttäuscht. Sie wollen im Urlaub etwas erleben, doch es gibt keine Bars, keine Strandpromenade, keine Geschäfte, in denen man nach Rarem Ausschau halten kann, nicht mal einen Intershop gibt es. Das Auto darf man nach Hiddensee auch nicht mitnehmen, es verkehren nur wenige Nutzfahrzeuge auf der Insel. Immer nur wandern und die Natur bestaunen! Nie wieder Hiddensee! Solche Ansichten sind nicht selten. Doch die Verteilung von Ferienplätzen gehört zu den geheimnisvollsten Vorgängen in der DDR. Wer sich um einen Hiddenseeplatz bemüht, bekommt ihn garantiert nicht, während er den Leuten an anderer Stelle wie Sauerbier aufgeschwatzt werden muß.
Nach Ende der Badesaison verirrt sich ganz selten ein Fremder auf die Insel. Im Winter bleiben die 1296 Hiddenseer unter sich. Wenn das für 127 Personen zugelassene, altersschwache Motorschiffchen »Breege« in der kalten Jahreszeit von Schaprode (Rügen) hinübertuckert nach Neuendorf (Hiddensee), sind nur wenige Passagiere an Bord.
Eine asthmatische Oma mit Gipsbein, gerade aus dem Krankenhaus entlassen, zwei junge Mütter, die Babys warm eingepackt, zurück von der Entbindung. Dazu ein halbes Dutzend schwerbepackter Hausfrauen, die auf dem »Festland« (so wird die große Insel Rügen von allen Bewohnern der kleinen Insel Hiddensee genannt) eingekauft haben und fünf, sechs Urlauber, die die »Trauminsel« auch bei Schnee und Kälte reizvoll finden. Auf den Decksplanken der »Breege«, unter der Kommandobrücke am Bug, sind Waren aller Art gestapelt: Kästen mit Flaschenbier und Brause, Kartons mit Obstkonserven und Senfgurken, zwei Postsäcke, mehrere Pakete für die Familien Stoll, Kollwitz, Schlieker und Gau. Klosettbrillen, gelb und weiß, Akkumulatoren, Maschinenteile. Knarrend reiben sich die Bordwände des Schiffchens an den Pollern des Neuendorfer Hafens. Ruck, zuck wird die Fracht entladen und auf einem Pferdewagen

Inselgäste

»Das geistige aller deutschen Seebäder« nannte Gerhart Hauptmann Hiddensee. Und weiter: »Unter den Gästen haben sich, abgesehen von den schönen und schönsten Frauen, Dichterinnen und Dichter, Maler, Bildhauer, Musiker, Schauspieler und sonstige Künstler ohne Zahl befunden. Männer klangvollster Namen auch aus allen Gebieten der Wissenschaft.«

Als der vormalige Ständige Vertreter der Bundesregierung in Ost-Berlin, Klaus Bölling, während seiner Amtszeit inkognito einige Urlaubstage in Neuendorf verbrachte, waren zwei Dutzend Mitarbeiter des Staatssicherheitsdienstes aufgeboten worden, um jeden Kontakt des Diplomaten mit Hiddensees Einwohnern und mit Urlaubern zu unterbinden.

VIT 4

verfrachtet. Leinen los, langer Signalton, die »Breege« dreht ihre Nase wieder in Richtung Bodden und nimmt Kurs auf Vitte, mit 631 Einwohnern die »Hauptstadt« Hiddensees. Auch dort keine hektische Betriebsamkeit. Der Hafenmeister und seine beiden Gehilfen tun das Notwendige. Wer von den Männern nicht unbedingt am Boot werkeln muß oder sonst eine unaufschiebbare Beschäftigung hat, sitzt an kalten Tagen in der Kneipe. Zeit haben die Leute auf Hiddensee eigentlich immer, aber im Winter pflegen sie ganz besonders den Müßiggang. So macht Kellnerin Linda in der Gaststätte »Zur Ostsee« guten Umsatz. Die jungen Männer trinken Klaren und Bier, Bier und Klaren, Klaren und Bier ... Gemächlich, aber stetig. Sie klönen oder schweigen. Und viele begehrliche Blicke streifen die wohlproportionierte junge Serviererin, von der alle Unverheirateten wissen, daß sie noch zu haben ist. Aber Linda will nicht jeden. Linda ist wählerisch, Linda weiß um die Monopolstellung der Weiblichkeit auf dem Eiland. Etwa zehn Jungen müssen um ein gleichaltriges Insel-Mädchen werben. Die Sehnsucht nach Sex bei den Erfolglosen ist

Im Fischereihafen von Vitte liegen die Boote nicht nur im Winter an der Leine. Das Fangergebnis ist geringer geworden. Viele Fahrensleute wollen deshalb für immer an Land bleiben.

Inselpfarrer
Die einzige Kirche der Insel Hiddensee befindet sich im Ort Kloster. Bis in das Jahr 1556 lassen sich die Amtsperioden der evangelischen Pfarrer zurückverfolgen. Als erster Inselpfarrer war Peter Cerneke tätig, am längsten diente seiner Gemeinde Pastor Arnold Gustavs: 45 Jahre, von 1903 bis 1948. Der bei der Inselbevölkerung sehr beliebte Geistliche, viele der Älteren erinnern sich noch an ihn, war mit Gerhart Hauptmann befreundet, der gleich ihm neben der Kirche auf dem einzigen Friedhof der Insel beigesetzt worden ist.

Dichtung

Das »söte Länneken« (»süßes Ländchen«), wie Hiddensee von seinen Bewohnern gern genannt wird, ist von vielen Poeten besungen worden. Der Pfarrer und Dichter Gotthard Ludwig Kosegarten (1758–1818) schrieb die folgenden Verse:

»Singe, Gesang, die Natur und die Gaben des Bernsteineilandes! Rechts bespült von des Ostmeers Fluten; gesondert die Linke Durch die Gewässer des Sundischen Golfs von Rugiens grünen dörferbesäten Gestaden, erstreckt sich das einsame Eiland Langgedehnt, doch schmal aus der Mitternacht in den Mittag. Anders ist die Natur des Nordlands, anders des Südlands.«

deshalb groß. So saufen sie und trösten sich damit, daß die nächste Badesaison bestimmt kommt. »Im Sommer«, meint Fischer Christian lakonisch, »laufen hier so viele scharfe Urlauberinnen rum, da können wir wählerisch sein. Aber von Oktober bis Mai ist absolute Funkstille.«

Christians Liebesaktivitäten während der vorletzten Hochsaison sind nicht fruchtlos geblieben. Stolz zeigt er ein Foto herum, sein Sohn gleichen Namens, geboren wenige Monate zuvor im Thüringischen. Jetzt zahlt Christian senior für Christian junior Alimente. Heiraten wolle ihn das Mädchen nicht. Auf so einer gottverlassenen Insel könne sie nicht ewig leben. Aber Fischer Christian würde umgekehrt wegen keiner Frau der Welt sein Dorf Vitte verlassen. Im Fischkombinat Saßnitz hat er seinen Beruf gelernt, den er jetzt gemeinsam mit Vater und Onkel auf dem Kutter 008 »Seestern« ausübt. Das Schiff, Baujahr 1938, ist tipptopp in

Schuß. Es gehört zum Privatbesitz der Familie. Alle Versuche, den ausnahmslos in einer Produktionsgenossenschaft organisierten Fischern ihr letztes persönliches Eigentum abzukaufen und so zu verstaatlichen, sind bisher am Widerstand der Hiddenseer gescheitert. Kutter und Netze wollen sie behalten! »Was würde«, fragt Christian, »aus unseren Booten, wenn sich niemand mehr persönlich dafür verantwortlich fühlen würde?« Jetzt, meint er, kümmere sich jeder drum, daß alles einsatzbereit sei. Das sei Ehrensache. Schwer zu beschaffende Ersatzteile für die Dieselmotoren würden eben besorgt – und wenn sie im Tausch dagegen Urlaubern ein 14-Tage-Quartier lieferten. »Wenn uns das mal nicht mehr gehört, schert sich doch kein Mensch um den Betrieb.« Auch die Vermarktung ihrer Fänge stößt bei den Fischern schon lange auf Verständnislosigkeit. Was sie aus der Ostsee im Schleppnetzverfahren (ein zwischen zwei Kuttern gespanntes Netz wird jeweils etwa vier Stunden geschleppt) bergen, Hering zumeist, wird in Vitte angelandet, dann nach Bergen gebracht und dort sofort von schwedischen Kühlfahrzeugen übernommen. 24 Stunden später liegt der frische Hiddensee-Fisch in Göteborger oder Stockholmer Geschäften. In der DDR bleibt selten etwas vom Fang.

Devisen sind wichtiger. Fischer Michael, »Michi« genannt, meint: »Uns kann das ja egal sein, wir kriegen unser Geld, aber in Ordnung ist das doch nicht, daß Hering und anderer Fisch selbst auf Rügen nur ›unter dem Ladentisch‹ verkauft wird.« Kleine Fische, die die schwedischen Importeure nicht haben wollen, empört sich ein anderer in der Runde, werden von Landwirtschaftsbetrieben auf staatliche Weisung einfach untergepflügt, weil dem Handel Transportmittel fehlen oder der Sprit dafür knapp ist. »Und dann fragen uns die Urlauber aus Dresden oder Berlin immer, ob wir nur saufen und überhaupt keine Fische mehr fangen. Da könnte ich glatt verrückt werden! Die wissen doch garnicht, was hier los ist.«

Dialektisches

Eine Dorfstraße in der Magdeburger Börde. Zwei Bauern plaudern miteinander. Ihren Dialekt würden Zuhörer aus Sachsen sicherlich kaum verstehen. Etwa zwei Dutzend unterschiedlicher Dialekte werden zwischen Elbe und Oder gesprochen. Klassisches Hochdeutsch ist selten. Sächsisch dominiert. Die DDR ein Volk von Sachsen? Es scheint so, doch wer genau hinhört, bemerkt gravierende Unterschiede.

Für die Berliner ist der Fall klar: Hochdeutsch sprechen nur sie. »Unsa bisken Dialekt, oder wie det heeßt, vasteht doch jeda, wa?« Wer sein späteres Großmaul nicht schon als Kleinkind direkt in der »Hauptstadt der DDR« oder wenigstens in Potsdam, Genthin, Brandenburg oder Bernau erproben konnte, wird pauschal als »Sachse« klassifiziert. »Sachsen« sind alle, die südlich von Berlin den Mund aufmachen. Als »Fischköppe«, auch keine sehr schmeichelhafte Bezeichnung, werden die Nordländer tituliert. Während die Mecklenburger Mundart von den selbstgerechten Berlinern noch toleriert wird – bei den »Fischköppen« an der Ostsee verbringt der Hauptstädter vorzugsweise seine Ferientage – haben sich »Sachsen«, oder was die Berliner dafür halten, mit verbalem Spott oder herablassender Verachtung abzufinden. Doch gerade das tun die Mitteldeutschen nicht. Ein waschechter Leipziger wird sehr schnell »digsch«, tückisch. Er schaltet auf stur, wenn ihm jemand von der Spree mit weltmännischen Belehrungen allzusehr auf die Nerven geht. Nein, richtig »grün« sind sich selbst gestandene sozialistische »Rote« nicht, die Parteibuchbesitzer, wenn sie als Sachse und Berliner aufeinandertreffen. Da wird der Kampfruf »Proletarier aller Länder vereinigt euch!« bereits auf lokaler Ebene gegenstandslos.

Cowboy im Spreewald. Englisch spricht er sicherlich nicht, der flott kostümierte junge Mann. Aber vielleicht Sächsisch, Thüringisch oder schnodderiges Berlinerisch?

Ein Berliner Genosse kann sich schon aus Prinzip mit einem Sachsen-Genossen persönlich auf gar keinen Fall vereinigen und dienstlich nur notgedrungen mit zusammengebissenen Zähnen. Das allerdings passiert oft. In Ostberliner Amtsstuben, an den Schalthebeln der Macht, agieren keinesfalls nur ortsansässige Funktionäre. Im Gegenteil. Als Walter Ulbricht, der Sachse mit der Fistelstimme, seinen Hofstaat etablierte, ließ er, wohl wegen der besseren Verständigung, Ober- und Unterfunktionäre, Bürodiener, Sicherheitsleute und Mätressen von der sächsischen Pleiße an die Berliner Spree kommen. Dort haben sie sich festgesetzt, sehr zum Verdruß der Einheimischen, und mit den Zugezogenen breitet sich der sprachliche Singsang immer weiter Richtung Norden aus. Da klingt eine Geschichte glaubhaft, die einer Berliner Lehrerin im Schulalltag widerfahren sein soll:

Die Pädagogin: »Wir wollen uns heute über Angola unterhalten, ein Land in Afrika. Wer kann mir etwas über Angola erzählen?« Eine kleine, aus Leipzig zugereiste Funktionärstochter, muß nicht lange nachdenken. »Mei Babbie sachd immer: An Gola genndch mich doodsaufe.«
Aber auch wenn Sachsen unter sich parlieren, kann es Mißverständnisse geben. Zum Beispiel bei diesem Dialog zweier Knaben.
»Saache ma, Dohmass, was machdn dei Vader?«
»Meiner? Bredjn.«
»Da iss dei Vader wohl Bäggr?«
»Ä-näe, der macht nich Bredjn, der dhut bredjn.«
Dolmetscher gefällig?
Im Jahre 1921 hat der Schriftsteller Hans Reimann mit seinem romantischen Märchenspiel »Wie die Stadt Leipzig entstanden ist« das mundartliche Verwirrspiel der sächsischen Ureinwohner so zu Papier gebracht:
»Also schreib: 'Heide Gomma dn Neinzähndn Gomma frieh um achde' – 's wärd wohl ungefähr schdimm – 'im Jahre Neinfuffzig nach Grissdi Gebuhrd beschlossn die dähn in Schgeididz schdaddgefundn Gemädzl' – hassdes? – »beschlossn die dähn Gemädzel endronn Saxn... beschlossn, enne Schdadd zu grindn.«
Ja, saachd e mmah, wie wolln mr denn nun eejendlich das Ding bediddeliern?
Nennd se doch Berlin!
Das iss doch gee Nahme fr enne Schdad?
Ohdr Machdeburj!
Mensch, enne Großschdadd gannsde doch nich »Machdeburj« doofn.
Das bleibdsj eegal!
Was bleibdsj eegal?
Wie mir die Schdadd bediddelieren!
Wassr nuhr midd Eirn bleedsinnijen 'Sbleibzj eegal' habbd! Nennt doch das Ding eefach 'Sbleibzj eegal'!
Weißesgood, gahrnich dumm'
Bloß ä häbbjn langk.
Da nenn mersch eefach »Bleibzj«!
Wie schreibdsjn das? Middn harrdn ohdr middn weechn B forne? Wohär soll ich denn das wissen? Schreib's, wiede willsd. Das bleibzj eegal.
Ich gann doch nich schreim, wenn ich nich weeß, wies geschriem werd!
Da laß doch das dämliche B weck unn schreib eefach 'Leipzj'!«
So also ist die Stadt Leipzig zu ihrem Namen gekommen. Die Einheimischen sagen natürlich »Leibzj« oder »Läbzj«, aus Dresden wird »Dräsdene« und der Name der dritten Sachsenmetropole Karl-Marx-Stadt hört sich wie »Gurl-Murgs-Stadt« an, wenn er mundartlich artikuliert wird.
Reist heute ein Hesse aus Frankfurt in jene sächsischen Gefilde, so muß er keinesfalls befürchten, wegen seines dem Hochdeutschen sehr entfernten »Gebabbel« scheel angesehen zu werden. Vor mehr als 200 Jahren passierte das schon öf-

Sheriff nennen die Leute ihren Dorfpolizisten, den »Abschnittsbevollmächtigten der Deutschen Volkspolizei« (ABV). Jener ist meist ein Einheimischer, er spricht die Sprache der Leute, die er zu beaufsichtigen und zu kommandieren hat.

Beleidigung
»Die Sprache der Sachsen beleidigt mein Ohr. Ein Österreicher kann mit seinem Jargon einem Fremden bärisch vorkommen, die Sprache dieser Leute aber ist unleidlich. Sie ist unmännlich, geckenhaft, wie von und für Kopflose. Alle scharf denkenden und lebhaft fühlenden Nationen sprechen nicht so schnell (das tun die Sachsen im Übermaß) als abbreviert. Sie ziehen zusammen, verschlucken einen Teil der Buchstaben, z. B. Franzosen und Engländer, aber die Leute dahier dehnen jede Silbe, verlängern jedes Wort, hängen überall ihr Lieblings-E an, so daß ihre Sprache endlich ein förmliches Mäh, Mäh wie von Schafen wird.« Der österreichische Dichter Franz Grillparzer (1791–1872) über die Sachsen und ihre Sprache.

ter. Kein Geringerer als Goethe, der 1765 zum Studium von Frankfurt nach Leipzig kam, wurde dort wegen seines »vulgären« Dialekts verspottet. Sächsisch galt seinerzeit als die deutsche Hochsprache. Wohlhabende schickten ihre Söhne an die Fürstenschule nach Meißen, wo die »vorzüglichste Sprache« gelehrt wurde, wie der Hamburger Joachim Segetius 1613 schriftlich kundtat. Auch Luther äußerte sich ohne jede Ironie: »Ich rede nach der sächsischen canzeley, welcher nachfolgen alle Könige und Fürsten in Deutschland.«
Haben sich die Zeiten geändert? Fürsten und Könige sind zwar abgeschafft im Arbeiter- und Bauern-Staat, dessen Vorsteher zur Zeit ein Saarländer ist. Trotzdem, so scheint es, ist der sächsische Dialekt die Umgangssprache der Herrschenden geblieben. Der Volkspolizist, der einen Chauffeur wegen unkorrekten Autofahrens Belehrung

zuteil werden läßt, die Pförtnerin im Amtsgebäude, der mürrische Schaffner der Deutschen Reichsbahn – sie alle können ihre sprachliche Heimat selten verheimlichen. Doch auch im Sächsischen gibt es Zwischentöne.
Erzgebirgler sagen aufgeregt: »Kummt ner emohl schnell har, wus des is?«, wenn sie meinen: »Kommt schnell einmal her! Was ist denn das?« Auf vogtländisch hört sich die gleiche Frage etwa so an: »Kummt emol fix här! Wos is denn des?« Während die Thüringer formulieren: »Ged hurdich emohl har! Wos es en dos?« sagen die Harzer: »Kummt schwinne mal hä, wat issen datt?«
Besonders verzwickt sind die einzelnen Thüringer Dialekte. Zwischen Berg und Tal verstehen die Leute das Kauderwelsch im Nachbardorf kaum. Wenn ein Suhler Platt spricht, klingt das für Sonneberger oder Ilmenauer wie Chinesisch. Umgekehrt ist der Verwirrungseffekt genauso groß.
Im Harz sind die Mansfelder von Fremden kaum zu verstehen, wenn sie ihre derbe Mundart sprechen. Luther stammte ja aus jener Gegend, wo er »dem Volk aufs Maul schaute« und dessen herzhafte Ausdrücke zuweilen ins deutsche Schrifttum einfließen ließ. Ungewollt komisch klingt dagegen der Dialekt der Quedlinburger. Alteingesessene Bewohner der Stadt am Harzrand können, so sehr sie sich auch mühen, kein klares »ei« aussprechen. Immer wird ein langgezogenes »a« daraus. »Mit bade Bane in anem Amer« soll natürlich heißen, mit beiden Beinen in einem Eimer. Jeder »olle Quellenborjer« wird versuchen, Fremden dieses klangvolle Sätzchen lautgetreu beizubringen. Schafft's der Kandidat, wird er freundlich beglückwünscht, dann ist der »Zujeraste« herzlich willkommen in der Runde.

Die »Schildbürger« wohnen in Schildau

Schildbürger gibt es überall und immer wieder. Ihr Geburtsort soll Schildau sein, eine kleine Stadt in der Nähe von Torgau. Der einstige Marktflecken, durch die literarische Erwähnung berühmt geworden, kam außerdem durch einen Mann zu Ehren, der dort geboren worden ist, ein preußischer Feldherr, dem wahrlich niemand nachsagen kann, er sei ein »Schildbürger« gewesen.

Die beiden »Hausbesetzer« haben einen günstigen Beobachtungsposten bezogen. Nicht im Fernsehen, sondern live erleben sie in luftiger Höhe die Autorennen am »Sachsenring« vor ihrer Wohnungstür.

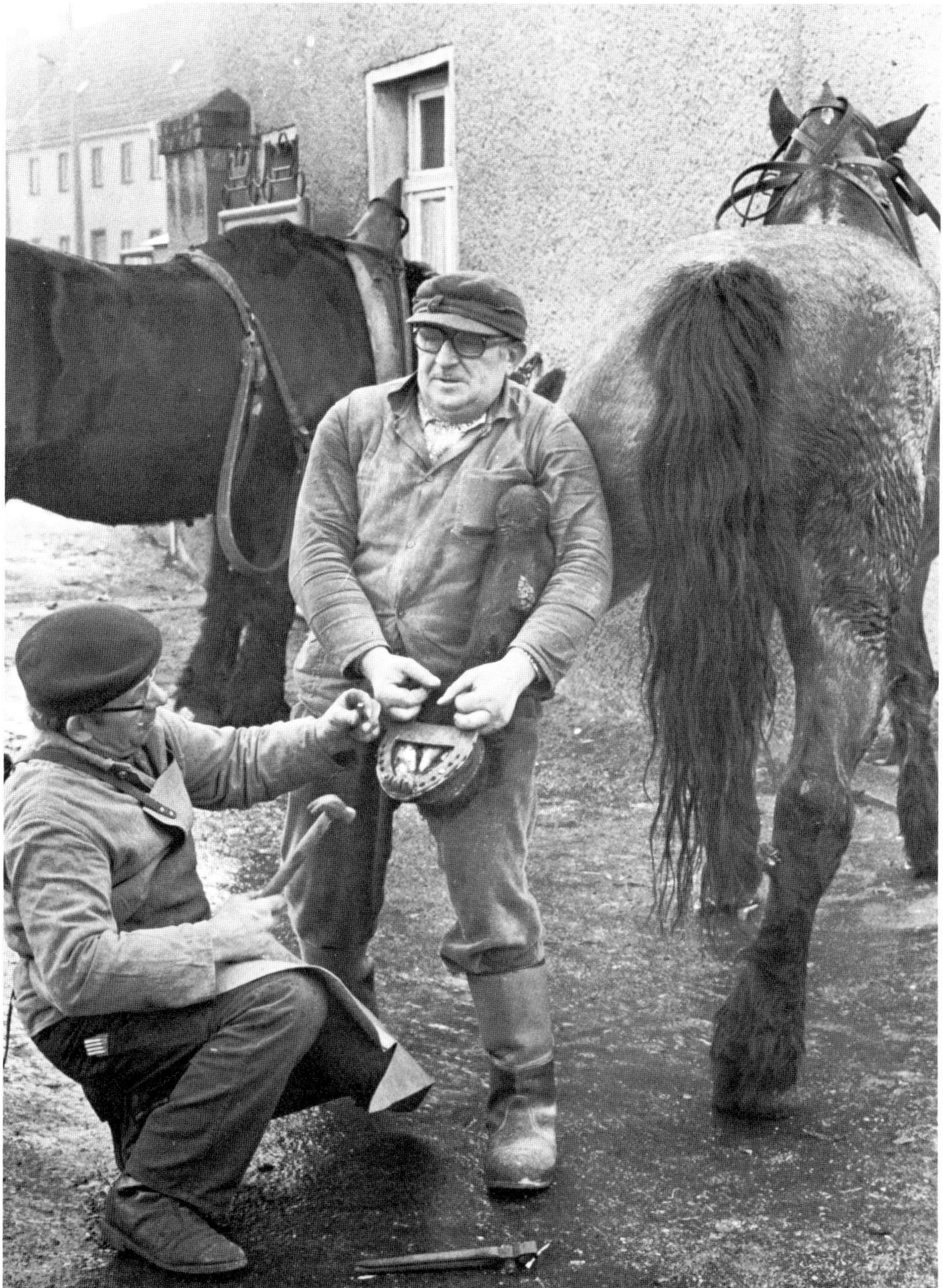

»Nach vollendetem Werk wollten die Lalen in ihr Rathaus gehn, desselbe in aller stultorum Ehre einzuweihen und dann weiter in aller Narren Namen zu versuchen, wie es sich das erstemal darin wollte raten lassen. Aber als sie in aller Ehrbarkeit hineingetreten kamen, da war es ganz und gar finster und so finster, daß einer den andern auch kaum konnte hören. Von welchem Handel sie nicht wenig erschraken, noch sich genugsam verwundern konnten, was doch die Ursache möchte sein, ob vielleicht etwas im Bauen wäre verfehlt worden, wodurch das Licht verschlagen würde und aufgehalten.
Also gingen sie zu ihrem Heutor wieder hinaus, zu besehen, wo der Mangel wäre, befanden aber die drei Mauern völlig ganz und das Dach fein ordentlich darauf stehen, also daß draußen, wo es hell genug, nichts gemangelt. Sie gingen aber auch wieder hinein, auch inwendig zu besehen, wo doch der Mangel wäre, wo sie denn so viel weniger sehen konnten wegen Mangel des Lichtes. Was rede ich nur viel? die Ursache war ihnen unbekannt und verborgen, konnten selbige nicht erfinden und erraten, wie sehr sie auch ihre närrischen Köpfe darob zerbrachen. Darum standen sie in großen Ängsten und schlugen zur Förderung der Sache einen allgemeinen Ratstag an.«
So steht es seit 1597 im »Volksbuch von den Lalebürgern«. Doch schon 1598 entschied ein Nachdichter, daß die »Schiltbürger« Torheiten wie diese zu verantworten hätten. Aus den Lalebürgern wurden die weitaus populäreren Schildbürger.
Die Fortsetzung der Geschichte ist sicher bekannt. Tags darauf trafen sich die schildbürgerlichen Ratsherren, jeder einen brennenden Lichtspan am Hut, in ihrem stockfinsteren Neubau. Als sich schließlich die Idee der Allerweisesten, das Tageslicht in Gefäße und Säcke gefüllt von draußen hereinzuschleppen, als ebenso schweißtreibend wie töricht erwies, wurde das Rathausdach abgedeckt. Und siehe, es ward endlich Licht! Doch mit dem Licht kamen im Herbst Regen und Kälte. Und wieder mußten die Narren ihre Köpfe martern. Bis schließlich einer von ihnen ausrufen konnte: »Wir haben so ängstliche und üble Zeit mit unserem Rathaus, wenden Kosten an und geraten dazu in große Verachtung, damit wir nur den Mangel finden und verbessern können, und keiner von uns ist jemals so witzig gewesen, daß er hätte gesehen, daß wir an das Haus keine Fenster gemacht haben, wodurch das Licht hereinfallen könnte.«
Der Verfasser dieser unglaublichen Geschichten aus dem 16. Jahrhundert blieb unbekannt. Doch könnte der sächsische Landadelige Hans Friedrich von Schönberg, der damals in Sitzenroda residierte und nach einer Torgauer Chronik von 1769 Hauptmann der Festung Wittenberg war, als Schauplatz das ihm zinspflichtige Städtchen Schilda, damals wie heute ein unbedeutender Marktflecken, eingesetzt haben.
Schilda heißt jetzt Schildau, gehört zum Kreis Torgau und das Wort »Schildbürger« gilt keineswegs mehr als Schmähung. Im Gegenteil, wer dort geboren ist, klopft sich stolz an die Brust und spricht aus, was er ist. Eingewanderte bleiben gern im Städtchen und gehören schnell zur Schildbürgermannschaft, die sich aus nicht mehr als zweitausend Aufrechten rekrutiert. Da muß man ganz einfach zusammenhalten!
Natürlich hat Schildau auch ein Rathaus. Es ist weder dreieckig gebaut, noch fehlen Dach und Fenster. Nur 1597 – da war an dieses Gebäude noch lange nicht zu den-

Sarkasmus

Woran erkennt ein DDR-Bürger, daß er senil geworden ist? Ganz einfach: Wenn er mit leerem Einkaufskorb vor dem Geschäft steht und sich nicht mehr erinnern kann, ob er vom Einkaufen kommt oder zum Einkaufen geht.

Lieber zwei Jahre Knast, als ein Jahr ohne Beziehungen.

Ein Kunde fragt die Verkäuferin im Fleischgeschäft: »Haben Sie Schweinefleisch?« »Nein.« »Haben Sie Rindfleisch?« »Nein.« »Haben Sie Kalbfleisch?« »Nein.« »Ja, was haben Sie denn überhaupt?« »Wir haben bis 20 Uhr geöffnet.«

Die Produktion von Betten ist in der DDR eingestellt worden. Warum? Die Funktionäre sind auf Rosen gebettet, die Helden der sozialistischen Arbeit ruhen auf ihren Lorbeeren aus, die Soldaten der Nationalen Volksarmee stehen auf Friedenswacht, der Klassenfeind schläft sowieso nicht und der Rest sitzt.

Abb. linke Seite: Hufschmiede sind rar geworden, weil die Anzahl der Pferde zurückgegangen ist. Doch in Schildau »besohlt« ein Meister noch Vierbeiner.

Kußwechsel
Wer das mit Schokoladenguß überzogene Gebäck, im deutschen Sprachraum unter »Negerkuß« bekannt, in DDR-Konditoreien bestellt, wird möglicherweise eine Belehrung erfahren. »Negerküsse« heißen neuerdings, amtlich verordnet, »Spreerosetten«.

Widerspruch
Einige Literaturwissenschaftler bezweifeln die Urheberschaft des kursächsischen Amtsmannes Hans Friedrich von Schönberg am »Lalebuch« und am »Schiltbürgerbuch« von 1597. Nach verschiedenen Spracheigentümlichkeiten könnte die originelle Gesellschaftssatire eher im Elsaß entstanden sein.

ken. Wo damals die Schildbürger wirklich tagten, liegt im geschichtlichen Dunkel. Auch der ortsansässige Pädagoge, ein Hobby-Historiker, kann nicht weiterhelfen. Seine Auskunft ist niederschmetternd. Das Rathaus wurde ein Raub der Flammen! Wohlgemerkt das alte Rathaus. 1798 ist es abgebrannt. Eine Magd beachtetete die damals offensichtlich schon amtlich verfügten Brandschutzbestimmungen nicht, hantierte leichtfertig mit Kohlenglut im Ratskeller und noch ehe die Zecher begriffen, was geschehen war, stand die Zierde der Stadt in hellen Flammen. Kein Sitzungssaal mehr, alle Akten, Schuldscheine, Zinsbücher verkohlt und was das allerschlimmste war, die gemütliche Ratsschänke total ruiniert. Die ergrimmten Schildbürger hielten sich an der Schuldigen schadlos. Sie forderten Genugtuung für den Frevel. Die Magd sollte sterben! Doch nirgends ließ sich ein Richter finden. Schilda besaß weder Justizbeamte noch einen Galgen. Im benachbarten Belgern, wo der Riesenroland solche Rechte symbolisierte, schafften sich die Beamten den lästigen Brandfall ganz einfach vom Halse, indem sie sich als nicht zuständig erklärten. Schließlich wurde der bedauernswerten Magd im fernen Dresden der Prozeß gemacht und der schöne Kopf abgeschlagen. Ein schmerzhaftes Ende!
Etwa an der Stelle, auf der das abgebrannte Rathaus gestanden hatte, wurde vor vielen Jahrzehnten dem berühmtesten Schildbürger ein Denkmal gesetzt: Neidhardt von Gneisenau, der spätere preußische General und Heeresreformer ist in Schildau geboren worden. Als ein Herr Goebbels den »totalen Krieg« verkündete, mußte Gneisenaus zentnerschwere Metallbüste vom Sockel und für den »Endsieg« in den Schmelztiegel. Genützt hat der Schildauer Beitrag nichts, wie man weiß. Doch 1960, anläßlich seines 200. Geburtstages, war Gneisenau wieder da.
Für die Sozialisten der Einheitspartei nicht schlechthin ein Preuße, sondern ein Patriot, einer, dem hoch angerechnet wird, daß er schon 1813 mit den russischen Waffenbrüdern gemeinsam marschiert war. Die Funktionäre ließen den General deshalb wohl auch symbolisch auf dem Sockel eine Vierteldrehung nach links vollführen. Der vom Dresdner Bildhauer Flemming geschaffene Gneisenau-Kopf blickt jetzt nicht mehr wie einst auf das kleine Lebensmittelgeschäft an der Hauptstraße, sondern geradewegs hinüber zum Sitz des Bürgermeisters und Ortsparteisekretärs, die beide ihre Büros im 1841 erbauten Rathaus haben. Dem bronzenen Preußengeneral entgeht nichts. Alles, was wichtig ist im Städtchen, geschieht vor seinen Augen auf dem baumbestandenen Marktplatz. Die Rede zum 1. Mai oder aus Anlaß anderer Staatsfeiertage wird dort verlesen, aber auch die Narren Schildaus beginnen am Rathaus alljährlich ihren Karnevalsumzug. Dabei nehmen sie sich selbst gern auf die Schippe – »Schildbürger« zu sein verpflichtet.

Unverständliches

Alt-Sozialist Karl Marx zwischen Damenunterwäsche im Schaufenster eines Erfurter Kaufhauses. Nicht nur solcherart komisch wirkende Staatswerbung erzeugt bei Fremden staunendes Kopfschütteln. Wer zum erstenmal in die DDR reist, wird noch vieles andere unverständlich finden.

Frage
Wie ist das Erbe von Karl Marx aufgeteilt worden? Ganz einfach: Die DDR hat das Manifest bekommen, die Bundesrepublik das Kapital.

Im Westen geboren (Trier/Mosel), im Westen begraben (London) – doch vom Osten als »größter Sohn des deutschen Volkes« für die allgegenwärtige Propaganda vereinnahmt: Altsozialist Karl Marx. Das Konterfei des Bärtigen prangt im Schaufenster eines Weimarer Gemüseladens, vor dem Hausfrauen Schlange stehen, ebenso wie vor der Kirche in Heiligenstadt. In gestelztem Deutsch wird auf Losungstafeln die Einheitspartei gepriesen, und selbst beim Volksfest fehlen die Staatsflaggen mit Hammer, Zirkel und Ährenkranz nicht, vor denen Pseudo-Grenadiere in preußischer Paradeuniform strammstehen.

Übersetzungshilfe Sächsisch (Leipziger Art) – Hochdeutsch

änne Bibbih
– eine Puppe

boofn
– schlafen

Deebs
– Unsinn machen

Draasch
– Ärger

Gacksch
– Vergnügen

Goglmoosch
– undurchschaubare Angelegenheit

Horrnsje
– kleine Wohnung

illrn
– Ausschau halten

Modschegiebjn
– Marienkäferchen

neinwärjn
– etwas gewaltsam hineinstecken

Schlaatz
– Riß

Wärrjl
– Baby

Wer hinüberreist in den anderen deutschen Staat, wird sehr schnell als »Bundi« identifiziert. »Bundi«? Mit dieser Ende der siebziger Jahre entstandenen sprachlichen Neuschöpfung haben die DDR-Deutschen für ihre »Brüder und Schwestern« aus der Bundesrepublik ein mundgerechtes, populäres Kürzel gefunden. Westdeutsche? Das ist ungenau. Bundesbürger? Bundesdeutscher? Oder gar Bundesrepublikaner? Niemand würde im alltäglichen Sprachgebrauch ein solches Bandwurmwort über die Lippen bringen. Und »Bürger der BRD« schon gar nicht, denn das ist die parteioffizielle Bezeichnung, eine Abgrenzungsformulierung für jeden Gast von der anderen Seite. »Bundi« ist volkstümlich, kurz und bündig, und kann als liebevoll-ironisch bewertet werden. Wer »Bundi« sagt, drückt Sympathie für den Besucher aus München, Frankfurt, Düsseldorf oder Hamburg aus. Jedem »Bundi«, der als unerfahrener Neuling zu einer Visite nach »drüben« aufbricht, werden sehr bald nicht nur die vielen Merkwürdigkeiten im täglichen Leben auffallen, er wird auch mit Verwunderung registrieren, daß sein deutsches Vokabular scheinbar Lücken hat, denn viele Worte, Wortkombinationen oder Wortkürzel erscheinen ihm absolut unverständlich. Was zum Beispiel bedeutet »Goldbroiler« auf der Speisenkarte im Restaurant, oder »Soljanka«? Der Große Duden, vom VEB Bibliographischen Institut Leipzig herausgegeben, erläutert: »Broiler: junges Mastgeflügel (engl.)«, ein »Goldbroiler« ist demnach knusprig braun gebraten. Und »Soljanka«? Das ist auch etwas Eßbares, eine Suppe mit russischem Namen, die aus Fleisch und Gemüse plus scharf gewürzter Soße besteht. »Soljanka« und »Broiler« sind Standardgerichte für kulinarisch Anspruchslose. Für sprachlich Anspruchslose scheinen die meisten Zeitungen der DDR hergestellt zu werden. In den Verlautbarungen der zentral gesteuerten Massenmedien sind verbale Plattheiten, geschöpft aus funktionärsdeutschen Wortungeheuern, die Regel. Gelegentlich wird in den eigenen Reihen darüber dezente Kritik geäußert. In der satirischen Zeitschrift »Eulenspiegel« zum Beispiel. Dort war folgendes zu lesen: »Die im Prinzip stürmische Entwicklung der Sprache der DDR kommt noch nicht auf allen Ebenen planmäßig und proportional zur Durchführung. Bei unseren Medien, die ja bekanntlich Medien für alles sind, ist diese Frage bereits schon vor einem längeren Perspektivzeitraum hoch angebunden und zielgerichtet sowie von der Breite her effektiv durchgestellt worden. Redaktionsschnell lag das Ergebnis vor: Blattdeutsch - eine Sprache, die uns gerade noch gefehlt hat.

Ähnliche Initiativen gibt es auch auf anderen Gebieten, wobei ins Auge fällt, daß wir auf dem Papier im Durchschnitt besser vorangekommen sind als im mündlichen Bereich. Noch intensiver als bisher sollten wir uns in erster Linie der Problematik des Sprichworts zuwenden, und zwar auf der Grundlage der Basis des Planes der Intensivierung des Niveaus der Volkstümlichkeit des deutschen Sprichworts! Auf der Strecke des Sprichworts sehen wir, um es einmal zugespitzt zu sagen, ›ganz schön alt aus‹. Ein ewiggestriger, altdeutscher Sprachgebrauch, der teilweise noch bedenklich weit in die Ära des Feudalismus hinabreicht, feiert Jahr für Jahr aufs neue fröhliche Urständ, ohne daß wir im Selbstlauf einen Schritt vorangekommen sind. Hier ist ein entscheidender Tempoverlust zugelassen worden, den es durch verstärkte

Spitzenleistungen im Reisegepäck

Mit Stafettenschwung

Initiativschicht des Dankes

Herzen schlagen für den Sport

Ausdruck des Bruderbundes

Glanzvolle Parade von Weltklasseleistungen

Eindrucksvolle Bilanz

Gedrucktes in den Zeitungen der Einheitspartei ist meist eine Mischung von gestelztem Funktionärsdeutsch und unfreiwillig spaßig wirkenden Wortungeheuern.

Hühnchen am Spieß bruzzelt der Koch auf dem Marktplatz von Pößneck. Braun gebraten heißen die Tierchen dann im DDR-Deutsch: Broiler.

Vornamen
Junge Eltern geben ihren Babys jetzt wieder vornehmlich typisch deutsche Vornamen: Michael, Martin, Christian, Stefan, Susanne, Claudia. An der Universität Leipzig existiert eine Vornamen-Beratungsstelle, deren Mitarbeiter etwa 10 000 amtlich zugelassene Vornamen in der Kartei gespeichert haben. Bei Streitfragen wird dort endgültig entschieden. Der Fantasiename »Brika«, zusammengesetzt aus Brigitte und Karl-Heinz, wird zum Beispiel nicht anerkannt.

Anstrengungen aufzuholen gilt.
Ohne Fleiß kein Preis!
Oder, wie man zeitgemäß formulieren sollte:
Ohne Arbeitsintensität kein in Geld ausgedrückter Wert der Ware! Das ist wissenschaftlich exakt, das ist präzise, das ist ausführlicher und, was nicht hoch genug veranschlagt werden kann, völlig unverständlich.
Ein weiteres Beispiel:
Wer langsam fährt, kommt auch zum Ziel.
Sollten wir nicht hochmodisch so formulieren:
Wer ein Fahrzeug mit stark reduzierter Geschwindigkeit lenkt, wird zweifellos die Zielstellung hundertprozentig erfüllen, aber nur bedingt termingerecht. Oder:
Durch Schaden wird man klug.
Dieser Satz ist natürlich im Zeitalter des wissenschaftlich-technischen Fortschritts total unhaltbar.
Wir sagen besser:
Havarien maximieren die intellektuelle Potenz.«
Für »Bundis«, die sich mühsam durch ein ND (Kürzel für »Neues Deutschland«), das Zentralorgan der SED (Sozialistische Einheitspartei Deutschlands) buchstabieren, bleiben viele Wortschöpfungen rätselhaft: »Klassenstandpunkt«, »Pionierrepublik«, »Engpaßmaterial«, »Elternakademie«, »Jugendobjekt«, »Ordnungsgruppen», »Tonnenideologie« oder »Timur-Trupp«. Bitten die Verwirrten ihre Gastgeber um Aufklärung, dann sind jene meist ebenso ratlos, wenn sie eine knappe Definition für solche Begriffe geben sollen. Viele dieser Worte sind bereits feste Bestandteile des ostdeutschen Sprachgebrauchs geworden, wenngleich sie vorwiegend zur schriftlichen oder mündlichen Indoktrination benutzt werden. In der Umgangssprache gibt es (noch) Vorbehalte gegen Funktionärsdeutsch und hohle Phrasen. Dafür ist der AKÜFI (Abkürzungsfimmel) allgegenwärtig. Jeder weiß, was gemeint ist, wenn der ABV zum BGL-Vorsitzenden des VEB SERO kommt und mit diesem über die nächste HGL-Versammlung im FDJ-Klubhaus reden will. Der »Bundi« muß passen? Kein Wunder, ohne DSF-Mitgliedschaft, ohne Rat von DFD, FDGB oder GST wird er wohl ewig ein Ahnungsloser bleiben.

Wir klären ihn auf. Ausnahmsweise. Siehe unten.

ABV	=	Abschnittsbevollmächtigter der Deutschen Volkspolizei
BGL	=	Betriebsgewerkschaftsleitung
VEB	=	Volkseigener Betrieb
SERO	=	Sekundärrohstoffe
HGL	=	Hausgemeinschaftsleitung
FDJ	=	Freie Deutsche Jugend (Staats-Jugendorganisation)
DSF	=	Gesellschaft für Deutsch-Sowjetische Freundschaft
DFD	=	Demokratischer Frauenbund Deutschlands
FDGB	=	Freier Deutscher Gewerkschaftsbund (Einheitsgewerkschaft der DDR)
GST	=	Gesellschaft für Sport und Technik (Vormilitärische Ausbildung von Jugendlichen)

Geteilte Landschaft zwischen Werra und Leine

Der Ackerboden ist wenig fruchtbar und später als anderswo beginnt die Vegetationsperiode. Die Bauern des Eichsfeldes müssen der rauhen Natur alle Erträge in mühevoller Arbeit abringen. Trotzdem hängen sie an ihrer Scholle. Wo die Landwirtschaft als Erwerbsquelle nicht ausreicht, sind die einstigen Bauern Industriearbeiter geworden. Ein neuerrichtetes Zementwerk in Deuna beschäftigt vorwiegend Männer, während Frauen in der Baumwollspinnerei Leinefelde tätig sind. Doch die beiden Großbetriebe haben den Charakter der Landschaft nur unwesentlich verändern können. Vorherrschend sind noch immer die kleinen Dörfer und der Hang ihrer Bewohner, ein Stückchen Land hinter dem Haus zu beackern. Gläubige Katholiken sind die meisten von ihnen. Das demonstrieren sie durch den sonntäglichen Kirchgang und durch Wallfahrten, an denen Zehntausende teilnehmen. Das Eichsfeld, die durch die innerdeutsche Grenze geteilte Landschaft, ist ein lohnendes Ziel für Reisende, die vom Harz kommen und dem Thüringer Wald zustreben. Zeit sollte man mitbringen. Es lohnt sich.

Vereint im katholischen Glauben sind mehr als achtzig Prozent der Bewohner des Eichsfelds. Überall an den Feldrainen stehen Kruzifixe, und Wallfahrten gehören zu den Höhepunkten jedes Kirchenjahres.

Im Urlaub drängen erholungssuchende DDR-Touristen entweder an die überfüllten Strände der Ostsee oder in die nicht minder frequentierten Kurorte des Thüringer Waldes. Dort befindet sich die Mehrzahl der Gewerkschafts-Ferienheime, in denen glückliche Besitzer eines »Ferienschecks« 14 Tage zu Niedrigpreisen kollektiv betreut und verpflegt werden. Auch der Harz, das Erzgebirge und in zunehmendem Maße Mecklenburgs Seenlandschaft dienen als Reise-Nahziele für jene 17 Millionen Deutsche, denen das Urlaubs-Fernweh durch die DDR-Oberen mittels drastischer Beschränkungen des Auslandstourismus systematisch verleidet wird. Obwohl derart restriktive Maßnahmen die Suche nach dem individuellen Erholungsplätzchen im eigenen Lande immer komplizierter machen, gibt es wenigstens eine reizvolle Gegend der DDR, die bislang nicht vom Touristenstrom überschwemmt worden ist und die sicherlich auch weiterhin eine Oase der Ruhe bleiben wird. Das Eichsfeld, zwischen Harz und dem Thüringer Wald gelegen, ein Hügelland mit weiten Hochflächen und dichten Wäldern, mit stillen Tälern und kulturhistorisch interessanten Bauwerken, muß auf allerhöchste Weisung von neugierigen Besuchern freigehalten werden. Ein Grund für den permanenten touristischen Dornröschenschlaf des Eichsfeldes ist in den Sicherheitsängsten der DDR-Führung zu suchen. Wanderlustige Werktätige möchte man ungern scharenweise in die Nähe des verminten, mit Stahlgitterzäunen und Stacheldrahtverhauen perfekt abgeriegelten Grenzgebietes reisen lassen. Den zweiten Grund für die Abstinenz von Urlaub und Erholung schaffen die verhinderten Gastgeber selbst. Mehr als achtzig Prozent der Bewohner des Eichsfel-

Verliebt ist jeder, der dem Eichsfeld und seinen landschaftlichen Schönheiten zum erstenmal begegnet. Auch auf den zweiten Blick ist die Gegend reizvoll: kleine Dörfer schmiegen sich an bewaldete Hügel, freundliche Menschen suchen Kontakt mit den Fremden und allerorts begegnet man Schafhirten in malerischer alter Tracht.

des sind strenggläubige Katholiken, die ihren Glauben auch demonstrativ praktizieren: Wallfahrten und Prozessionen bestimmen noch immer den Jahresablauf im Eichsfeld. Auch deshalb sollen sozialistische Touristen fernbleiben. Manch einem gelingt es dennoch, ein Urlaubsquartier bei gastfreundlichen Leuten zu ergattern. Wer einmal in der Gegend zwischen Heiligenstadt, Leinefelde und Worbis gewandert ist, kommt bestimmt gern wieder.

Heinrich Heine, den Spötter, kann man dagegen keinesfalls als Verfasser für ein Loblied über das Eichsfeld nennen. Der Dichter, er ließ sich 1825 in der Heiligenstädter evangelischen Martinskirche taufen, um den zivilrechtlichen Benachteiligungen als Jude zu entgehen, notierte damals über »die verlassene Gegend« folgendes: »Sterile Hügel von kleinlicher Bildung, einer nach dem anderen nichtssagend, und dazwischen weint die ärmliche Leine still und so traurig dahin. Ich pflege über diesen Boden, so rasch ich kann, hinwegzueilen!« Auch Theodor Storm brachte wenig Schmeichelhaftes über das Eichsfeld zu Papier. »Hilf Himmel, welch eine Stadt!« so beschrieb er am 19. April 1856 in einem Brief seine ersten Eindrücke aus Heiligenstadt, wo er bis 1864 als Kreisrichter tätig war. »Lehmhütten und Baracken, Häuser, wie sie bei uns nicht für Geld aufzuweisen wären . . .« Kann man seine Wahlheimat verächtlicher charakterisieren? Der Historiker Ludwig von Schlözer wird aus dem Jahre 1779 so zitiert: »In langer Zeit habe ich in keinem Lande, auch nicht auf weiteren Reisen, so viel Merkwürdiges angetroffen, als ich vor einigen Monaten bei einer bloßen Spazierreise, zufälligerweise, auf dem, Göttingen so nahen, mir aber, wie allen, sogar Geographen und Professoren, unbekannten Eichsfeld fand. Ein kleines, zumeist unfruchtbares Ländchen, das gleichwohl im Durchschnitt 1850 Menschen auf einer Quadratmeile wohnen hat, beinahe sich selbst (die Frondienste abgerechnet) überlassenes Volk, ohne ökonomische Gesellschaften, ohne Schöngeisterei und überhaupt ohne glänzende Kultur, umringt von eifersüchtigen oder raffinierenden Nachbarn. Trotz aller seiner Industrie, die bitterste Armut!«

Drei Eichsfeldreisende aus der Vergangenheit. Niederschmetternder Gleichklang ihrer Urteile. Alle drei kamen sie einst mit Pferd und Wagen von Westen her nach Heiligenstadt, aus Gebieten, in denen ein gewisses Maß an Wohlhabenheit und Bildung alltäglich waren. Historische Parallelen. Wer heute aus der gleichen Himmelsrichtung ins Obereichsfeld gelangen will, per PS-starken, chromblitzenden Kraftwagen, versteht sich, der findet an jener Stelle zwischen Deutschland-West und Deutschland-Ost nur ein einziges, gut bewachtes Grenz-Nadelöhr. Auf dem Weg von Duderstadt nach Worbis haben die DDR-Behörden am 21. Juni 1973 eine vorwiegend als Besuchs-Einbahnstraße genutzte Übergangsstelle im Grenzwall geöffnet. Die motorisierten Gäste aus dem westlichen Eichsfeld besuchen Freunde und Verwandte im östlichen Eichsfeld. Für Fahrten in umgekehrter Richtung erhalten bestenfalls Rentner die Genehmigung. Das ist die traurige Tatsache unserer Tage, die ein Heinrich Heine oder ein Theodor Storm, beide Gegner der deutschen Kleinstaaterei und der damit verbundenen ärgerlichen Paßkontrollen in jedem Duodezfürstentum, damals kaum ahnen konnten. Immerhin hätten sie, falls sie heute von Göttingen nach Heiligenstadt zu reisen

Gebaut den 11 April
1877
Brill.

Geschenke

Nach dem Devisengesetz der DDR kann von Reisenden aus der Bundesrepublik an Bewohner der DDR Bargeld in DM verschenkt werden, mit dem sie beispielsweise in den Intershops einkaufen können. Höchstgrenzen sind von seiten der DDR nicht festgelegt. Nach den Bestimmungen der Bundesrepublik darf im allgemeinen Bargeld bis zum Betrag von DM 1000,– für Geldgeschenke oder Gegenstände, die in der DDR gekauft und dort verschenkt werden sollen, mitgenommen werden; höhere Beträge bedürfen der Genehmigung der zuständigen Landeszentralbank. Bürger der DDR brauchen keine Quittung über die Schenkung auszustellen, doch ist es in vielen Fällen ratsam, weil Finanzämter die Beträge bei der Festsetzung der Steuer als außergewöhnliche Belastung anerkennen.

gedächten, als Westbürger wenigstens die Möglichkeit dazu. Man muß sich das einmal vorstellen: Heinrich Heine, versehen mit dem »Berechtigungsschein zum Empfang eines Tagesvisums der DDR«, rollt am Steuer seines geleasten Mittelklassewagens in den Kontrollbereich der sozialistisch-preußischen Grenzoffiziere. Graugrün Uniformierte prüfen seinen bundesdeutschen Reisepaß, Zöllner lassen sich den Kofferraum des Autos öffnen, forschen streng nach schriftlicher, einfuhrverbotener Konterbande, winken Heine, der nichts, außer Gedanken, schmuggelt, durch. Im nahegelegenen Kreisstädtchen Worbis, oder in Deuna, oder in Dingelstädt, würde Tagestourist Heine heute zweifellos interessantere Eindrücke sammeln können, als 1825. Und sicherlich würde er deshalb über diesen Boden nicht mehr wie einst rasch hinwegeilen.

Ich bin oft und gern hinaufgefahren in die rauhe Gegend, habe mich vom Wind zerzausen lassen, habe in der »Lengefelder Warte«, einer kleinen, privat geführten Ausflugsgaststätte, gut gegessen, habe die Ernsthaftigkeit der katholischen Wallfahrer bewundert, habe mich bemüht, durch Gespräche das Vertrauen der zurückhaltenden Leute zu gewinnen. Herbstliche Kirmesfeiern sind mir unvergeßlich. Der Monat Oktober, besonders der dritte Oktobersonntag, ist in der Mehrzahl der Eichsfelddörfer dem Kirchweihfest vorbehalten. Bereits am Vortage findet das »Kirmesgelage« statt, bei dem die »Erstlingsburschen« die ehrenvolle Aufgabe haben, den Anger zu reinigen und den Schlachttisch für den Kirmeshammel herzurichten. In vielen Eichsfelddörfern reicht man den »Erstlingen«, den jüngsten Kirmesburschen, das »Rümpfchen« zum Aufnahmetrunk. Der Inhalt dieses Bechers besteht aus einer wahllosen Mischung aller gesammelten Getränke und Produkte, die zum Erntedankfest eingebracht worden sind. Wer einen Schluck nehmen muß, erntet schadenfrohes Gelächter.

Selbstverständlich sind solche Trink-Späße nur Gaudium des Kirmesfestes, denn ansonsten wird während der Feiertage das Allerbeste aus Küche und Keller geboten. Das ganze Dorf feiert, und der Herr Pfarrer ist überall ein gerngesehener Gast. Daß er beim Ortsparteisekretär der SED auch mit vorbeischaut und ein Schnäpschen trinkt, soll nichts außergewöhnliches sein. Man kennt sich, man lebt in der Abgeschiedenheit miteinander. Warum sollte es da keine ideologische Koexistenz geben? Inoffiziell, versteht sich. Man spricht nicht gern darüber.

Wenn die Eichsfelder nicht feiern, oder an ihren blitzblanken Häuschen werkeln, oder in ihren Vorgärten herumbosseln, dann verdienen sie Geld. Die Männer im Zementwerk Deuna, im Kalischacht von Bischofferode, bei der Eisenbahn, in Handwerksbetrieben oder im Forstbetrieb. Der Staatliche Forstbetrieb Heiligenstadt verwaltet immerhin 28 147 ha Wald in den Kreisen Mühlhausen, Worbis und Heiligenstadt. Frauen finden Verdienstmöglichkeiten in der »Spinne«, wie die volkseigene Baumwollspinnerei Leinefelde, ein seit 1961 auf der grünen Wiese gewachsener Großbetrieb mit 3900 Beschäftigten, volkstümlich genannt wird. Herrenobertrikotagen werden, auch vorwiegend von Frauen, in Dingelstädt produziert. Die Pullover und Strickjacken erhalten zumeist anonyme Firmenetiketten und verschwinden in Plastiktüten mit den Aufschriften großer bundesdeutscher Warenhauskonzerne.

Größte Dreckschleuder des Eichsfeldes ist das Zementwerk von Deuna. Als die neue Anlage aus Ersparnisgründen von der Verwendung importierten Erdöls auf heimische Braunkohle umgestellt wurde, erhöhte sich die ausgestoßene Schadstoffmenge beträchtlich.

Selbst Spazierstöcke, vom DDR-Außenwirtschaftsministerium amtsdeutsch als »Gehhilfen« klassifiziert, sind Eichsfelder Exportschlager. Dieses veredelte Stück Holz bietet in besonderem Maße Anlaß zu Betrachtungen über eine deutsch-deutsche Wirtschaftsposse, die ihresgleichen sucht. Ich bin mehrfach am Ort der Handlung gewesen. Lindewerra heißt das kleine Dorf mit zwei Superlativen. Es ist die am westlichsten gelegene Ortschaft der DDR und gleichzeitig das Spazierstock-Zentrum unseres devisenhungrigen Nachbarn. Anno 1830 ließ sich dort ein geschäftstüchtiger Handwerker nieder und begann aus heimischen Hölzern Stöcke zu biegen. Seine Nachkommen haben diese Tradition mehr als 150 Jahre erhalten. Heute sind in Lindewerra noch 13 Familien im gleichen Gewerbe tätig. Durch Mauer, Postenturm und Sichtblenden sind ihre Werkstätten am Ufer der Werra vor Neugierigen jenseits des Wasserlaufes geschützt. Das importierte Holz, vor allem Edelkastanie, Eiche und Esche, rollt von Lieferanten aus dem benachbarten Eschwege oder Göttingen via Ostberlin an seinen Bestimmungsort. Dort wird es nach Altväterart geweicht, gebogen, geschliffen, lackiert und schließlich sortiert verpackt. Dann nehmen die fertigen Stöcke den umgekehrten Weg: nach Ost-Berlin und von dort vielleicht in die Fachgeschäfte von Eschwege oder Göttingen, ein paar Kilometer vom Herstellungsort entfernt.

Die Leute von Lindewerra nehmen solche Transportwege mit Gelassenheit als unabänderlich hin. Gemütsbewegter sehen sie dagegen ihre durch das Grenzsperrsystem bedingte territoriale Isolation. Den Bahnhof haben sie beispielsweise in Sichtweite – aber am gegenüberliegenden westlichen Werraufer. Dazwischen befindet sich die Mauer. Zum nächstgelegenen Eisenbahnanschluß nach Heiligenstadt fährt der Bus nur einmal am Tag. Besucher dürfen die Bewohner des 500-Meter-Grenzschutzstreifens, dazu rechnet die Stockmachergemeinde Lindewerra, nur in begründeten Ausnahmefällen einladen. Trotzdem wollen die mei-

FERDINAND LANG

20
Herrenausstatter
H

Vorhergehende Doppelseite: Verkrampft ist das Verhältnis der Parteifunktionäre zu den Kirchenoberen. Mit wachsendem Groll beobachten sie alle öffentlichen Aktivitäten der Katholiken. Zum Palmsonntag ziehen Zehntausende durch die Karl-Marx-Straße von Heiligenstadt und singen fromme Lieder (Foto links). Vierzehn Tage später bemüht sich die Staatsmacht, am gleichen Ort Flagge zu zeigen. Uniformierte marschieren in entgegengesetzter Richtung durch Heiligenstadts Hauptstraße. Diese Machtdemonstration löst beim Zuschauer Betroffenheit aus, denn Aktive und Zuschauer beider Veranstaltungen rekrutieren sich praktisch aus den gleichen Bürgern. Während sie zur Palmsonntagsprozession freiwillig kommen, folgen sie der Anordnung zum Aufmarsch am 1. Mai widerwillig und aus Angst vor möglichen Repressalien am Arbeitsplatz, wenn sie dem Umzug fernbleiben.

sten bleiben. Ihren, von drei Seiten eingemauerten Heimatort verlassen nur jüngere Leute.

Die heutige Flucht der Jugend vom Eichsfeld hinunter in die großen Städte stellt unter den Bedingungen des Sozialismus, der den Landstrich durch das militärische Gehabe an der innerdeutschen Grenze zu einer Art Kasernenhof mit strengem Verhaltenskodex für jedermann degradiert, nur eine neue Variante in einem althergebrachten historischen Prozeß dar. Schon immer zog es die Heranwachsenden weg von der kargen Scholle, aber jeder konnte gehen, wohin es ihn beliebte, nach Osten oder Westen. Manche wanderten nach Amerika aus und kehrten Jahrzehnte später als gemachte Leute zurück. So verdingten sich Eichsfelder Maurer, weil sie daheim keine Arbeit fanden, in der Fremde. Musikanten aus Hundeshagen spielten am russischen Zarenhof und bei spanischen Edelleuten. Es war materielle Not, nicht Abenteuer- oder Reiselust, die das Eichsfelder Jungvolk einst in ferne Gegenden trieb.

Wer heute bleibt, ist meist zweifach treu: dem Eichsfeld und der Kirche. Die Gotteshäuser sind Zufluchtsstätten und geistige Zentren gleichermaßen. Nirgendwo sonst in der DDR treten katholische Christen so offen und demonstrativ für ihren Glauben ein.

Die Palmsonntagsprozession von Heiligenstadt und die Männer-Wallfahrt zum Klüschen Hagis, einer mitten im Wald gelegenen Kapelle, gehören zu den Höhepunkten des Jahres. Mehr als zwanzigtausend Männer, junge und ältere, versammeln sich im Halbrund auf der zum Waldrand ansteigenden Bergwiese, um den Worten ihres Bischofs aus Erfurt zu lauschen. Jener mahnt immer wieder zur Toleranz gegenüber Andersdenkenden, zu Friedfertigkeit, aber auch zu Festigkeit gegen Repressionen durch Vertreter des atheistischen Staates. Choräle erklingen aus zwanzigtausend Männerkehlen. Das Abendmahl wird gefeiert. Dann ziehen sie heimwärts. Die Kirchenfahnen tragen sie wie Standarten durch den frühlingsgrünen Wald.

Der Bischof aus Erfurt spricht zu 20 000 Wallfahrern. Er mahnt die Männer zur Festigkeit im Glauben, aber auch zur Toleranz. Das Verständnis der Gläubigen für die schwierige Situation der Kirchenführung gegenüber den Vertretern der sozialistischen Staatsmacht ist gewachsen.

Ein Grund zum Feiern findet sich immer – Volksfeste –

Mehr als fünfhundert Volksfeste, Märkte und Messen von überregionaler Bedeutung werden jährlich in der DDR veranstaltet. Hinzu kommen Dutzende von Festen in Wohnbezirken oder Kleinstädten, dort zumeist von Gartenvereinen oder Sportverbänden organisiert. Ein Grund zum Feiern findet sich immer. Das ist in Thüringen und Mecklenburg nicht anders als in Schwaben und Hessen. Wer Volksfeste in der DDR besucht, wird trotzdem Unterschiede feststellen. Außer Bier, Bratwurst und Blasmusik gibt es gratis immer etwas hausgemachte politische Agitation. Kein Fest ohne Losungen und rote Fahnen. Doch die Feiernden drüben lassen sich durch solche Zugaben die Stimmung nicht verderben.

Die Ulk-Großmeister einer Kleinstadt

Schifferfastnacht
Mitglieder des Postelwitzer Schiffervereins »Fortuna«, 1898 gegründet, machten den Fasching einst zum Höhepunkt des geselligen Lebens in ihrem Dorf an der Elbe. Das ist bis heute so geblieben. Am ersten der drei tollen Tage holen »Flechelhanswürste«, originell verkleidete Bläser, frühmorgens die Langschläfer aus den Betten. Anschließend beginnt der Festumzug. Dort kann man, tief im sächsischen Binnenland, Matrosen und Schiffsoffiziere paradieren sehen. Parodiert werden lokale Geschehnisse, politische nicht. Auch Fasching ist in der DDR eine ernsthafte Angelegenheit.

Was umsatzbestrebte Gastronomen zwischen Fichtelberg und Kap Arkona während der »tollen Tage« mittels Pappnasenzwang und Schunkelwalzereinlagen als »Karneval« deklarieren, provoziert Geselligkeits-Großmeister einer Thüringer Kleinstadt zu der nachsichtigen, mundartlich verblümten Feststellung: »Dos langd ned hene on ned foern!«
Selbstbewußt behaupten die Wasunger Narren von sich: »Mie maches richtig!« (Karnevalsmotto 1977/78), wobei sie stolz auf ihre über 450jährige urkundlich belegte Ulk-Tradition verweisen. Mönche begründeten damals den Ruf jener »heißesten Tage im kältesten Monat des Jahres«.
Nicht nur die Einwohner des Werrastädtchens, sondern auch mehr als zehntausend Neugierige aus allen Himmelsrichtungen versprechen sich davon eine Februarwoche mit »Ahoi und Bummtrara« sowie »Liebe, Lust und Laune«, gute natürlich. Vom Eröffnungsfackelzug (Beginn 19.11 Uhr) über die Straßenparade der Nachwuchsnarren aus Schule und Kindergarten (anschließend Karnevalstanz in der Turnhalle) bis zum großen Festumzug und abschließendem Faschingskehraus bemühen sich vor allem die 4687 Wasunger selbst um redliche Demonstration ihrer liebenswerten Eigenschaften. Ihr Mitbürger Gustav Reichardt definiert sie so: »Die Wasunger Bevölkerung hat eine glückliche Begabung für Humor, spielerische Gestaltung und Gesang, sie pflegt das ganze Jahr über die Geselligkeit und versteht es, dem Ernst des Lebens ein heiteres Käppchen aufzusetzen und ihm eine Pappnase anzukleben.« (Zitat aus der Festschrift »1100 Jahre Wasungen«, 1974). Doch auch in dieser Hochburg des DDR-Karnevals hat der Spaß seine Grenzen. Die Wahl des Prinzen zum Beispiel ist hier eine äußerst ernste Angelegenheit. Sie hat sich aus gutem Grund vor allem den Sicherheitsvorschriften unterzuordnen. Der Elferratspräsident des 180 Mitglieder zählenden »WCC« (Wasunger-Carneval-Club) erläutert den Sachverhalt. »Name, Alter und Beruf des Karnevalsprinzen unterliegen bis zum Sonnabend, 14.11 Uhr, allerstrengster Geheimhaltung. Unser ›närrischer Ministerrat‹ sah sich genötigt, zu diesem Wahlmodus überzugehen, weil es vor einigen Jahren Kontroversen mit der benachbarten Kreisstadt Meiningen gab. Dort wollte man so etwas wie Karneval nachmachen und hatte versucht, unseren Prinzen zu entführen.« Durch die strenge Geheimhaltung konnte solcher Frevel bisher verhindert werden. Nicht aus Sicherheitsgründen, sondern einer Tradition der unbeweibten Mönche folgend, regiert seine »Tollität« jedoch stets ohne eine »Lieblichkeit« an seiner Seite. Von diesem anderenorts unüblichen Karnevalsdogma sind die Wasunger nur einmal abgerückt. 1970 haben sie »Karin die Erste« zur Prinzessin gekürt. Sie hatte 1952, genau am Tag des Faschingsumzugs, das

Licht der lustigen Wasunger Welt erblickt, war deshalb Patenkind des Elferrats geworden und durfte an ihrem 18. Geburtstag dann die Regentschaft übernehmen.

Zur Pfingstzeit wird ein Baum gestemmt

Pferde müssen es sein, möglichst stämmige Ackergäule. Nur mit schnaubenden Rössern, vor einen Leiterwagen gespannt, darf der Maibaum aus dem Forst geholt werden. Diese Altvätersitte wird im Thüringer Holzland auch heute noch praktiziert. Aus gutem Grund. Durch unnötige Hast soll das größte Volksfest des Jahres nicht beeinträchtigt werden. Pferde sind Garanten für Geruhsamkeit. Bevor sie jedoch angeschirrt werden, labt sich das männliche Begleitpersonal an Hochprozentigem. Das Fest beginnt am Tag vor dem Fest – na, wo schon? – im Wirtshaus. Wenn Mann und Roß und Wagen sich endlich in Bewegung setzen, ist das Stimmungsbarometer allseits bereits tüchtig gestiegen. Gesang ertönt aus rauhen Männerkehlen. Waldesluhuhust! Dann jault die Motorsäge in schrillen Tönen. Ein wochenlang zuvor ausgespähter Fichtenriese fällt dem Fest zum Opfer. Entästet und mit bunten Bändern geschmückt, wird das zentnerschwere Langholz auf den Wagen gewuchtet. Dafür schwindet der mitgeführte Biervorrat. Prost! Die Männer sind mit sich und mit dem Baum zufrieden. Heimwärts geht's! Den Weg zurück ins Dorf finden die Pferde allein.
Der folgende Sonntagmorgen sieht die Maibaum-Einholer vereint beim Frühschoppen. Nach ausgiebigem Mittagessen – Klöße und Sauerbraten – wird's ernst. Gestärkt gehen die Kräftigen ans Werk. Das ist die große Stunde der Männer! Jetzt endlich können sie ihren Angetrauten oder der Freundin zeigen, was sie für Kerle sind! Fünfundzwanzig Meter ausgewachsenen Fichtenstamm werden sie in die Höhe wuchten. Ohne Kran, ohne Seilzug, ohne andere technische Hilfsmittel. Nur mit ihrer Muskelkraft. Hau ruck! Ein »Richtmeister« gibt die Kommandos. Drei Dutzend Arme stemmen den Stamm. Zentimeterweise bewegt er sich höher. Holzstangen stützen ihn, wenn die Mannschaft kurz pausiert, wenn die Bierhumpen kreisen und Schweiß verstohlen von den Stirnen gewischt wird. In sicherer Entfernung von Stamm und Stemmern haben sich die Zuschauerinnen postiert. Sie sparen nicht mit aufmunternden Zurufen und registrieren sehr genau, wer den Bizeps wirklich spielen läßt oder wer den Kraftmeier nur mimt. Das Maibaumsetzen wird zur Stunde der Wahrheit für jeden Macho im Dorf.
Ursprünglicher als im Thüringer Holzland, einer waldreichen Gegend beiderseits der Transitautobahn am Hermsdorfer Kreuz, wird kaum ein Fest zwischen Ostsee und Erzgebirge gefeiert. Nur wenige Fremde kommen in die touristisch nicht erschlossenen Dörfer, um sich an dem stundenlangen Hau-Ruck-Schauspiel zu ergötzen. So bleibt das altüberlieferte Ritual, das sich alljährlich zur Pfingstzeit wiederholt, Angelegenheit der Einwohner selbst und wird nicht wie andere Volksfeste zur lärmerfüllten Massenveranstaltung.
Das Maibaumsetzen beschränkt sich – bisher jedenfalls – auf Muskelprotzerei, Bierkonsum und derbe Fröhlichkeit. Ein Feiertag der Landbevölkerung, wie er ähnlich auch in Schwaben oder Franken begangen werden könnte.

Pumphutulk
Die 5000 Einwohner von Schirgiswalde sind lustige Leute. Das Städtchen liegt bei Bautzen im Mittellausitzer Bergland und gilt als beliebter Erholungsort. Die Gäste können dort zur Faschingszeit mit den Ortsansässigen und deren altüberlieferter Sagengestalt »Pumphut« manchen Ulk erleben. Wenig später, am 30. April, werden »Hexenfeuer« abgebrannt. In der Mittsommernacht leuchten überall auf den Feldern »Johannisfeuer« und zu Fronleichnam ziehen die katholischen Gläubigen in feierlicher Prozession durch die Straßen.

Brautag
Die kleinste Brauerei der DDR, seit Generationen in Familienbesitz, befindet sich im Dorf Singen bei Arnstadt. Mit Hilfe uralter Technik, die Betriebsanlage steht unter Denkmalschutz, stellen Braumeister Fritz Obstfelder und seine Frau pro Woche 2000 Liter helles Vollbier her. Dienstags ist Brautag.

Lokal-Patrioten

Nur im städtischen Weinkeller des Rathauses (als »dat hus up dem winkelre« bezeichnen es alte Urkunden) durften Wernigerodes Bürgern einst berauschende Getränke ausgeschenkt werden. Auch Würfel- und andere Glücksspiele waren nur dort erlaubt, während man sich in den Herbergen der Stadt dabei nicht erwischen lassen durfte.
Die Gefängniszellen und die Folterkammer in Rostocks Rathauskeller waren jahrhundertelang ebenso gefürchtet wie das »Brummbärenloch«, ein Verlies, vornehmlich für randalierende Studenten geschaffen, die im benachbarten Wein-keller einen über den Durst getrunken hatten. Heute wird das historische zweischiffige Kreuzgewölbe unter dem Rathaus als HO-Gaststätte »Ratskeller« ausschließlich gastronomisch genutzt.
Detaillierte Rechnungen über den Branntweinkonsum im städtischen Ratskeller von Nordhausen sind 1586 bis 1627 erhalten geblieben. Danach erwuchs der Stadtkasse 1586 durch das Privileg, »gebrannten Wein« auszuschenken, ein Gewinn von 100 Gulden, 18 Groschen und 9 Pfennigen. 1611 tranken die Bürger bereits für 455 Gulden, 18 Groschen »Gebranntwein«. Allerdings mußte häu-

Jubel um Jumbo

Wie man aus einer Mücke einen Elefanten machen kann, bezeugt ein Denkmal, das auf dem Niederroßlaer Dorfanger nicht zu übersehen ist. »Miss Baba« ist's, ein Elefantenfräulein, das dort vom hohen Sockel herunter an ein Spektakel erinnert, über das sich vor 125 Jahren die Zeitungen spaltenlang ausließen.
Im Februar 1857, ausgerechnet zur Faschingszeit, hatte es sich zugetragen. Menageriebesitzer Kreutzberg, der dunnemals drei Tage lang in der Apoldaer Schuhgasse den »Rieseneleant Miss Baba« und dessen »ausgezeichnete Dressur« einem »verehrungswürdigen Publicum« (Anzeigentext) zum Eintrittspreis von zweieinhalb Silbergroschen vorgeführt hatte, beendete sein Gastspiel mit Krach und Komplikation. Der vielbewunderte Dickhäuter nämlich zerstörte nicht nur den Stall, in dem die Tierschau vonstatten gegangen war, er tat sich obendrein auch noch an fremden Runkelrüben gütlich. Flugs ließ Madame Burckhardt, die Geschädigte, Gendarmen aufmarschieren. Der Elefantenbesitzer mußte zahlen und verließ verbittert mit seinem Gefolge im Schutze der Dunkelheit die Stadt.
Weit kam er nicht. Nach drei Kilometern Fußmarsch machte »Miss Baba« schlapp. Einige leicht besäuselte Herren, Mitglieder des Niederroßlaer Gesangsvereins, die in Faschingslaune den häuslichen Herd zu erreichen versuchten, fühlten sich spontan der wackligen indischen Elefantendame verbunden. Durch gütiges Zureden und schließlich durch derbe Stockschläge versuchten sie, ihr wieder auf die Beine zu helfen. Da legte sich »Miss Baba« endgültig auf die Seite und verschied. Direktor Kreutzberg witterte seine Chance. Er strengte einen Prozeß an und klagte, Niederroßlas Sänger hätten seine größte Attraktion zu Tode geprügelt. Lachhaft, wehrten sich die inwzischen ernüchterten Herren, ihre Stöcke hätten das Tier bestenfalls gekitzelt, was ihnen prompt den Spitznamen »Elefantenkitzler« einbrachte. Das nun wiederum brachte die Sänger auf die Palme. Sangesbruder Cämmerer ließ sogar für harte Taler folgende Notiz ins Lokalblatt einrücken: »Bekanntmachung. Da das Gerücht verbreitet ist, als sei ich bei der Aufhaltung des Elephanten zu Niederroßla betheiligt gewesen, so erkläre ich hiermit, daß dieses Gerede nur von bösen Zungen herrührt und bitte, mich mit dergleichen Unwahrheiten zu verschonen. Niederroßla, 20. Februar 1857.« Das Gericht ordnete eine Leichenschau an, welche die »Prügelknaben« rehabilitierte, denn, so wurde festgestellt, die Elefantendame sei einzig ihrer maßlosen Freßlust erlegen. Das anatomische Institut der Jenaer Universität kaufte den Kadaver für Forschungszwecke. Die Elefantenhaut erwarb der Direktor des Naturkundemuseums in Gotha für sieben Taler und ließ sie fachgerecht präparieren.
So wurde »Miss Baba« zum musealen Schauobjekt. Die Niederroßlaer Sänger schmollten wegen der fortdauernden Hänseleien noch ein paar Jahrzehnte, dann entschlossen sie sich, das tragische Ereignis zu ihren Gunsten in ein »denkwürdiges« umzuwandeln. Zum 50. Todestag von »Miss Baba« veranstalteten sie erstmals am 10. Februar 1907 einen Umzug und pflanzten eine Linde, unter der sie just 25 Jahre später noch einen Obelisken errichteten.
1957 nahmen die Nachfahren das »schröckliche Drama« ihrer Altvorderen mit Jux und Lebensfreude wieder auf und weihten das Elefan-

tendenkmal ein. Zum 125. Jubiläum, das 1982 gefeiert wurde, schickte das Gothaer Museum sogar die restaurierte Hauptperson nach Niederroßla. Der festlich geschmückte Dickhäuter legte seinen einst letzten Gang auf einem Anhänger zurück. Tausende fröhlicher Leute gaben ihm das Geleit. Und während sich die Niederroßlaer im Festumzug selbst zur Schau stellten, skandierten die musikalischen Einwohner vor großem Publikum ihre Hymne: »Wir sind die Kitzelbacher Sänger und sind gar wohl bestellt.«
Ein bißchen Wehmut klang aus dem Lied, denn gefeiert wird das Elefantenfest nur einmal im Vierteljahrhundert. Den nächsten Auftritt wird »Miss Baba« erst nach der Jahrtausendwende haben.

PS im Mühlenholz

Autos, überall Autos. Auf Wiesen, an Feldrainen, in der unscheinbarsten Seitengasse. Havelberg gleicht am ersten Wochenende im September einer von Fahrzeugen belagerten Stadt. 7500 Einwohner sehen sich der Übermacht von mehr als viermal so vielen Fremden gegenüber, die am frühen Morgen leicht zerknittert, doch voller Tatendrang aus ihren fahrbaren Untersätzen klettern und natürlich sofort die berechtigte Frage stellen: »Wo sind denn die Pferde?«
Ein vom märkischen Sandstaub bepuderter Ordner weist mit müder Handbewegung gen Westen, dorthin, wo sich die erwartungsfrohe Menge drängt, ins Mühlenholz. An »normalen« Wochenenden, so meint ein Ortskundiger, sei die beschauliche Gegend zwischen Havel und Elbe eine Oase der Ruhe und ein Paradies für Angler. Doch am bewußten Wochenende würde jeder Fisch Reißaus nehmen. Im Mühlenholz ist Pferdemarkt. Da muß ein Mann doch hin. Frauen sind geduldete Gäste. Sie sorgen für das leibliche Wohl der Pferdehändler oder verhökern als selbständige ambulante Händlerinnen am Eingang der großen Wiese Kleinkunst. Noch bevor auch nur das Wiehern eines Vierbeiners zu hören, geschweige denn der Schweif einer Stute oder eines Hengstes zu sehen ist, muß der pferdefreundlich Gestimmte der Versuchung widerstehen, sich schon vorher für allerhand Schnickschnack das Geld aus der Tasche locken zu lassen. Auf Autoblechteilen liegt ausgebreitet, was das Herz eines Pferdenarren in Trab bringt: Spiegelglas, von Pferdehalftern künstlerisch umrahmt, fürs traute Heim, Sinnsprüche über Roß und Reiter auf Holz oder Porzellan, knallbunte Peitschen, garantiert glückbringende Hufeisen, Kutschbocklaternen, »echt antik«, natürlich auch Pferdeschlitten, Pferdekutschen – und Pferdeäpfel, aber die kosten nichts. Hinter dieser dichtumlagerten Barriere des Zubehörhandels stehen sie dann endlich, die Schimmel, Rappen, Füchse, Falben und Schecken, derentwegen die meisten Leute nach Havelberg kommen. Exakt 458 Rösser sind im weiten Rund angepflockt. Der Kreistierarzt kann diese genaue Zahl an Hand der marktgesetzlich vorgeschriebenen Hinterlegung des Veterinärzeugnisses jedes zum Verkauf ausgestellten Vierbeiners ermitteln.
Doch was da im Menschengetümmel auf der Wiese zu bewundern und natürlich auch zu kaufen ist, sind keinesfalls rassereine Rennpferde, sondern oft müde Droschkengäule oder alte Klepper, denen ihre Besitzer aus Barmherzigkeit eine Decke übergeworfen haben, da-

fig über die trinkfreudigen Bürger Klage geführt werden, die sich an anderer Stelle als im Ratskeller berauschten. »1584 am 9. März wurde Georg Suppe in 2-Mark-Strafe genommen, weil er wider des Rates Gebot Brantewein geschencket.«

Kugelbrote
Brotbacken im Dorfbackofen unter freiem Himmel war in der Gemeinde Emstal in der Nähe von Lehnin im Kreis Brandenburg noch in den zwanziger Jahren Brauch. Bei Hochzeiten und Schlachtfesten brutzelten im Backofen auch knusprige Braten, und zum Dörren der Backpflaumen gab es keinen besseren Platz. Dann wurden die drei alten Backöfen in der Ortsmitte vergessen. Kürzlich kamen acht Familien auf den Gedanken, den am besten erhaltenen Ofen wiederherzurichten. Die dicke Grasdecke wurde abgetragen, der Ofenbuckel mit Feldsteinen und Lehm ausgebessert. Und weil das Kugelbrot, nach Altvätersitte gebacken, soviel Beifall fand, entschloß man sich, einmal im Jahr ein »Backofenfest« zu veranstalten. Am Sonntag nach Pfingsten findet es regelmäßig statt.

Moritaten
Ein Jahrmarktsänger (Foto rechts) unterhält Volksfestbesucher mit erschröcklichen Moritaten. Die bunt bebilderte Leinwand hinter ihm verdeckt einen der genormten Agitationssprüche, der den Staat als »Garanten für die Pflege des kulturellen Erbes« preist.

Elbewein
An den sonnigen Hängen des Flüßchens Unstrut bei Freyburg und im Elbetal zwischen Meißen und Radebeul wird Wein angebaut und verarbeitet. Die von den in Genossenschaften arbeitenden Winzern eingebrachte Lese ist gering, aber in manchen Jahren werden daraus recht akzeptable Weine hergestellt. Die Zeiten, in denen sich Sachsen mit 6000 Hektar Weinbaufläche rühmen durfte, sind allerdings lange vorbei. Im 17. Jahrhundert lobte ein Chronist namens Christian Gerber aus Lockwitz, einem östlichen Vorort von Dresden, den »herrlichen Weinwachs«, »den besten im gantzen Land«, »dem Rheinwein gleich zu achten, es sey denn, daß der Rheinwein außerordentlich wohl geraten«.

mit man das traurige Gerippe nicht sieht. Seriöse Kauf- und Tauschpartner sind jedoch die vielen Abgesandten von Genossenschaften, die Tiere aus ihrer Nachzucht anbieten oder selbst Ackergäule für Transporte suchen. Natürlich schaut man einem Gaul zuvor ins Maul, auch auch die Hufe und auf den Schweif. Nichts wird sofort entschieden. Pferdekauf ist auch heute noch keine Vertrauenssache, denn der Verkäufer hat wie eh und je seine Roßtäuschertricks parat, die dem Käufer natürlich gleichfalls nicht unbekannt sind. Man palavert, man nimmt einen zur Brust. Der Tag ist ja lang, und irgendwann wird das Geschäft schon klappen. Gegen Abend fallen automatisch die Preise. Niemand will aus Havelberg nach Hause kommen, ohne etwas verkauft zu haben.

Motorenlärm und Dauerkuß

Alljährlich zur Pfingstzeit zieht es Zehntausende hinaus zum »Ring« in die Teterower Heidberge. Je schöner das Wetter, desto größer der Andrang. Vor allem Jugendliche lockt das Motodrom im Grünen. Die buntbehelmten Männer auf der kurvenreichen Berg- und Talpiste ermöglichen es den Fans aus nah und fern, zwei Tage lang hingebungsvoll in Auspuffgasen, Staub und Benzindunst zu baden. Für junge Leuten ohne Zweifel ein Vergnügen eigener Art. Hier träumen viele sonst am regulären Straßenverkehr teilnehmende Zweiradbesitzer aller PS-Klassen ihren eigenen, ganz individuellen Traum vom Rausch der Geschwindigkeit. Hier fühlen sie sich selbst als Matadoren des Bergrings. Wenn die schnellen Männer den Gasgriff ih-

rer Maschinen aufdrehen und über den »Hechtsprung« genannten Steilhang feuern, dann ist »Musik« im Gelände, dann schlagen viele Herzen mindestens zwei Takte schneller. Insgesamt vierzehn Rennen gibt der Starter frei. Vierzehnmal vier Runden lang erfüllt Motorlärm die Luft, kämpfen die Aktiven in den Klassen 500 cm^3 Lizenz, 500 cm^3 Ausweis, 250 cm^3 Lizenz

und in der $150\ cm^3$-Juniorenausweisklasse um Preise und Pokale. Jedes Teterower Bergringrennen ist ein einziges großes Volksfest. Und wen die schnellen Bergsteiger und ihre Fahrkünste nicht so sehr begeistern, übt häufig am Rande der Rennstrecke eine Disziplin, die sich von Jahr zu Jahr größerer Beliebtheit erfreut: den Dauerkuß mit einer schönen Sozia.

Auf dem Kopf ein Gockelhahn

Jedes Jahr die gleiche Zeremonie. Am letzten Sonnabend im März tritt Eisenachs Bürgermeister, geschmückt mit der goldenen Amtskette, durch das Rathausportal hinaus auf den Marktplatz. Mit ihm postieren sich die Honoratioren der Wartburgstadt vor dem histori-

Kirschfest
In Naumburg wird seit mehr als 500 Jahren das »Hussitenkirschfest« gefeiert, alljährlich Ende Juni. Nach einer Legende soll der Hussitenfürst Prokop die Stadt anno 1432 belagert haben. Um Gnade flehend hätten damals die Bürger ihre Kinder vor die Tore zu den Angreifern geschickt. Heerführer Prokop zeigte sich gerührt, schenkte den Kleinen Kirschen, verschonte Naumburg und zog mit seinen Kriegern ab. Diese Szene wird jetzt während des Volksfestes in einem Umzug nachvollzogen. Neuerdings werden dabei gleichzeitig die freundschaftlichen Verbindungen zum Nachbarland Tschechoslowakei beschworen, als hätte der Fürst Prokop diese Beziehungen einst begründet.

schen Gebäude. Wenig später hält dort eine von vier Schimmeln gezogene Kutsche. Ihr entsteigen etliche Männer mit merkwürdigem Kopfputz – Gockelhähne sollen sie symbolisieren. Sie alle entbieten den Versammelten ihren traditionellen Gruß: »Gut Ei und Kikeriki!« Damit ist der Umzug anläßlich des »Sommergewinn«-Festes eröffnet. Einst war das »ein ärgerlicher Brauch«. »Die jungen Burschen und Mägden sind auf den Mittelstein gegangen, worauf sie ein Rad getrieben, daran sie einen strohernen Mann gebunden, den sie den Todt genennt, denselben angezündet und mit dem Rad den Berg hinunterlaufen lassen; danach sind sie bey die Wartenburg in den Tannenwald gegangen, haben eine gleiche und hohe Tanne abgehauen, welche sie nachgehens mit Bändern geschmückt und auf dem Plan fest eingegraben und aufgestellt haben«, so beschreibt ein Chronist den »Sommergewinn«, heute das größte Thüringer Volksfest, vor mehr als 200 Jahren. Um 1700 ist es erstmals urkundlich erwähnt worden. Die feiernden Eisenacher trieben ihre Späße einst anscheinend so arg, daß sogar Unfallopfer zu beklagen waren. Deshalb wurde das Fest bald wieder verboten.

Was sich dagegen seit 1897, mit Ausnahme der Kriegszeiten, alljährlich im März durch Eisenachs Altstadt bewegt, ist ein bunter, fröhlicher, durchaus friedfertiger Zug von kostümierten Leuten. Etwa 50 000 Schaulustige säumen die Straßen von der Stiegker-Vorstadt bis zum Marktplatz. Als Höhepunkt und Abschluß des Umzugs findet dort das Streitgespräch zwischen dem grimmigen Herrn Winter und der lieblichen Frau Sonne statt. »Jetzo, Herr Winter, muß sich's entscheiden, wer von uns beiden den Tod soll erleiden! Du oder ich – ganz einerlei, Frühling muß werden, auch wieder Mai!« Selbstredend entscheidet die Dame das Wortgefecht zu ihren Gunsten. Der Winter muß weichen und geht als Strohpuppe symbolisch in Flammen auf. Vorbereitet wird das Fest, zu dem auch viele Gäste aus den grenznahen Gebieten der Bundesrepublik nach Eisenach reisen, von der »Sommergewinnzunft«. Ihr gehören etwa 60 traditionsbewußte Eisenacher an, die an unzähligen Winterabenden Dekorationen basteln, Kostüme nähen, Festwagen gestalten und mehr als zehntausend Blüten aus Papier zum Schmuck der Häuser anfertigen.

Im Festzug marschieren, historisch gewandet, berühmte Eisenacher aus vergangenen Zeiten mit: Martin Luther, der auf der Eisenacher Wartburg die Bibel ins Deutsche übersetzte, die mildtätige Landgräfin Elisabeth, Johann Sebastian Bach, der 1684 in Eisenach geboren wurde, Goethe, Richard Wagner, Franz Liszt, Moritz von Schwindt, Fritz Reuter, der Dichter und natürlich die Arbeiterführer Bebel und Liebknecht, die einst den Eisenacher Parteitag der Sozialdemokraten leiteten. Unvermeidlich beim Eisenacher »Sommergewinn«-Fest ist, wie allerorts bei solchen Anlässen in der DDR, die vordergründige Agitation der Partei mit Kampfparolen und Treuebekundungen zur Staatsführung. Solche Szenen wirken ungewollt komisch, aber die Eisenacher haben sich daran gewöhnt, daß besonders staatstreue Bürger ihre Hausfassade nicht nur mit bunten Papierblumen dekorieren, sondern inmitten dieser Blütenpracht auch noch Bilder von Marx und Honekker plazieren. Man schmunzelt über soviel Eifer – und feiert ausgelassen ein ganzes Wochenende lang.

Kikeriki!

Winter – Sonne

Diszipliniert verfolgen Eisenacher Zuschauer hinter den Absperrungen das traditionelle Streitgespräch zwischen Frau Sonne und Herrn Winter auf dem Marktplatz. Zum Sommergewinnfest Ende März werden viele Häuser mit Papierblumen geschmückt, besonders eifrige Bürger hissen außerdem noch die Staatsflagge.

Tauben-Tausch-Tag

Schwerbepackte Gestalten schlurfen im Morgengrauen durch Naumburgs alte Gassen. Viele tragen lange, schmale Käfigkisten huckepack, andere schleppen Henkelkörbe. Alle haben ein Ziel: den Marktplatz. Gegen acht, wenn die

Sonne übers Dach der Stadtkirche Sankt Wenzel blinzelt, hat sich das von ehrwürdigen historischen Bauten umgebene Geviert in ein riesiges Tiergefängnis verwandelt. Hinter Maschendraht und Holzgitterchen gurrt es vieltausendfach.
Die im Dunkel der Nacht aus den Dörfern der Umgebung herbeigeschafften Insassen der luftigen Zellen – Strasser, Thüringer Kröpfer, Koburger Lerchen, Trommler und wie sie alle heißen – müssen sich jetzt, bei Tageslicht, von jedermann bestaunen und befingern lassen. Den gefiederten Gefangenen bleibt keine andere Wahl, und nur ganz selten gelingt es einem von ihnen, den prüfenden Händen der Händler zu entwischen. Dann schraubt er sich pfeilschnell in den frostklaren Morgen, hoch hinauf zu den Rathauszinnen, wo ihn verwilderte Artgenossen mit solidarischem Flügelschlag begrüßen.

Der glücklich Entkommene kann den Fortgang der Veranstaltung dann schadenfroh von höherer Warte aus verfolgen. Zunächst passiert jedoch nicht viel. Die Männer (Frauen sind offenbar unerwünscht bei derartigen Zusammenkünften) schlendern gemächlich von Stand zu Stand, umkreisen das Areal wie Habichte die wehrlose Beute. Plötzlich greifen sie zu. Sei es, weil sie glauben, ein Konkurrent könnte ihnen mit dem Kauf zuvorkommen, sei es, weil sich gerade eine gefiederte Schöne hinter dem Gitter so wundervoll aufplustert, daß der Kenner einfach nicht widerstehen kann. Die Käfigtür wird geöffnet, man packt den oder die Auserwählte, zerzaust fachmännisch das Federkleid, prüft die Konstruktion der Flugapparatur. Dann feilschen die Partner um den Preis oder handeln Tauschmodalitäten aus. Gibst du mir deine Taube, gebe ich dir meine. Ein Handschlag besiegelt das Geschäft. So geht das einen Vormittag lang hin und her, her und hin. Den Profis, den Taubengroßhändlern bleibt keine Zeit, sich in die endlose Schlange am Bratwurststand einzureihen oder gar beim ambulanten Medizingrossisten das absolut wirksame Hühneraugenpflaster (preiswerter Schlager der Saison!) zu erstehen. Ein Taubenhändler wankt und weicht nicht von der Seite seiner eingesperrten Gefiederten. Bestenfalls genehmigt er sich zwischendurch mal einen wärmenden Schluck aus der Taschenflasche, um sich dann, nach einem Blick zur Rathausuhr (Inschrift: die Stunde rinnt, wer sie nutzt gewinnt), wieder seiner eigentlichen Aufgabe zuzuwenden. Wenn die Sonne am höchsten steht, ist sowieso alles gelaufen. Dann haben die meisten, was sie wollten, und Hunger haben sie außerdem. Sie beginnen den Rückzug, schultern die Taubenkäfige, hucken die Tragekörbe auf, zählen die Mäuse, die ihnen ihre Tauben brachten. »Hat sich's gelohnt?« frage ich einen Händler. Der Spezialist für englische Zwergkröpfer, seit einem Vierteljahrhundert Stammgast auf dem Naumburger Taubenmarkt, schmunzelt vielsagend: »Vierzig Tauben habe ich mitgebracht, ungefähr fünfzig habe ich hier gekauft.« – »Aber Sie haben doch jetzt höchstens zwanzig im Käfig? Sind die anderen weggeflogen?« Schelmisch blitzen die taubenblauen Augen meines Gesprächspartners, als er mit einer Gegenfrage antwortet: »Von Geschäften verstehen Sie wohl nicht viel, junger Mann?«

Weihnachtsmänner sind sie nicht

In der Adventszeit haben sie stets Hochkonjunktur. Da vergeht im Erzgebirge kaum ein Wochenende ohne das Spektakel der traditionellen Bergparade. Doch die farbenprächtig kostümierten Angehörigen der Bergbrüderschaften aus Ehrenfriedersdorf, Frohnau-Cunnersdorf, Thum, Jöhstadt, Wiesa, Geyer, Pobershau, Rittersgrün, Johanngeorgenstadt und Schneeberg sind keine Hilfstruppen des Weihnachtsmannes. Solche Klassifizierung würden sie sich energisch verbitten. Der Erforschung ihrer historisch verbürgten Herkunft widmen sich Heimatforscher und Ethnologen, die sich in einem Arbeitskreis des Kulturbundes organisiert haben und für alle zehn selbständigen Bergbrüderschaften eine Art Konsultationszentrum bilden. Die Tracht der meisten Männer, viel bestaunt und viel fotografiert, bedeutet genaugenommen eine bergbrüderschaftliche Schönfärberei. Obersteiger gehörten einst zur Berghierarchie und konnten nicht Mitglied einer Bergbrüderschaft werden. Die Bergbrüderschaften verstanden sich seit dem 12. Jahrhundert im Erzgebirge als eine Art organisierte Opposition gegenüber jeder Form von Obrigkeit. Mitglieder konnten nur qualifizierte Hauer werden. Die Standesorganisation pflegte Berufsstolz und Zusammengehörigkeitsgefühl. Aus der Brüderschaftslade, heute würde man Gewerkschaftskasse sagen, bekamen verunglückte Bergleute Unterstützungsgelder oder Witwen eine Rente. Trachten, entwickelt aus verschiedenen Elementen der Arbeitskleidung, trugen die Bergbrüder nicht nur sonntags, sondern auch zu den »Bergquartalen«, den Mitgliederversammlungen mit geselligem Charakter.

Gaumenfreuden
Zwischen Arnstadt, Erfurt und Gotha, unmittelbar an der Transitautobahn (Abfahrt Arnstadt) liegt der Ort Molsdorf, bekannt durch ein Barockschlößchen. Der in einem großen Park gelegene Bau ist als Museum zu besichtigen. Im Erdgeschoß befindet sich eine Gaststätte, deren Interieur und Speisen mehr Gäste anlocken, als Plätze vergeben werden können. Wer dort Gaumenfreuden genießen möchte, muß sich lange vorher anmelden. Westliche Touristen haben bessere Chancen. Ein Devisen-Trinkgeld hilft. Schloß und Park sind sehenswert. Überliefert ist, daß ein preußischer Reichsgraf, Gustav Adolf von Gotter (1692–1762), das Gebäude als Lustschloß umbauen ließ und dort als Chef eines »Eremitenordens des guten Humors« großartige Feste mit Schäferspielen und frivolen Späßen arrangierte.

Topfmarkt
Die 2200 Einwohner zählende Kleinstadt Kohren-Sahlis (Bezirk Leipzig) ist durch ihre Töpfereien bekanntgeworden. Einmal jährlich findet der »Topfmarkt« statt, bei dem die begehrte irdene Ware feilgeboten wird. Töpferbrunnen und Töpfermuseum sind lohnende Ziele für volkskundlich Interessierte. Im Ortsteil Rüdigsdorf lohnt ein Besuch der ehemaligen Orangerie. Dort steht ein Pavillon, den Moritz von Schwindt 1838 mit Fresken schmückte.

Als der Bergbau im Erzgebirge im 19. Jahrhundert immer mehr an Bedeutung verlor, wandelten sich die Bergbrüderschaften von sozialen Interessenvertretungen der Bergleute in Vereinigungen, die das traditionelle bergmännische Brauchtum pflegten und nicht zuletzt ihre Mitglieder nach Altvätersitte auch unter die Erde brachten.
Heute wenden sich die Mitglieder der Bergbrüderschaften, etwa 700 im Bezirk Karl-Marx-Stadt, vorrangig den Problemen der Lebenden zu. Sie helfen beim Ausbau von Wanderwegen, bepflanzen kahle Bergbauhalden, bauen Modelle ehemaliger Förderanlagen, erforschen die Heimatgeschichte, sammeln Mineralien und pflegen alte Traditionen. Als Bergbruder (oder Bergschwester) wird jeder aufgenommen, der das 18. Lebensjahr vollendet hat und sich verpflichtet, das Ansehen der Gemeinschaft durch seine Taten weiterhin zu fördern. »Saufschnauzen« seien nicht gefragt, meint der Chef aller Brüder. Aber er fügt einschränkend hinzu, daß seine Kameraden einen guten Schluck nicht verachten. Vor allem in der kalten Jahreszeit, im Anschluß an die Bergparaden.

»Bergbrüder«
sind meist ältere Männer, ehemalige Kumpel, die aus feierlichem Anlaß in historische Gewänder schlüpfen

Erfurt

Blumenstadt, Domstadt, größte Garnisonsstadt der DDR, heimliche Hauptstadt Thüringens. Mehr als 1 200 Jahre steingewordene Geschichte. Luther studierte dort, Ulrich von Hutten scharte einen Kreis von Humanisten um sich, Napoleon Bonaparte hielt Hof in Erfurt, die erste deutsch-deutsche Begegnung zwischen Bundeskanzler Brandt und dem Ministerratsvorsitzenden Stoph sorgte 1970 für internationales Aufsehen.

Amploniana
Anno 1412 überließ der Wissenschaftler Amplonius Ratingk von Rheinberg seine mehr als viertausend Bände umfassende Bibliothek der Erfurter Universität. Die zum Teil handschriftlichen Unikate sind heute als Teil der Wissenschaftlichen Allgemeinbibliothek am Domplatz zu besichtigen.

Bergzoo
Unter den acht Zoologischen Gärten der DDR ist er der jüngste: der Thüringer Zoopark am »Roten Berg« im Norden von Erfurt. 1959 gegründet, ist das Areal der Tiergehege und Freianlagen ständig vergrößert worden. Jetzt werden rund 1200 Tiere gezeigt, darunter Elefanten, Löwen, Kamele und Seehunde. Sehenswert ist besonders das Affenhaus, zu dessen Bewohnern die seltenen Guerezas, Hulmans und Nilgirilanguren gehören.

Erfurt ist sehr historisch und zugleich sehr lebendig. Viele meinen, es sei die interessanteste Großstadt der DDR, eine Großstadt (am 7. März 1973 ist der 200 000. Einwohner registriert worden, jetzt wohnen etwa 240 000 Menschen dort), mit der keine zweite in der DDR ernsthaft konkurrieren kann. Sie ist nicht wie Dresden im Krieg zerstört worden, ihre landschaftliche Umgebung ist durch den nur fünfzig Kilometer entfernten Thüringer Wald reizvoller als die der Bördestadt Magdeburg, das Zentrum mit seinen vielen historischen Bauten strahlt Ruhe und Behäbigkeit aus und ist nicht von dieser gnadenlosen Sterilität wie das Betonareal um den Ostberliner Alexanderplatz.

An jeder Ecke wird in Erfurt deutsche Geschichte lebendig. Lange bevor erste schriftliche Urkunden eine Besiedelung nachwiesen, lebten im Erfurter Raum Menschen. Die günstigen Bodenverhältnisse, der Wasserreichtum und eine durch das Hügelland geschützte Lage bewog bereits in der jüngeren Steinzeit, etwa vor 6 000 Jahren, Bauern zur Seßhaftigkeit. Ausgegrabene Fundstücke, jetzt im Museum für Stadtgeschichte zu besichtigen, dokumentieren das Leben dieser Ur-Erfurter.

Mit den schriftlichen Zeugnissen, auf die jede alte Stadt sich heute gern beruft, um ihr hohes Alter zu belegen, ist das in Erfurt etwas problematisch. Ein erstes Dokument, datiert vom 1. März 706, in dem auf das angeblich von König Dagobert III. gegründete Kloster Sankt Petri auf dem Petersberg hingewiesen wird, soll nach Expertenmeinung aus dem 12. Jahrhundert eine Fälschung sein. Aber gegenüber dieser Behauptung melden wiederum Fachleute von heute Zweifel an. Nicht umstritten ist dagegen ein Schriftstück des Mönches Bonifatius aus dem Jahre 742. Der fromme Mann, ein fränkischer Kämpfer gegen die heidnischen Slawen, ersuchte darin den Heiligen Vater, das neuerrichtete Bistum Erphesfurt zu segnen. Damit begann der Aufstieg der östlichsten Siedlung des Frankenreiches. Kaiser Karl der Große verfügte im Jahre 805 – da hatte das mit dem Bistum Mainz vereinigte Bistum Erfurt bereits Bedeutung erlangt – daß an der Furt des Flüßchens ein Grenzhandelsplatz anzulegen sei.

Erphesfurt wurde frühzeitig zur Drehscheibe zwischen Ost und West. Durch die verkehrsgünstige Lage ist das bis heute so geblieben. Mehrfach in der jahrhundertelangen Geschichte trafen sich gekrönte und ungekrönte Herrscher aus beiden Himmelsrichtungen auf Erfurter Boden. Napoleon veranstaltete dort 1808 seinen »Fürstenkongreß« und traf sich mit dem russischen Zaren Alexander I., um diesen für zukünftige gemeinsame Schlachtenpläne zu gewinnen. Wir wissen heute, daß das damalige diplomatische Tête-à-tête von Erfurt nicht die gewünschte Wirkung hatte. Als der Franzosenkaiser die Russen zu schlagen versuchte, war sein eigenes Schicksal besiegelt. Auf der Flucht soll er am 15. Dezember 1812 nochmals eine Nacht in Erfurt zugebracht haben, im Hotel »Römischer Kaiser« auf dem Anger, inkognito.

Ein anderes Hotel, der »Erfurter Hof« am Bahnhof, war 1970 Schauplatz der ersten deutsch-deutschen Begegnung zwischen Willy (West) und Willi (Ost). Die Herren Brandt und Stoph mit den gleichen Vornamen wollten ihre ungleichen Ansichten austauschen. Ein erster Berühungsversuch. Baustein für die Politik der Entspannung zwischen West und Ost. Daß gerade die Thüringer Stadt für dieses Treffen auserkoren worden war, elektrisierte

viele Erfurter. Tausende zogen, unaufgefordert, an jenem naßkalten Märzmorgen zum Hauptbahnhof. Sie wollten einfach dabei sein, vielleicht nur einen Blick auf den aus dem Westfernsehen bekannten und in der DDR sehr populären Bundeskanzler werfen. An der Westseite des Bahnhofsvorplatzes waren einige Volkspolizisten und kräftige junge Männer in schwarzen Kunstledermänteln zur Absperrung des Areals aufgeboten worden. Doch aus der Bahnhofstraße drängten immer neue Menschenmassen nach vorn. Wenige Minuten, bevor der Sonderzug mit dem Kanzler einrollte, versuchten die überrumpelten Ordnungshüter, Straßenbahnzüge als Abgrenzungsbarriere einzusetzen. Die Menge reagierte empört. Es wurde laut gepfiffen. Eine seltene öffentliche Unmutsbekundung gegenüber der sozialistischen Obrigkeit. Es kam zu heftigem Wortwechsel mit den uniformierten und zivilen Staatsschützern. Doch die gingen bald im Tumult unter. Während Willy und Willi die zweihundert Schritte vom Bahnhof zum Hotel machten, brach in der nahen Bahnhofstraße der Sicherheitskordon. Alle rannten, gedrängt von den Nachfolgenden, auf den leeren Platz. Leute stürzten, schrien. In Minuten-

Steinerne Riesen stützen das Portal der einstigen Kurfürstlichen Mainzer Statthalterei in der Regierungsstraße. Dort empfing Napoleon während des Fürstenkongresses im Jahre 1808 nicht nur gekrönte Häupter aus vielen Ländern Europas, sondern auch den Dichter Goethe zu einer Audienz.

Lebendig. Der Anger ist die von Menschen erfüllte Hauptgeschäftsstraße und eine beliebte Bummelmeile im Zentrum. Dort kann man flanieren, ausruhen, an Staatsfeiertagen kostenlos Kulturveranstaltungen erleben oder Zeuge einer öffentlichen »sozialistischen Hochzeit« werden – mit dem Brautpaar im Mercedes-Oldie. Die Domstufen sind nicht nur bevorzugter Ort für katholische Prozessionen, sondern auch Aufmarschplätze für Fanfarenzüge der Jugendorganisation. Versuche, in Erfurt Karneval zu feiern, enden dagegen meist kläglich, weil die Bürger wenig Sinn für Humor und Fröhlichkeit haben. Auch die Damen der Prinzengarde können daran kaum etwas ändern. Wenig reizvoll ist Erfurts Norden, das Industriegebiet der Stadt. Dort entstand das erste größere Neubauviertel (Foto oben) am Johannesplatz (1966–1972), aber Mietshäuser aus dem vergangenen Jahrhundert dominieren noch immer (Foto darunter).

schnelle hatte die Menge den Platz vor dem Hotel regelrecht erobert. Dann die ersten zaghaften Rufe: »Willy, Willy!« Jeder wußte, welcher Willy gemeint war. Die Erfurter wollten den Mann sehen, auf den sie viele große Hoffnungen setzten. »Willy Brandt ans Fenster!« »Willy ans Fenster«, riefen Tausende. Dann zeigte er sich an einem Erker im dritten Stock, winkte verhalten, es schien, als sei er selbst erschrocken über den jubelnden Empfang, den man ihm

Trompetensignale erinnern die Erfurter daran, daß ihre Stadt zur größten Garnison der Nationalen Volksarmee geworden ist.

dort unten bereitete. Ringsum wurde Beifall geklatscht, doch viele rührten die Hände nicht, Staatssicherheitsleute, deren Anzahl immer größer wurde. »Weitergehen!« »Auseinander!«, zischten sie und wurden handgreiflich. Vom Busbahnhof her klang Marschtritt. Grünuniformierte Bereitschaftspolizisten waren eilends herbeigekarrt worden. Viertel vor elf, als drin im Hotel die Beratungen begannen, waren alle nicht erwünschten Zuschauer draußen vom Platz geschafft.

Die Gegend um den Bahnhof wurde weiträumig abgeriegelt. Später rückten Schüler der Bezirksparteischule an und skandierten eingeübte Sprüche wie: »Willy Brandt, die DDR wird anerkannt!« Das Westfernsehen lieferte abends diese bedrückenden Bilder den Erfurtern ins Wohnzimmer.

Erfurt ist, das weiß kaum einer, die größte Garnisonsstadt der DDR. Im Steigerwald und auf der »Henne« am östlichen Stadtrand sind starke Panzer- und Infanterieeinheiten mit einem Divisionsstab konzentriert. Gelegentlich veranstaltet die Nationale Volksarmee eindrucksvolle Aufmärsche oder Musikparaden in der Stadt, um sich in Erinnerung zu bringen. Der Staatssicherheitsdienst scheut die Öffentlichkeit, aber auch er ist in Erfurt präsent, wie in kaum einer anderen Stadt gleicher Größe. Die gesamte Andreasstraße wird von seinen Gebäudekomplexen beherrscht. Jüngst ist das Areal durch einen vielgeschossigen Neubau komplettiert worden. Stadtrundfahrten führen selbstverständlich dort nicht vorbei. Den Fremden wird der nahegelegene Dom gezeigt und der ist auch zweifellos sehenswerter.

Sankt Marien, der Dom, links, und Sankt Severi, die Kirche mit den zwei spitzen Türmen unmittelbar daneben, sind von alters her die Wahrzeichen Erfurts. Zu Ulbrichts Zeiten sollten sie auf dem benachbarten Petersberg sozialistische Konkurrenz erhalten, ein 25geschossiges Kulturhaus. Ende der sechziger Jahre ist ein entsprechendes Modell öffentlich vorgestellt worden. Denkmalpfleger und viele Bürger waren entsetzt, was die allmächtigen Parteiplaner da als neue Stadtdominante offerierten. Glücklicherweise ist jene Beton-Scheußlichkeit damals aus Geldmangel nicht verwirklicht worden.

Heute spricht niemand mehr davon, und die verantwortlichen Stadtarchitekten schämen sich ihrer einst hochgelobten Pläne.
Beide Gotteshäuser auf dem Domberg, inzwischen mehr als 800 Jahre alt, werden die Zeiten überdauern. Mit großer finanzieller und materieller Hilfe von Christen aus der Bundesrepublik Deutschland ist zunächst der Dom gründlich restauriert worden. Die ursprüngliche Form des Daches ist wiederhergestellt worden, Fassade und Portale bekamen von Steinmetzen ihr historisch verbürgtes Aussehen zurück. Als besonders kompliziert erwies sich die Reparatur der »Gloriosa«, der größten Glocke des Domgeläutes (Durchmesser 2,570 Meter, Höhe 2,019 Meter, Gewicht 11 367 kg, also rund 228 Zentner). Diese Riesenglocke - sie läutete erstmals am 14. August Anno 1499 - ist im weiten Umkreis von Erfurt zu hören. Mitte der siebziger Jahre hatte der tiefe Ton plötzlich unterschiedliche Frequenzen. Eine genaue Untersuchung ergab, daß der 18 Zentner schwere Klöppel unterschiedlich stark an beide Glockenwände schlug. Die Eisenachse, die das Joch, an dem die Glocke hängt, verstärkt, war deformiert. Ausbau und Justierung erforderten monatelange Präzisionsarbeiten. Aber am Silvesterabend des Jahres 1979, als überall in der Stadt die Feuerwerksknaller in den Himmel schossen, verschaffte sich die bronzene Veteranin mit ihrem E-Ton wieder Gehör. Schön ist das, richtig feierlich, wenn von allen Erfurter Kirchtürmen Glockenklang ertönt und mittendrin die »Gloriosa« zur Besinnung mahnt.
Vom 35 Meter hohen, in Urkunden erstmals 1182 erwähnten Bartholomäusturm am Anger erklingen ebenfalls Glocken. Anläßlich des 30. Gründungstages der DDR 1979 ist dort ein aus 60 Bronzeglocken bestehendes fünfoktaviges Carillon eingeweiht worden. Damit können von einem Glockenspieler speziell arrangierte Musikstücke, Volkslieder, Klassisches, Märsche natürlich auch, intoniert werden. Mittwochs und samstags, immer zur Haupteinkaufszeit, schmettert die sozialistische Glockenkonkurrenz der »Gloriosa« zeitgemäßte Weisen. Die Erfurter haben sich ebenso daran gewöhnt, wie an das Quietschen der Straßenbahn am Angereck oder

Glockenklang schallt nicht nur von den zahlreichen Kirchtürmen. Seit 1979 ist am Anger ein »Carillon« in Betrieb, auf dem Glokkenspieler zeitgenössische Weisen intonieren.

Gartenbau
Schnittblumen sind in den Geschäften der Blumenstadt Erfurt ebenso rar wie anderswo. Doch der Export von Blumen- und Gemüsesamen floriert. Viele Hektar fruchtbarer Ackerfläche im Umkreis der Stadt werden im Sommer zu einem Blumenmeer. Die Blütenernte bringt Devisen. 1961 entstand am Westrand der Stadt die Internationale Gartenbauausstellung (iga) mit zahlreichen Hallen und einem 100 Hektar großen Freigelände. Die Präsentation von Obst, Gemüse und Blumen war zunächst wirklich international, sogar holländische Firmen beteiligten sich. Inzwischen ist die iga jedoch zu einer lokalen Selbstdarstellungsveranstaltung verkümmert. Große internationale Blumenschauen gibt es nicht mehr. Im Park an der alten Cyriaksburg sind die Erfurter jetzt wieder ungestört. »Wenn wir schon keine Blumen haben«, spötteln sie, »so sind wir doch wenigstens mit Blumen-Kohl reich gesegnet«. In Ermangelung anderen Gemüses ist Erfurter Blumenkohl zum Spitzenreiter im kärglichen Vitaminangebot geworden.

an das Betonmonstrum eines Brunnens vor dem Hauptpostamt.
Sie schlendern über ihren Anger oder hasten, den Für-alle-Fälle-Einkaufsbeutel in der Rechten, um in den Geschäften entlang der Einkaufsmeile etwas Besonderes zu ergattern. Meist befinden sie sich dabei in internationaler Gesellschaft. Touristen aus den »Bruderländern«, aus der Tschechoslowakei und aus der Sowjetunion vor allem, schätzen Erfurt nicht wegen seiner historischen Sehenswürdigkeiten, sondern vor allem auch wegen der konzentrierten Einkaufsmöglichkeiten. Die sprachkundigen Reiseführer von Erfurt-Tourist, die »Stadtbild-Erklärer«, wie sie offiziell genannt werden, nehmen es gelassen, wenn ihnen nach detailliertem historischen Exkurs von den angeblich so bildungsbeflissenen Sowjetmenschen die profane Frage gestellt wird: »Und wo können wir jetzt Schuhe kaufen?«
Am Anger natürlich. Lenins Enkeln und Urenkeln, die im Vaterland aller Werktätigen wahrhaftig nicht vom Konsum verwöhnt werden, steht die Freude über jeden Einkaufserfolg ins Gesicht geschrieben. Sie kaufen alles, was paßt. Auch die textilen Ladenhüter, denen sich kein Erfurter mehr zuwendet. Bevor sie jedoch ihrer nahe beim Anger gelegenen noblen Touristenherberge, dem Interhotel »Kosmos« zustreben, rasten sie, immer vereint im Kollektiv, auf den Bänken vor dem Hauptpostamt. Aus Tüten und Kartons fördern sie die eben gekauften Herrlichkeiten zur allgemeinen Begutachtung. Ungeniert werden überdimensionale Büstenhalter hergezeigt und spitzenbesetze Perlonnachthemden ins rechte Licht gerückt. Die Ninas und Nataschas zwängen unter Kraftanstrengung ihre strammen Waden in pelzgefütterte Langschäfter und besprühen sich probehalber gegenseitig mit Fliederparfüm, das sie so preisgünstig und in solcher Menge daheim nicht bekommen können.
Wo sich jetzt vorwiegend sowjetische Anger-Einkaufsbummler vom Marathon durch die Geschäfte erholen, hielten einst polnische Straßenhändler zu Dutzenden die Stellung. Bis zum Sommer 1981 gehörten sie zum Erfurter Stadtbild. Ihre Waren wurden sie reißend los: Deo-Sprays, Modeschmuck, kunstgewerblicher Schnickschnack, Schallplatten.
Doch manch gutgläubiger Erfurter Fan, der am Anger aus polnischer Hand zu stolzem Schwarzmarktpreis eine »garantiert echte« Super-Single mit Popmusik erworben hatte und sie daheim abspielte, hörte entsetzt statt aktueller Hits irgendwelche lustigen Volksmelodien. Die Verkäufer, geübt im Fälschen von Plattenhüllen und anderem Schriftkram, befanden sich derweil bereits wieder auf der Heimreise. Vom Erlös ihrer einträglichen Anger-Verkaufstour hatten sie sich selbstverständlich mit Erfurter Waren genügend eingedeckt, die daheim wieder mit reichlichem Gewinn loszuschlagen waren. Solche polnisch-deutschen Transaktionen gibt es nicht mehr. Der einst lebhafte, weil visafreie Reiseverkehr, ist von den DDR-Oberen aus Angst vor dem grassierenden »Solidaritäts«-Bazillus einseitig gestoppt worden. Nun wird auch am Anger nicht mehr gehandelt. Die wenigen bunten Farbtupfer sind verschwunden. Die Gefahr des Betrugs natürlich auch. Aber damit hätten die fixen Erfurter schon weiterleben können.
Handel und Handwerk waren in der mehr als tausendjährigen Geschichte der Thüringer Stadt zu allen Zeiten die wichtigsten Berufszweige. Der Anger, im Jahre 1196

erstmals urkundlich erwähnt, gehörte zu den von Kaufleuten des Mittelalters bevorzugt frequentierten Plätzen. Vom 14. bis 17. Jahrhundert handelte man dort fast ausschließlich mit Waid, jener rings um Erfurt angebauten Pflanze, aus der ein begehrtes Blaufärbemittel gewonnen wurde. Vom Waidverkauf sind Erfurts Bürger reich geworden. Die »Waidjunker« ließen sich prächtige Häuser bauen, so das heute noch existierende »Haus zum schwarzen Löwen«, dessen hohes gotisches Dach kennzeichnend ist für das Bodengeschoß, in dem die Waidpflanzen getrocknet wurden.
Jetzt wohnen in den ausgebauten Mansardenstübchen freilich Menschen, und im Erdgeschoß befindet sich mit der »Kaiserschen«-Buchhandlung ein gut sortiertes Geschäft für Fachliteratur, das von Erfurts Studenten ebenso gern aufgesucht wird, wie von den Westbesuchern, die Mühe haben, ihr Zwangsumtauschgeld unter die Leute zu bringen. Bücher gelten nach wie vor als gängigstes Mitbringsel. Am Anger findet man reichlich Auswahl. Ein Geschäft ist auf teure Kunstbände spezialisiert, bei »Peterknecht«, einer alteingesessenen Privatbuchhandlung sind erstaunlicherweise ständig Neuerscheinungen zu haben, und in Gutenbergs Bücherstube decken sich vorzugsweise West-Linke mit marxistischen Klassikern ein, die DDR-Leser links liegenlassen. Goethes Werke sind dort natürlich auch zu haben, soweit vorrätig. Der Meister selbst ist auf dem Anger einst Stammgast gewesen. Wo war er das nicht? Dreiundfünfzig Besuche in Erfurt können fleißige Goetheforscher inzwischen nachweisen. Am Anger 11 besuchte Goethe mehrfach den für ihn arbeitenden Goldschmied Koppe. Die verehrte Künstlerin Karoline Jagemann,

Tüchtig sind Erfurts Handwerker schon immer gewesen. Der Restaurator, der einzige Hersteller von Schiffsglocken in der DDR, der Gürtler und viele Meister anderer Gewerke üben in der Stadt ihre Berufe aus.

Glockenreparatur
Komplizierter als die Reparatur der Domglocke »Gloriosa« vor einigen Jahren erwies sich eine neuerliche Instandsetzung des Geläutes 1985. Spezialisten hatten einen Haarriß entdeckt, der schnellstens geschweißt werden mußte, sollte die Riesenglocke, die zu den bedeutendsten der Welt gehört, nicht unwiederbringlich zerstört werden. Nach komplizierten Vorbereitungen, ein Glühofen mußte im Turm des Domes installiert werden, behob Hans Lachenmeyer aus Nördlingen, der als bester Glockenschweißer Europas gilt, den Schaden am 17. Oktober 1985.

ZVM BREITEN

wohnhaft Anger 6, lud den Dichterfürsten ebenfalls zum Tee und zu Abendgesellschaften. Ziel von Goethes Besuchen waren außerdem die Familien des Mainzer Statthalters von Dalberg und des Kunstmäzen von Dacheröden, dessen mit Wilhelm von Humboldt verheiratete Tochter Caroline als geistvollste Erfurterin der damaligen Zeit geschildert wird.

Auch heute wäre der Anger ein geeigneter Ort für geistigen oder künstlerischen Erfahrungsaustausch. Serenadenkonzerte im Hof des Angermuseums erfreuen sich großer Beliebtheit. Aber damit erschöpfen sich die Bemühungen nach gehaltvoller Kommunikation auch schon.

Im Dacherödenschen Hause, das als kulturvolle Begegnungsstätte sehr geeignet wäre, wird das Gesetzblatt der DDR gebündelt und versandfertig gemacht. Ein Ausweichquartier für diese wichtige staatliche Administration ist nicht in Sicht.

Gaststätten sind gleichfalls rar am Anger. Vor dem Restaurant »Druschba«, zu deutsch »Freundschaft«, gibt es regelmäßig wenig freundschaftliche Rempeleien um die wenigen Plätze. Auch gegenüber, vor dem Wirtshaus »Braugold«, bilden sich lange Warteschlangen. Wer die einzige öffentliche Erfurter Toilette, plaziert unmittelbar neben dem Lutherdenkmal, aufsuchen will, muß gleichfalls Geduld mitbringen. Aber dort ist dem Wartenden in jedem Fall Erfolg beschieden, was andere Leute, die sich in andere Schlangen am Anger einreihen, nicht immer behaupten können.

Luther, wie könnte man Luther vergessen, wenn von Erfurt die Rede ist? 1983, im Jahr der 500. Wiederkehr seines Geburtstages, war die Stadt Schauplatz zahlreicher kirchlicher und staatlicher

Prächtig sind viele Fassaden der jahrhundertealten Bürgerhäuser verziert. Das Haus »Zum Breiten Herd« am Fischmarkt (Foto links außen) ist besonders attraktiv gestaltet. Aber auch das Haus »Zum Roten Ochsen«, schräg gegenüber (Detailfoto oben), das zum modernen Ausstellungszentrum umgebaut worden ist, besticht durch reichhaltigen Figurenschmuck. Am Angermuseum prangt noch immer das Wappen der Mainzer Kurfürsten (Foto unten).

Veranstaltungen. Das Augustinerkloster, in dem der Reformator als Mönch lebte, ist wiederaufgebaut worden – dank finanzieller Hilfe aus den USA. Die Häuser auf der Krämerbrücke, eine Touristenattraktion, ließ die Stadtverwaltung neu pinseln.

Erfurt ist, wenn man Luther seine Aufwartung machen will, eine Stadt der kurzen Wege. Das alte Zentrum, durch das der Studiosus und Mönch einst wandelte, ist im Grundriß nahezu unverändert erhalten. Von der Marktstraße, die geradeaus weiterführt zum Domplatz, zweigt die Allerheiligenstraße ab. Dort befindet sich die »Engelsburg«, jetzt Studentenclub der Medizinischen Akademie. In ihren Mauern diskutierten zu Luthers Zeiten die Verfassser der »Dunkelmännerbriefe«. Namen wie Ulrich von Hutten, Philipp Melanchthon oder Erasmus von Rotterdam fallen dem Geschichtskundigen ein. Die kleine Michaeliskirche am Ende der Allerheiligenstraße ist sicherlich Erfurts intimstes Gotteshaus. Das hölzerne Dekken-Tonnengewölbe ist ebenso schlicht, wie kühn konstruiert. Dort ist kaum etwas verändert worden, seitdem Luther vor dem Altar stand. Vis-à-vis der Michaeliskirche hat Luther einst in der Alten Universität, deren Hauptgebäude 1945 zerstört worden ist, Collegs besucht. Zum Lutherjubiläum wurde das Eingangsportal der Universität wiederhergestellt, das Eckhaus selbst soll, wenn die Pläne der Denkmalpfleger verwirklicht werden können, bis 1990 neu entstehen.

Von der Krämerbrücke über den Wenigemarkt, wo es noch eine private »Germania«-Drogerie gibt, durch die Meienbergstraße zurück zum Anger. Die Kaufmannskirche, auch eine Predigtstätte Luthers, ist für jedermann geöffnet. Viele eilige Passanten unterbrechen dort ihren Galopp durch die Geschäfte für eine stille Einkehr. Vor der Kirche, links neben dem Warenhaus, steht seit 1889 das einzige Erfurter Denkmal des Reformators. Luther blickt jetzt meist auf eine Wand roter Fahnen, die aus Anlaß irgendwelcher Feiertage gegenüber am Warenhaus aufgezogen sind. Und hoch über ihm, von der Fassade des Postamtes, lächelt einer, dessen Porträt heute jede DDR-Amtsstube ziert. Ob man zur 600. Wiederkehr von Luthers Geburtstag im Jahre 2083 noch seinen Namen kennt?

Martin Luther blickt vom Denkmal-Sockel hinüber zum Centrum-Warenhaus, dessen Fassade meist Dutzende Meter Fahnentuch verhüllen.

Bimmelbahnen

Vor hundert Jahren, als die Eisenbahn mit ihrem Schienennetz große Teile Deutschlands bereits überzogen hatte, wurden die ersten Schmalspurbahnen gerade projektiert. Viele haben jedoch in den letzten Jahren der modernen Konkurrenz, dem Omnibus, wieder weichen müssen.

Viel Wasser und viel Kohle ergeben viel Dampf: technische Pause einer Harzbahn-Lokomotive.

Leitungssache
Bis Ende 1985 sind in der DDR 2195 Kilometer Eisenbahnstrecken elektrifiziert worden, rund 15,5 Prozent des gesamten Streckennetzes der Deutschen Reichsbahn. Von 1986 bis 1990 sollen pro Jahr weitere 300 Kilometer Oberleitungen verlegt werden. Auf zahlreichen Hauptstrecken verkehren aber auch weiterhin uralte Dampflokomotiven, vor allem im Güterverkehr.

In der DDR sind lediglich neun Streckenabschnitte mit einer Gesamtlänge von etwa 250 Kilometern erhalten geblieben und als technische Denkmale unter Schutz gestellt worden. Die Raritäten auf Rädern sind nicht nur beliebte Fotoobjekte und vielbestaunte Zeugen einer vergangenen Epoche der Verkehrsgeschichte, sondern erfreuen sich auch als gemächliche Beförderungsmittel zunehmender Beliebtheit bei den Urlaubern im Harz, im Erzgebirge, im Zittauer Gebirge und an der Ostseeküste. Für Westtouristen gibt es Sonderfahrten. Dabei können die Gäste abgelegene Landschaften erleben und Bahnstationen kennenlernen, die so eigentümliche Namen tragen wie Wolkenstein, Schmalzgrube, Netzkater, Elend, Sorge, Drahtzug, Weißes Roß, Mägdesprung, Spechtritz oder Niederschlag.

Unsere Rundreise mit der Kleinbahn soll im Norden der DDR beginnen, auf der Insel Rügen. Einsteigen bitte! »Der rasende Roland«, wie Urlauber den schnaufenden, qualmenden Bäderexpreß gern nennen, steht abfahrbereit auf dem Bahnhof von Putbus. Über Posewald, Seevitz, Serams, Binz-Ost, Jagdschloß, Garftitz, Sellin, Baabe, Philippshagen nach Göhren – eine Strecke von 24,4 km Länge – wird uns das Bähnchen in genau 68 Minuten bringen. Wer will, kann die Durchschnittgeschwindigkeit ausrechnen. Autos fahren schneller, und selbst ein gut trainierter Radfahrer wird den Weg sicher in kürzerer Zeit zurücklegen. Doch eine Fahrt mit der Bimmelbahn verspricht nicht nur viel Qualm, sondern auch viel Spaß. Auf der Plattform stehend kann man sich den Sommerwind um die Nase wehen lassen, kann man den Leuten zuwinken und die vorüberziehende Landschaft in aller Ruhe betrachten. Nur Blumenpflücken ist während der Fahrt nicht möglich.

Der Bau dieser Kleinbahnstrecke wurde im Jahre 1895 begonnen und auf den ersten 10,85 km von Putbus nach Binz auch fertiggestellt. Rittmeister von Veltheim, ein Nachfolger der Fürsten von Putbus, hatte sich ausbedungen, daß der Fahrplan des neuen Verkehrsmittels nach seinen persönlichen Wünschen festzulegen sei. Der adlige Grundbesitzer pflegte mit der Bahn gelegentlich von seinem Stammsitz in Putbus zum Jagdschloß bei Granitz zu reisen. Derartige Privilegien bestanden jedoch nicht lange. Bald beanspruchten, vor allem während der Sommermonate, die Urlauber alle Plätze. Von 1901 bis 1906 verkehrten sogar »Theaterzüge«, die die Besucher aus den Seebädern in das »Residenzstädtchen« beförderten und nach Ende der Theatervor-

stellung ihre bequeme Rückreise bis Binz oder Sellin ermöglichten.
Und noch eine Besonderheit von dieser Kleinbahnstrecke: jahrelang führten dort alle Personenzüge einen Speisewagen. Das gab es auf keiner anderen deutschen Schmalspurbahn.
1966 untersuchten die Mitarbeiter der Deutschen Reichsbahn die Wirtschaftlichkeit des beliebten Verkehrsmittels und kamen zu dem Schluß, daß die Einnahmen aus dem Fahrkartenverkauf die notwendigen Betriebskosten nicht deckten. Deshalb sollte der Personenverkehr endgültig eingestellt werden. Doch geschichtsbewußte Bürger erhoben Einspruch. Seit 1976 sind am Oberbau der Strecke umfassende Erneuerungsarbeiten vorgenommen worden. Studenten der Ernst-Moritz-Arndt-Universität Greifswald halfen dabei während ihrer Sommerferien. Jetzt steht die Kleinbahn unter Denkmalschutz und bleibt so als Zeugnis der technischen Entwicklung für die Nachwelt erhalten. Dafür wurde vor allem ein Traditionszug, bestehend aus acht Personen- und Postwagen der Baujahre 1900 bis 1927, originalgetreu rekonstruiert und in Dienst gestellt.

Eisenbahn als »Straßenbahn«

Auch die zweite Kleinbahnstrecke des Bezirkes Rostock, die von Bad Doberan nach Kühlungsborn/West führt, ist von Hobby-Eisenbahnern des Deutschen Modelleisenbahnverbandes der DDR als technisches Denkmal in Pflege genommen worden.
Vom 19. Juni 1886 datiert eine »Concessionsurkunde« des Großherzoglichen Innenministeriums, die den Bau dieser Bäderbahn einem Eisenbahnunternehmen Lenz und Co. aus Stettin übertrug.

Tatsächlich
Das ist kein Scherz: Amerika liegt in der DDR, genauer, an der Zwickauer Mulde in Sachsen. Die Siedlung, 1858 in Gerichtsakten der Stadt Penig erstmals erwähnt, bestand einst aus mehreren Spinnereien. Heute leben in den wenigen Häusern Amerikas etwa 120 Menschen. Amerika ist keine selbständige Gemeinde, sondern ein Ortsteil von Arnsdorf. Doch einen eigenen Bahnhof gibt es. Wer von Glauchau nach Leipzig mit dem Bummelzug fährt, verweilt eine Minute am Haltepunkt mit der Aufschrift »Amerika«. Das Stationsschild weckt Fernweh, das nicht erfüllt werden kann.

Da bereits Vorarbeiten geleistet worden waren, konnte die Eröffnungsfahrt schon am 19. Juli 1886 erfolgen. Auch die genaue Summe der Baukosten ist überliefert: 41 607 Mark und 44 Pfennige. Eine zeitgenössische Chronik beschreibt die Aufgaben und das Inventar des neuen Verkehrsmittels folgendermaßen: »Die Räumlichkeiten des Stationsgebäudes Bad Doberan der Wismar-Rostocker Eisenbahn dienen gleichzeitig der Doberan-Heiligendammer Eisenbahn. Zur Unterbringung der Maschinen ist auf dem Bahnhof ein besonderer Schuppen errichtet worden. In der Stadt Doberan befinden sich zwei Haltepunkte (Mitte oder Poststraße und Chaussee) und an der Chaussee nach Heiligendamm ein Haltepunkt (Rennplatz). Im Bahnhof Heiligendamm (dort sind zwei Weichen für das Lok-Wendegleis) ist eine offene Wartehalle errichtet. Zwischen Doberan und Heiligendamm ist eine Telefonverbindung hergestellt. Die Endstellen und die Haltestelle Rennplatz erhielten einen Siemensschen Induktionsapparat. An Betriebsmitteln waren vorhanden: Zwei Trambahnlokomotiven der Hohenzollern AG mit Dampfkondensationseinrichtung und Koksfeuerung, ein Gepäckwagen mit 5000 kg Tragfähigkeit, acht Personenwagen mit 246 Sitzplätzen und 128 Stehplätzen ... Die Betriebsführung beginnt am 1. Juni und endet am 30. September jeden Jahres.«

Heute rollt der »Molli« ganzjährig von Bad Doberan nach Kühlungsborn. Laut Fahrplan gibt es täglich dreizehn Verbindungen. Damit ist diese Kleinbahnstrecke die am mei-

In Bad Doberan bimmelt die Kleinbahn quer durchs Stadtzentrum.

sten befahrene in der DDR, und wie in ihrem Gründungsjahr besteht das Kuriosum, daß der Zug etwa drei Kilometer als »Straßenbahn« mitten durch Bad Doberan dampft. Auf der Hauptstraße haben Autos und Fußgänger dem laut bimmelnden und pfeifenden Zug dann selbstverständlich Platz zu machen.

Die längste Strecke

Während »Molli« und der »Rasende Roland« auf ihrem Weg zum Ziel kaum nennenswerte Steigungen zu überwinden haben, muß eine Lokomotive der Harzquerbahn zwischen Nordhausen und Wernigerode ganz schön schnaufen, um Wagen und Passagiere durchs Gebirge zu befördern. Von Wernigerode bis nach Drei Annen Hohne (14,1 km) sind genau 306 m Höhenunterschied zu überwinden. Die beiden nächsten Stationen heißen Elend (509 m) und Sorge (486 m). Für die mit 60,6 km längste durchgehende Kleinbahnstrecke der DDR (davon zweigen nach Schierke und Hasselfelde Nebenstrecken ab) benötigt der Zug genau drei Stunden. Schneller geht's nicht, doch gerade weil die Harzbahn so gemächlich durch die Wälder zuckelt, ist sie bei den Urlaubern als Verkehrsmittel favorisiert. Rechtzeitiges Kommen sichert die besten Aussichtsplätze.

Nach Harzgerode kann man schneller mit Omnibus oder Auto fahren. Das Bähnchen schnauft langsam bergan, Zeit, die Gegend in Ruhe zu betrachten.

Billigbahnen
Höchstens zwei Groschen kostet eine Straßenbahnfahrt. In einigen der 27 Städte, die ihren Nahverkehr mit dem umweltfreundlichen Schienenfahrzeug bestreiten, sind Sammelfahrscheine sogar noch billiger: 12 Pfennige kostet dann ein Billett. Nach der Stillegung vieler Straßenbahnlinien in Städten wie Naumburg, Mühlhausen, Stralsund oder Eisenach Mitte der siebziger Jahre und der Umstellung auf innerstädtischen Omnibusverkehr gab es dort große Probleme. Jetzt wird überall die Straßenbahn wieder favorisiert. Hauptgrund: sie benötigt keinen Tropfen des raren Treibstoffs Benzin oder Diesel wie die Omnibusse. Insgesamt werden in der DDR 178 Straßenbahnlinien betrieben, die Mehrzahl davon in Ost-Berlin. Eine besonders lange Straßenbahnfahrt, etwa 25 Kilometer, kann man von Gotha nach Tabarz am Thüringer Wald unternehmen. Dieses Vergnügen kostet allerdings mehr als zwei Groschen.

Zwischen Sternhaus und Mägdesprung

Gleichfalls im Harz, zwischen Gernrode, Harzgerode und Straßberg, verkehrt die Selketalbahn. Bis 1945 hatte sie Anschluß an die Harzquerbahn. Ein damals von der Siegermacht Sowjetunion demontiertes Teilstück zwischen Straßberg und Stiege ist erst 1983 wieder aufgebaut worden und wird seit Juni 1984 wieder befahren. Im Harz ist dadurch für Urlauber eine zusätzliche Attraktion geschaffen worden. Obwohl zwischen allen Urlauberorten ein gut funktionierender Busliniendienst eingerichtet ist, gehört die Fahrt mit der Bimmelbahn entlang des Flüßchens Selke zu den schönsten Erlebnissen vieler Feriengäste. Unterwegs kann man am »Sternhaus« aussteigen oder in Mägdesprung Station machen, Bahnhöfe, deren Namen schon Neugier hervorrufen.

Der höchste Bahnhof

Von Wolkenstein über Schmalzgrube nach Jöhstadt (684 m) im Erzgebirge zuckelt ein besonders altertümliches Bähnchen mit Lokomotiven, die einer Spielzeugeisenbahn entstammen könnten. Nur noch wenige Züge verkehren täglich auf der 23 km langen Strecke. Der Betrieb ist unwirtschaftlich, weil sich nur wenige große Urlauberheime in der Gegend befinden und deshalb die Zahl der Reisenden gering bleibt. Ausländische Touristen nutzen diesen Umstand zunehmend, um in aller Ruhe die Fahrt mit dem Oldtimer zu genießen. Am Ziel holt sie der Omnibus wieder ab. Die Fotos, die sie unterwegs machen konnten, entschädigen meist für 90 Minuten Ruß, Qualm und unbequeme Sitzbänke. Wenige Kilometer von Jöhstadt entfernt verlaufen die Schmalspurgleise der Strecke von Cranzahl nach Oberwiesenthal. Dort können sich die Schaffner über geringen Fahrkartenverkauf allerdings nicht beklagen. Achtmal täglich befördern sie Urlauber vom Endpunkt der Haupteisenbahnlinie in den am Fuße des Fichtelgebirges gelegenen Kurort. Der Bahnhof Oberwiesenthal ist mit genau 893,962 m Höhe die höchstgelegene Zughaltestelle der DDR. Nur der Bahnhof auf dem Brocken (1142 m) ist höher, doch die Gegend ist militärisches Sperrgebiet. Betreten strengstens verboten!

Die älteste Kleinbahn

Postkutschen und Pferdefuhrwerke bewältigten im Osterzgebirge noch immer den gesamten Personen- und Güterverkehr, als am Fuße der Berge schon vier Jahrzehnte lang die Eisenbahn zwischen Leipzig und Dresden verkehrte. Nachdrücklich forderten die Besitzer der kleinen Industriebetriebe von Glashütte, Schmiedeberg und Dippoldiswalde deshalb den Anschluß an das Eisenbahnnetz. Als die »Weißeritztalbahn« mit dem ersten Spatenstich am 16. Juli 1881 schließlich Wirklichkeit zu werden versprach, stiegen die Grundstückspreise entlang der geplanten Strecke. Reiche Großstädter ließen sich dort Villen und Landhäuser bauen, und der Lokalredakteur der »Weißeritz-Zeitung« prophezeite am 13. Mai 1882:
»Zweifellos kann man sich der Hoffnung hingeben, daß die neue Bahn ... einen regen Verkehr haben wird. Die Zahl der Touristen, die sich des neuen Verkehrsmittels zu Ausflügen ... bedienen werden, wird man in einem Jahr gewiß auf viele Tausende schätzen können.«

1982 ist die von Freital-Hainsberg über Dippoldiswalde zum Kurort Kipsdorf führende Kleinbahnstrecke hundert Jahre alt geworden. Das war Anlaß für eine Festwoche und für den Einsatz eines Zuges mit restaurierten alten Waggons, den Eisenbahnfreunde mühevoll aufgebaut haben.
Ob die Kleinbahn, die von Zittau nach Oybin und Jonsdorf führt, das Jahrhundertjubiläum 1990 erreichen wird, ist noch ungewiß. Sie hat freilich nichts an Popularität eingebüßt. Heute wie im Eröffnungsjahr sind vor allem Urlauber ihre Fahrgäste. »In den ersten zehn Monaten nach der Inbetriebnahme«, so berichtete damals eine Zeitung, »beförderte die Bahn 236 000 Personen, bei dem geringen Platzangebot eine beachtliche Leistung. Die Gesellschaft besaß anfangs nur sieben Personenwagen mit insgesamt 230 Sitzplätzen.« Inzwischen hat sich die Anzahl der Waggons vervielfacht, und jährlich werden mehr als eine halbe Million Fahrkarten verkauft. Die Strecke führt jedoch über ein Gebiet, in dem große Lagerstätten von Braunkohle vermutet werden, und die Baggerketten klirren schon jetzt vom benachbarten Tagebau herüber ...

Im Verkehrsspiegel an der Straße von Zittau nach Oybin wird ein qualmendes Lokomotivchen sichtbar. Signal für Motorisierte, auf die Bremse zu treten.

Sonderfahrt in historischen Kostümen

Unser Bahn-Ausflug soll seinen Abschluß in Radebeul finden. Dort erwartet Eisenbahnfreunde während der Sommermonate eine ganz besondere Überraschung. Seit 1974 verkehrt auf der 16,5 km langen Strecke nach Radeburg ein Museumszug. In Originaluniformen der ehemaligen Königlich-Sächsischen Staatseisenbahn versehen junge Freizeiteisenbahner ihren Dienst als Zugführer, Schaffner und Souvenirverkäufer. Lokomotiven und Wagen sind in den Jahren 1899 bis 1930 erbaut und für den Einsatz als Traditionsbahn gründlich rekonstruiert worden. Viele Fahrgäste kommen regelmäßig und sind schon zu begeisterten Teilnehmern der alljährlichen Veranstaltung geworden. Natürlich reisen sie zünftig kostümiert im Modelook der Jahrhundertwende. Musikkapellen spielen unterwegs auf den Bahnhöfen, und die Fotografen – Amateure wie Profis – kommen voll auf ihre Kosten.

21.08.79

Elegant gekleidete Passagiere im Look der Jahrhundertwende besteigen die Kleinbahn zur Jubiläumsfahrt in Radebeul. Der Lokführer in Zittau trägt die Uniform der Deutschen Reichsbahn. Durch Wiesen und Wald zukkelt der Bäderexpreß nach Kühlungsborn.

Für die Eisenbahnfans im offenen Aussichtswagen und für die Schaffner des Zuges gehören Dienstanzug und Festtagsstaat aus Königlich Sächsischer Zeit zur Reisekleidung.

TRADITIONSBAHN
DEUTSCHE
DR
REICHSBAHN
DMV
Deutscher
Modelleisenbahn Verband
der DDR AG 3/58
Radebeul Ost - Radeburg

Traditionsbewußtsein und Einsatzfreude

Die letzten Bimmelbahnen der DDR, um deren Pflege und Erhaltung sich unzählige Menschen in ihrer Freizeit bemühen, werden als Zeugen einer vergangenen Verkehrsepoche bewahrt und genießen wegen der dadurch möglichen Deviseneinnahmen Staatsschutz. Dort, wo der »Verkehrsträgerwechsel von der Schiene auf die Straße«, so die offizielle Bezeichnung für den seit 1970 verstärkt vorgenommenen Abriß von Schmalspurstrecken, vollzogen ist, haben geschichtsbewußte Bürger Sachzeugen aus der Dampflokära bewahrt und in kleinen Ausstellungen, z. B. am ehemaligen Bahnhof von Geyer, in Rittersgrün und in Söllmnitz, Kreis Gera, der Öffentlichkeit zugänglich gemacht. Lokomotiven der 1978 stillgelegten Waldeisenbahnstrecke von Bad Muskau haben in der Kreisstadt Weißwasser und in dem kleinen Dorf Oberroderwitz (Kreis Löbau), direkt an einer vielbefahrenen Fernverkehrsstraße, ihren Platz gefunden. Mitglieder des Modelleisenbahnverbandes aus Wernigerode gestalteten die gesamte Strecke der Harzquerbahn im Modell nach und führen die 21 Meter lange funktionstüchtige Anlage jetzt in ihrem Klubhaus vor. Viele Freizeiteisenbahner sorgen dafür, daß eine wichtige Etappe in der Geschichte des Verkehrswesens für die Nachwelt lebendig bleibt.

Technische Kontrollen am rollenden Denkmal sind selbstverständlich. Sicherheit ist oberstes Gebot – auch wenn die Bahn nur eine Höchstgeschwindigkeit von 50 Stundenkilometern erreicht.

Die heile Welt der kleinen Städte

Vor allem in den kleinen Städten scheint die Zeit stehengeblieben zu sein. Abseits der von devisenbringenden Fremden besuchten, aufpolierten Touristenzentren dämmern Orte, die kaum jemand kennt, einer ungewissen Zukunft entgegen. Ihr morbider Charme mag manch einen, der sie vielleicht noch aus ihrer früheren Blütezeit kennt, traurig stimmen. Baufälligkeit, fehlende Farbe an vielen Häusern, unterentwickelte Infrastruktur und schlaglochgespickte Straßen sind Ergebnisse von dreieinhalb Jahrzehnten sozialistischer Planwirtschaft. Aber gerade diese allgemeine bauliche Morbidität beflügelt den Schaffensdrang der dort ansässigen Bewohner – so paradox das klingt. Das private Grundstück, der eigene Vorgarten wird zum Schmuckstück gemacht. Mein Haus – meine Burg! Dorthin kann man sich zurückziehen. In der heilen Welt der kleinen DDR-Städte entwickelt sich etwas, was den Planern im SED-Zentralkomitee am Berliner Marx-Engels-Platz keinesfalls ins ideologische Konzept paßt – Individualität. Die Leute pfeifen auf Parolen. Sie sind damit beschäftigt, ihren überschaubaren Lebensbereich zu organisieren. Und sie wollen ihre angestammten Feste feiern. Das vor allem. Da unterscheiden sich die Deutschen-Ost überhaupt nicht von ihren Landsleuten westlich der Elbe.

Burg Hohnstein, 1933 von den Nazis zum ersten deutschen Konzentrationslager umfunktioniert, ist heute die größte Jugendherberge der DDR.

Zum Beispiel in Hohnstein. Die Stadt ist »... 5 Stunden südöstlich von Dresden entfernt, auf einem hohen Felsen gelegen. Sie hat 105 Häuser und 741 Einwohner«, erläutert ein Städtelexikon, das vor ungefähr 180 Jahren erschienen ist. Weiter lesen wir »... Hohnstein mit Lohmen, ein sogenanntes Gränzamt in dem Königreich Sachsen, im Meißner Kreise, auf dem rechten Ufer der Elbe gelegen. Es gränzt gegen Morgen an Böhmen (woher sein Name Gränzamt), gegen Mittag theils an Böhmen und die Elbe, theils an das Erzgebirge, besonders an das Amt Altenberg, gegen Abend an die Aemter Pirna und Dresden, gegen Mitternacht an das Amt Stolpen ... Im Jahre 1797 fand man unter den Einwohnern 1 Wollenweber, 18 Leinweber und 24 andere Handwerker, sie besaßen 6 Pferde, 7 Ochsen, 51 Kühe und 174 Scheffel Aussaat. Jährlich brauten sie 148 Faß Bier, zahlten an Steuern 827 Thlr., 9 Gr.«

Was steht heute in einem Lexikon über Hohnstein?

»Stadt im Kreis Sebnitz, Bezirk Dresden, am Übergang vom Elbsandsteingebirge zur Lausitzer Granitplatte, malerisch über dem Polenztal, 350 m ü. M. Die Kleinstadt

ist Zentrum eines Gemeindeverbandes, Erholungsort und Ausflugsziel. Ferienheime stehen den Urlaubern und Touristen ebenso wie ein Freibad und andere Erholungseinrichtungen zur Verfügung. Kälberaufzuchtanlage, genossenschaftliche Gärtnerei und eine Hausschuhfabrik bilden die örtliche Produktionsbasis.«
Und die Wirklichkeit?
Pferde können nicht mehr erwähnt werden, weil sie überall der Motorisierung weichen mußten. Die Hohnsteiner Bierbrauer sind ausgestorben, und andere Handwerker haben Seltenheitswert. Der letzte Fleischermeister will aus Altersgründen sein Geschäft schließen. Bleiben der Bäcker, durch dessen Hausdach es seit Jahren regnet, warum, werde ich noch beschreiben, der Schmied, der Kraftfahrzeugschloser, der vor allem Mopeds repariert, der Schuster mit stark reduzierter Arbeitszeit, der Dachdecker und der Buchdrucker, in dessen Werkstatt vor langer Zeit der »Hohnsteiner Anzeiger« hergestellt worden ist.
Die Einkaufsmöglichkeiten lassen sich ebenfalls schnell aufzählen. Zwei kleine Lebensmittelgeschäfte von HO und KONSUM machen sich am Markt keine Konkurrenz, im Fischladen werden in Ermangelung von Seegetier vornehmlich Gemüsekonserven verkauft, technischen Kleinkram gibt's im Geburtshaus des Pianoforte-Erfinders Chr. G. Schroeter, und dann ist da noch Kurt Protzes Buchhandlung, wo neben Belletristik, Schulheften, Ansichtskarten, Scherzartikeln und Zeitungen auch mündliche Neuigkeiten gehandelt werden.
Arbeitsplätze bieten die Betriebe in der Umgebung. Das Landmaschinenkombinat Neustadt vor allem, aber auch Werke in Pirna und Sebnitz. Der Omnibusverkehr dorthin ist gut organisiert und soll sogar im Winter bei Schnee und Glatteis reibungslos funktionieren. Was nicht funktioniert, riecht man. Besucher rümpfen die Nase, sobald es wärmer wird. Doch »anrüchige« Düfte kann nur eine zentrale Abwasserleitung bannen. Und die soll ganz sicher gebaut werden, nur wann, das weiß im Rathaus niemand genau zu sagen. Geduldig wartet man auf Fachleute und Finanzen vom Kreis. Das kann dauern. Aber erst mit der »Klärung« des von vorangegangenen Generationen übernommenen Fäkalienfalles sind auch andere Aufgaben lösbar. Dann kann beispielsweise die Rat-

Silbersee-Schatz
Bis zum Wintereinbruch herrscht am Silbersee von Schollene nordwestlich Rathenows, zwischen Elbe und Havel, Hochbetrieb. Hier wird der Heilschlamm Pelose gewonnen, der in der physikalischen Therapie vielfältig angewendet wird, überall, wo sich Krankheiten durch Wärme heilen oder zumindest lindern lassen. Orthopädie, Rheumatologie und Innere Medizin sind nur einige der Fachbereiche. 700 Krankenhäuser, Kureinrichtungen und Kosmetiksalons in der DDR, aber auch außerhalb der Grenzen zählen heute zu den Abnehmern der 15-Kilo-Beutel und der 1,25-Kilogramm-Kompressen. Die Nachfrage ist in den letzten Jahren stetig angestiegen. Relikte pflanzlicher, im Wasser schwebender Mikroorganismen, durchsetzt mit Skeletten von Schnecken und Muscheln, mit Schwefel und Eisensalzen angereichert, sind Hauptbestandteile der Pelose. Bis zu acht Meter stark sind die Ablagerungsschichten – genug für die nächsten 70 bis 80 Jahre, wie Experten errechnet haben.

Bahnhof

hausstraße, durch die der Hauptsammelkanal führen soll, gepflastert und notfalls als Umleitungsfahrbahn genutzt werden. Wenn das möglich ist, wird man wiederum die Obere Straße sperren, die zur Zeit der einzige, sehr schmale Verbindungsweg für den Durchgangsverkehr ist, und kann dann dem Bäckermeister an der Ecke gestatten, zur Reparatur seines defekten Daches ein großes Gerüst aufzustellen.
Wird der Kausalzusammenhang deutlich? Ohne verlegte Abwasserleitung rinnt weiterhin der Regen in die Backstube des Bäckers, und vielleicht gibt es deshalb bald kein frisches Brot mehr in Hohnstein. Geplagter Bürgermeister! Er hat viele solcher Bürden zu schleppen, und offenbar teilen nur wenige die Last mit ihm. Wen wundert es, daß der Verschleiß an Repräsentanten der örtlichen Staatsmacht groß ist? Mehr als dreißig Stadtväter in 35 Jahren ...
So wie im sächsischen Kleinstädtchen Hohnstein mit seinen 1200 Einwohnern sehen sich die kommunalen Funktionäre auch anderswo dem unlösbaren Problem gegenüber, wirklichkeitsfremde Pläne und Parolen unter die Leute zu bringen, gleichzeitig aber mit diesen Leuten in einer überschaubaren Kommune leben zu müssen. Die als »Mach-mit-Wettbewerb« bezeichnete Bügerselbsthilfe, unbezahlte Feierabendtätigkeit zur Schaffung von Wasserversorgungsanlagen oder beim Gehwegbau, findet nur dann Resonanz, wenn der Bürgermeister gute Beziehungen zu Baumateriallieferanten hat und seine Mitbürger mit Freibier und einem nicht ganz legalen kommunalen Handgeld zur Mitarbeit gewinnen kann. Auf staatliche Unterstützung »von ganz oben«, auf zusätzliche Handwerker, oder auf Sonderkontingente an Bauholz

Brechts Buckow
Die »Märkische Schweiz« östlich von Berlin ist vielen Großstädtern einen Sonntagsausflug wert. In Buckow, einer Kleinstadt mit etwa 2500 Einwohnern, lebte und arbeitete einst Bert Brecht. Sein Häuschen am Schermützelsee ist heute zum Wallfahrtsort für Schriftsteller und Literaturfreunde geworden. »Gehn wir mal hin?« fragte Liedermacher und Brecht-Schüler Biermann einst in einem Lied über Buckow »zur Süßkirschenzeit«. Er selbst gab die Antwort. »Ja, wir gehn mal hin!« »Ist hier was los?, Nein, es ist nichts los. Leer ist es hier.« Diese Leere in Buckow hat viele Vorteile. In der DDR-Provinz scheint die Zeit stehengeblieben zu sein. Ein Ausflugsziel ohne Rummel. Gasthäuser sind rar. Wer bei der sonntäglichen Erholung in Brechts Buckow Hunger verspürt, muß die Zähne zusammenbeißen.

Findige Mühlhäuser haben sich einen ausrangierten Straßenbahnwagen gekauft und in den Garten gestellt. Die Tram dient dort praktischen Zwekken: Sie ist zum Gewächshaus geworden, in dem der Besitzer Gurken und Tomaten züchtet.

Traditionelle Trachten (Foto rechte Seite oben) werden noch immer getragen und fränkischer Fachwerkbaustil bestimmt das äußere Bild von Ummerstadt. Der Ort liegt im westlichsten Zipfel Thüringens. Von drei Seiten umgeben ihn die Metallgitterzäune der Grenzsperranlagen. Die Erdkugel auf dem Dach des Rathauses von Pausa im Vogtland verdankt ihren seltsamen Platz einem Stammtischulk (Foto unten).

oder Ziegelsteinen dürfen die Kleinen im Lande nicht hoffen. Mittelpunkt ist Berlin, die »Hauptstadt der DDR«. Dorthin fließen alle Bau-Reserven.

Der »Mittelpunkt der Erde«, das vogtländische Städtchen Pausa, hat da nie eine Chance. Man nimmt's gelassen und rettet sich in lokalen, sarkastisch gefärbten Humor, der einst auch Anlaß für die kuriose Charakterisierung gewesen ist.

Jene Pausaer Kleinstadtgeschichte begann mit einem Stammtischulk im Jahre 1892. Das Rathaus war gerade umgebaut und bedeutend vergrößert worden. Im Erdgeschoß etablierte sich eine neue, die 22. Gaststätte. Deren Stammgäste konstruierten und bauten nach vorangegangenen hitzigen Debatten ein mechanisches Spielzeug – unseren Planeten Erde darstellend – sägten ein Loch in den Fußboden und ließen das Prachtstück, für jedermann sichtbar, vor der Theke rotieren. Fremden wurde das Kuriosum, gegen entsprechende Honorar natürlich, erläutert. Eine »Erdachsendeckelscharnierschmierkommission« verwaltete und versoff die so eingenommenen Gelder.

Außerdem ist davon der Kauf eines überdimensionalen Globus finanziert worden, der sich mit der großsprecherischen Aufschrift »Pausa – Mittelpunkt der Erde« auf dem Rathausdach dreht. Die Vertreter der sowjetischen Besatzungsmacht ließen das Riesending 1945 abmontieren. Damals verstand man in solchen Dingen keinen Spaß. Jetzt wird der Globus wieder geduldet, als Kuriosität. Der Hausmeister des Rathauses kann sich rühmen, gelegentlich auf dienstliche Weisung ins Erdinnere einsteigen zu müssen. Manchmal, wenn er nachts schlaflos im Ehebett liegt und es draußen ganz still ist, hört er die Erdachse quitschen. »Ja, ja«, sinniert der von Morpheus' Armen Verschmähte dann, »das Schmierfett taugt überhaupt nichts mehr! Oder sind die Lagerschalen vielleicht schon ausgeschlagen?« Anderntags, noch vor dem Frühstück, trabt der Geplagte eine Treppe höher. Meist genügen schon einige Tropfen Öl, damit die Mißtöne aufhören. »Komplizierter dagegen sind Wartungsarbeiten im Erdinneren. Richtig mulmig war mir«, erzählt der staatlich besoldete Erdachsenschmierer, »als ich zum ersten Mal in die große Kugel hineinklettern mußte, um Glühlampen auszuwechseln. Da steht man auf dünnen Stahlstreben zwischen Afrika und Amerika, und ringsum ist nur Himmel! Junge, Junge, da heißt es, Zähne zusammenbeißen und möglichst schnell wieder Land gewinnen!«

Wer im Kleinstädtchen Ummerstadt »Land gewinnen« will, hat es schwerer als die Leute des vogtländischen Pausa. Ummerstadt, ein großes, einladendes Dorf, im Jahre 837 erstmals urkundlich erwähnt und seit dem 13. Jahrhundert mit allen Stadtrechten ausgestattet, liegt heute unmittelbar an der westlichen Grenze der DDR. Stahlgitterzäune und Mauern umschließen den Ort von drei Seiten. Das bayerische Coburg, sechs Kilometer entfernt, ist unerreichbar geworden.

Zoologisches

Der berühmte deutsche Zoologe Alfred Brehm (1829–1884), berühmt geworden als Verfasser des Standardwerkes »Brehms Tierleben«, ist im kleinen Ort Renthendorf (in der Nähe des Hermsdorfer Autobahnkreuzes) aufgewachsen. Dort wirkte sein Vater Ludwig Brehm als Pfarrer. Man nannte ihn den »Vogelpastor«, weil er die Natur erforschte und eine Vogelsammlung anlegte. Das einstige Wohnhaus von Vater und Sohn Brehm nahe der Renthendorfer Kirche ist heute als Gedenkstätte eingerichtet und kann besichtigt werden.

Für Ummerstadts 800 Einwohner gelten die strengen Sicherheitsbestimmungen des Grenzgebietes: abendliche Ausgangssperre, keine Verwandtenbesuche aus dem Westen. Auch Bewohner aus anderen Gegenden der DDR dürfen in den Fünf-Kilometer-Sperrbereich nur mit einer besonderen Genehmigung reisen. Solche Genehmigungen werden an Privatpersonen sehr selten erteilt. Die Ummerstädter bleiben also weitgehend unter sich. Sie haben sich mit dieser Situation, so scheint es, abgefunden. Ihre Wohnhäuser, die meisten im fränkischen Fachwerkstil vor mehr als 150 Jahren erbaut, gleichen trutzigen Burgen. Der Rückzug ins Private ist total. Zweimal im Jahr pflegen die Eingeschlossenen jedoch den altüberlieferten Brauch des Bierbrauens. Im »Stadtbrauhaus« setzen die Familienväter ihren »Haustrunk« an, was selbstverständlich mit den obligatorischen Kostproben an Ort und Stelle verbunden ist. In blechernen Bütten wird das berauschende Getränk schließlich nach Hause geschleppt, und mancher, so wird glaubhaft versichert, trage dabei auch einen Affen heim.

Das Riesenrathaus von Teichel

Die Kleinste unter den Kleinen in der DDR heißt Teichel. Das Städtchen ist mehr als 900 Jahre alt, zählt gerade 500 Einwohner, und mit dem Auto fährt man bei Beachtung des Tempolimits von 50 km/h in weniger als einer Minute durch. Nur sehr scharf Blickenden wird deshalb das an der Hauptstraße (Weimar-Rudolstadt) gelegene Riesen-Rathaus auffallen. 1867 für 30 000 Gulden in einem Anflug von Größenwahn im Auftrag der damaligen Ratsherren erbaut, dient es heute vor allem als Wohngebäude. Der oft wechselnde Bürgermeister residiert nur in zwei kleinen Räumen. Einst sollte das architektonische Ungeheuer am Marktplatz verlorengegangenes städtisches Ansehen zurückgewinnen helfen. Das ist fehlgeschlagen, und an den Schulden für den kostspieligen Palast zahlten Teichels Bürger jahrzehntelang. Heute wird das Monstrum nicht einmal als touristische Attraktion vermarktet. Teichel dämmert wie viele der Kleinen in einem sozialistischen Dornröschenschlaf dahin. Es liegt abseits der Ballungszentren, es ist irgendwie vergessen worden. Die Teicheler selbst sind sicherlich nicht gram deswegen. Ihre ländliche Abgeschiedenheit erhält ihnen die kargen Privilegien der heilen Welt: den geruhsamen Schwatz mit dem Nachbarn, den sonntäglichen Kirchgang, das Faschingsvergnügen und den Feuerwehrball. Die Fahnen und Losungen am Riesenrathaus? »Ach Gott«, meinte eine Alte mit Thüringer Dialekt, die anscheinend noch das deutsche Kaiserreich erlebt hat, »an unserem Rathaus haben Fahnen gehangen, solange ich denken kann. Immer andere. Mich stört's nicht.«

Türme, Tore, Telespargel

Wer hoch hinaufsteigt, dessen Blick weitet sich. Viele Türme, alte und neuere, solche aus Ziegelsteinen, aus Gußeisen oder aus Beton errichtet, sind Mittelpunkt vieler Städte oder krönen Bergkuppen. Treppensteigen lohnt, historische Besonderheiten der alten Gemäuer und funktionelle Aufgaben der modernen Hochbauten vermitteln die folgenden Geschichten.

Aussichtsturm bei Löbau

Vom 94 Meter hohen Nordturm der Stephanskirche ist die Aussicht am eindrucksvollsten. Dörfer und Städte beiderseits des Elbestroms, Stendal hüben, Genthin drüben. Tief unten Tangermünde. Die einst unbezwingbare Stadtmauer aus brandroten Ziegelsteinen umschließt noch immer fast vollständig das Zentrum. Auf einer Fläche von 300 mal 600 Metern sind viele sehenswerte Fachwerkhäuschen, von ihren Bewohnern in den vergangenen Jahren mit Sachkenntnis herausgeputzt, erhalten geblieben. Dazu das gotische Rathaus und ein Dutzend Türme und Türmchen: der Hühnerdorfer Torturm, auch »Eulenturm« genannt, obwohl dort nur Tauben nisten, der Kapitelturm, einst Bergfried der Kaiserpfalz Karls IV., das Burgtor aus dem 15. Jahrhundert, der Schrotturm, der Wasserwerkturm, der Wehrturm des Neustädter Tores, der spätgotische Backsteinturm der Nikolaikirche, die Roßfurth, auch als »Wassertor« bekannt. Dieses Tor der einstigen Stadtbefestigung, ein um 1470 erbauter quadratischer Turm, dessen Untergeschoß einen gotischen Spitzbogen bildet, dient noch heute als Durchfahrt. Einst konnte der Weg mit einem Fallgitter verschlossen werden, denn der Turm gehörte jahrhundertelang zu den wichtigen Bastionen für die Verteidigung der Stadt. Seit einigen Jahren haben in den vier Räumen der Roßfurth junge Leute ihr Domizil. Die Musiker des stadtbekannten Schalmeienorchesters treffen sich dort zu ihren Übungsstunden. Jeder der alten Tangermünder Türme ist restauriert worden und wird von Clubs zur Freizeitgestaltung genutzt. Gäste sind willkommen, wenn sie die Aussicht auf die Kleinstadt genießen wollen.

Auf einem neugotischen Muschelkalksockel steht Johann Friedrich, Jenas Landesherr im 16. Jahrhundert, als Bronzefigur. Der sächsische Kurfürst, den man den »Großmütigen« nannte, gründete die Hochschule und spätere Universität der Stadt. Dem 1857 errichteten Denkmal benachbart ist 1970 die Betonscheußlichkeit des Universitätshochhauses entstanden. Mit 1555 Fenstern bietet das Riesending Putzkolonnen ständig Arbeit. 7800 Quadratmeter Glasfläche sind sauberzuhalten. Spezialisten eines Reinigungsbetriebes, der sich sinnigerweise VEB Hauswirtschaftliche Dienstleistungen nennt, hantieren in luftiger Höhe mit Lappen und Schwamm. Wenn sie sich in ihren Gondeln zwischen Himmel und Erde an den Turmfenstern vorbeibewegen, absolvieren sie eine Art Weltraumfahrertraining. Doch nicht den Putzkolonnen zu Ehren hat man die Aufmarschfläche vor ihrem Höhen-Arbeitsplatz benannt – sie heißt »Platz der Kosmonauten«.

Keine Zierde, aber praktisch

Die offizielle Bezeichnung des 120 Meter hohen Betonrundlings im Jenaer Stadtzentrum lautet »Universitätshochhaus«.
Der Volksmund dagegen vergleicht den himmelwärts aufragenden Riesen mit einem intimen männlichen Körperteil und nennt ihn lateinisch verbrämt »penis jenensis«. Seit der Grundsteinlegung im Mai 1970 wuchs der unter Leitung Professor Hermann Henselmanns von einem Architekturkollektiv konzipierte Bau nach dem Gleitschalverfahren in weniger als drei Jahren. Die Einweihung erfolgte am 2. Oktober 1972. In den 26 Etagen, jede ist in zwei Hälften unterteilt, sind für Dozenten und Studenten der Friedrich-Schiller-Universität Seminarräume, Arbeitsplätze und ein Lesesaal eingerichtet worden. Ein Café im obersten Stockwerk ist am Wochenende für jedermann geöffnet. Sechs Aufzüge garantieren sekundenschnelle Beförderung. Über den beiden Kellergeschossen befindet sich die neue Mensa der Universität mit 500 Plätzen. Von der architektonischen Häßlichkeit des Universitätshochhauses machtvoll überragt wird der barocke Turm des alten Rathauses. Dieses schöne alte Gebäude am Markt schmückt sich zudem mit einer Kunstuhr, deren Figurenspiel zu den historischen »sieben Wundern« Jenas gehört.

Der Aussichtsturm vom Bäckermeister

Die 447 Meter hohe bewaldete Basaltkuppe des Löbauer Berges wird von einem Aussichtsturm gekrönt, der seit 1854 Anspruch auf Einmaligkeit in der Welt erhebt. Finanziert hat das über einem achteckigen Grundriß errichtete Bauwerk seinerzeit ein wohlhabender

Seit mehr als einhundert Jahren beharrlich, feststehend, unveränderlich – der gußeiserne Aussichtsturm bei Löbau mit vielen schönen Details und Schnörkeln. Ein Unikum auf der Erde und sehenswert dazu.

Konkurrenten gibt es nicht. Weder der Leuchtturm am Moritzburger See (Foto unten) noch das Potsdamer Wasserwerk-Minarett (Foto rechts) haben irgendwo anders Entsprechungen. Beide sind in ihrer Art einmalig.

Löbauer Bäckermeister. Als Baumaterial für die 28 Meter hohe Konstruktion wurde Gußeisen verwendet. Aus mehreren tausend Einzelteilen, hergestellt im sächsischen Eisenhüttenwerk Bernsdorf, ist der Turm innerhalb von zehn Wochen montiert worden. Von der obersten der drei Aussichtsplattformen sind weite Gebiete des Ostlausitzer Hügellandes zu überblicken. In den Jahren 1965/66 restaurierten Fachleute die denkmalgeschützte Sehenswürdigkeit. Etwa 300 Eisenplatten mußten damals neu angefertigt und ausgewechselt werden.

Das Gefängnis einer schönen Gräfin

Als Veste der Meißner Bischöfe im Mittelalter errichtet, hat die auf einem Basaltfelsen hoch über dem ostsächsischen Städtchen Stolpen thronende Burg eine wechselvolle Geschichte. Seit 1559 Besitz der sächsischen Kurfürsten, diente der durch Mauern gesicherte Platz als Gefängnis und Verbannungsort mißliebiger Untertanen. Zu den Gefangenen des prunksüchtigen Königs August, der sich der Starke nennen ließ, weil er dem schwachen Geschlecht sehr zugetan war, gehörte seine vormalige Mätresse, die Reichsgräfin Cosel. Weihnachten 1716 brachte man die damals 36jährige unter strenger Bewachung von Dresden auf die Burg. Dort war sie zunächst im Zeughaus und ab 1744 im 1509 erbauten Johannisturm eingekerkert. Bis zu ihrem Tode verbrachte Gräfin Cosel 49 Jahre in diesem Turmgefängnis. Heute sind dort Dokumente und Gegenstände aus dem Besitz der sagenumwobenen Frau ausgestellt.

Der einzige Leuchtturm im Binnenland

Dieses maritime Bauwerk im Binnenland ist eine Kuriosität, denn Schiffen hat es niemals als Navigationshilfe gedient. Den Befehl zu seiner Errichtung gab Kurfürst August III., ein Großneffe August des Starken. Zwei Hofarchitekten, Johann Daniel Schade und Johann Hauptmann, setzten die spleenige Idee ihres Brotgebers 1769 in die Tat um. Am Ufer des 1502 als Fischteich für den sächsischen Landesherrn künstlich angelegten Moritzburger Sees errichteten sie Hafenbecken, Mole und Leuchtturm. Alle diese Anlagen bildeten die Kulisse für »Seeschlachten«, mit denen der Kurfürst seinen Hofstaat zu unterhalten beliebte. Nur dreihundert Meter vom Liegeplatz der kursächsischen Spielzeugflotte entfernt befindet sich mit dem Fasanenschlößchen eine weitere architektonische Miniatur. Auf einer Grundfläche von nur 13,4 Quadratmetern ließen sich die sparsam gewordenen, doch immer noch absolutistisch herrschenden Nachfahren des verschwendungssüchtigen starken August diese einer Puppenstube ähnliche Sommervilla bauen. Heute befindet sich dort eine interessante ornithologische Sammlung.

Minarett ohne Muselmanen

Das seltsamste Potsdamer Bauwerk, jetzt in der Leninallee im Zentrum gelegen, ist 1841/42 errichtet worden. Es beherbergt jedoch keine mohammedanische Gebetsstätte, wie seine eigenwillige architektonische Gestaltung vermuten ließe, sondern dient ganz profanen Zwecken. In dem als »Moschee« stilisierten Gebäude ratterte zunächst eine Dampfmaschine, mit deren Hilfe bis 1894 Havelwasser auf den nahegelegenen Ruinenberg gepumpt wurde, um von dort aus die Fontänen im Park von Sanssoucci zu speisen. Das schlanke Minarett nebenan war nichts anderes als ein künstlerisch gestalteter Schlot für den Rauchabzug. Die Kuppelhalle des Maschinenhauses ist der Kathedrale von Cordoba nachempfunden. Seit 1977 sind dort zwei moderne Elektropumpen installiert, deren 250 PS pro Stunde 550 Kubikmeter Havelwasser in den Schloßpark befördern können.

Die Umrisse der alten Bautzener »Wasserkunst« sind zum Wahrzeichen der Stadt geworden. Andere feste Mauern in der Nachbarschaft dieses Turmes haben traurigen Ruhm erlangt: Im Zuchthaus von Bautzen sind vor allem politisch Andersdenkende inhaftiert.

Wasserkunst mit festen Mauern

Das fünfzig Meter hohe, 1558 von Stadtbaumeister Wenzel Röhrscheidt errichtete steinerne Bauwerk ist zum Wahrzeichen Bautzens geworden. Bereits 1496 stand an gleicher Stelle ein hölzerner Wasserturm, durch den mittels Pumpen und Rohrleitungen Spreewasser auf den hochgelegenen Fleischmarkt gefördert wurde. Der steigende Bedarf an Trink- und Löschwasser veranlaßte den Rat jedoch bald, diese »Alte Wasserkunst« in der jetzigen Form neu zu errichten. Im viereckigen Untergeschoß befindet sich mit dem Schöpfwerk ein technisch perfektes Meisterstück Bautzener Handwerker des frühen 17. Jahrhunderts. Der siebengeschossige Turm verjüngt sich nach oben, wobei jedoch der Innendurchmesser unverändert bleibt. Neben der Wasserversorgung diente er jahrhundertelang auch als Bollwerk für die Stadtverteidigung. Heute ist in seinen Mauern ein Technisches Museum untergebracht. Hinter der »Alten Wasserkunst« befinden sich die Türme der Michaeliskirche und des Petridomes.

Ausblick in den Westen

Kein Fernsehturm zwischen Elbe und Oder kann mit ihm konkurrieren: Der Berliner »Telespargel« ist der allergrößte. »Walter Ulbrichts letzte Rache« nennen viele sarkastisch das Riesending am Alexanderplatz. Mit seinen 365 Metern Höhe sollte der vom greisen Chef der Einheitspartei in Auftrag gegebene, reichlich überdimensionierte Turm vor allem den Flugverkehr nach Westberlin stören. Er steht im Bereich der Einflugschneise des Flughafens Tegel. Trotzdem schweben nur wenige hundert Meter neben ihm die Flugzeuge der Westalliierten gefahrlos zum Landeanflug ein. Was die Parteiplaner während der Bauphase des Turmes 1965 bis 1969 bereits einkalkulierten, ist der nicht abreißende Besucherstrom. Doch vom Aussichtsgeschoß in 203 Metern Höhe, oder vom Café, das sich in einer Stunde um 360 Grad dreht, haben die Gäste den besten Blick auch in Richtung Westen. Besonders bei Dunkelheit werden die Unterschiede deutlich. Jenseits der Mauer ein Lichtermeer – diesseits die beschauliche Finsternis einer Großstadt, deren Bewohner anscheinend früh schlafen gehen.
Solche Aussichten, die auch zu Einsichten führen, werden den Auftraggebern des Bauwerkes gar nicht angenehm sein.

Wo Knöpfe rollen und ein Kaiser reitet

Es nennt sich Gebirge und ist doch kaum mehr als ein großer bewaldeter Berg inmitten einer fruchtbaren Ackerebene. Der Kyffhäuser schiebt sich zwischen den Harz und die Ausläufer des Thüringer Waldes. Sagenumwoben ist der kleine Gebirgszug seit altersher. Kaiser Barbarossa soll dort schlummern, bereit, am Jüngsten Tag aufzuwachen und das deutsche Volk zu einen. Eine Hoffnung, die allerdings heute kein staatlich besoldeter Kyffhäuser-Reiseerklärer vermerkt. Ärgerlich genug ist schon das protzige Denkmal, die steinerne Erinnerung an das deutsche Kaiserreich, heute ein beliebtes Ausflugsziel. Es ist ein Anachronismus im sozialistischen deutschen Staat wie so vieles. Ansehen lohnt, weil am Beispiel des Kyffhäuserdenkmals deutlich wird, daß sich niemand aus der historischen Vergangenheit wegstehlen kann.

Roß und kaiserlicher Reiter: Wilhelm I. am Kyffhäuserdenkmal.

Ein kräftezehrender Radausflug per pedes. Von Kelbra, am Fuße des Gebirges, sieben endlose Kilometer bergauf. 36 Kurven. Eine Spitzkehre, danach eine lange Gerade, wieder eine Biegung, hundertfünfzig Meter heißes Asphaltband bis zur nächsten Kurve. Und so weiter und so weiter. Ein Alptraum für Radler, die dort zwangsweise zu Fußgängern werden. Für den eiligen Autotouristen ist der bewaldete Buckel auf dem Wege vom Harz zum Thüringer Wald bestenfalls einen Zwischenaufenthalt wert. Kyffhäuser-Kaffeepause. Links ab von der F 85, zweitausend schlaglochgespickte Straßenmeter Richtung Osten, der Parkplatz am Kyffhäuserdenkmal, rechts ab zum Fernsehturm. Bewachte Stellfläche für den chromblitzenden Liebling der Familie auch dort. Einheitspreis überall 80 Pfennige. Schlau berechnet von den Kalkulatoren! Jeder Autofahrer reicht eine Mark herüber. Zwanzig Pfennige bleiben fast immer als Trinkgeld. Zwei Millionen Tagestouristen, so wird behauptet, frequentieren die Kyffhäuser Parkplätze jährlich. Wer möchte da nicht wachhabender Kassierer sein?

Zahlende Gäste sind überall willkommen. Auf dem Kyffhäuser-Rücken, so scheint es, aber ganz besonders. Andenkenstände säumen den Weg, der zu den Sehenswürdigkeiten führt. Sogar eine Schießbude ist aufgebaut worden im Schatten des monströsen Denkmals, das »zur Verherrlichung der preußisch-deutschen Reichsgründung und speziell des ersten Hohenzollernkaisers nach dem Tode Wilhelm I. (1888) errichtet wurde« (Prospekt-Zitat).

Die Leute ringsum lachen, schwatzen, essen Eis, kauen Bockwurst. Dann erklimmen sie den 81 Meter hohen Denkmalturm bis unter die 6,6 Meter hohe Kaiserkrone.

Oben auf dem Gebirgsrücken erhebt sich das Kyffhäuserdenkmal. In der Ebene, die wegen ihrer Fruchtbarkeit »Goldene Aue« genannt wird, blühen die Kirschbäume. Der Landstrich zwischen Harz und Kyffhäuser ist jahrtausendealtes Siedlungsgebiet.

Damwildinvasion

Die Jagd ist in der DDR angeblich »Sache des ganzen Volkes«, doch ein Gewehr erhalten nur ausgewählte, zuverlässige Leute, die vom Staatssicherheitsdienst überprüft worden sind. Jäger gehören sogenannten »Jagdkollektiven« an, deren Mitglieder die Waffen zwischen den Jagden unter Verschluß halten und über Abschüsse einzelner Tiere entscheiden. Ausgenommen von solchen Reglementierungen sind Spitzenfunktionäre. Sie haben ihre eigenen, streng abgegrenzten Jagdreviere wie früher die Landesfürsten. Um die Planauflagen in der Wildbretbeschaffung zu erfüllen, wird zunehmend Damwild in den Wäldern gehegt. Die Bestände dieser »gefleckten Hirsche« haben sich von 100 Stück (1953) auf 20 800 Stück (1983) erhöht. »Tragbar für unsere Landschaft wären sogar etwa 35 000 Tiere. Der Damhirsch hat also weiterhin eine Perspektive«, meint Jagdexperte Klaus-Dieter Mörl in einer populärwissenschaftlichen Veröffentlichung.

Unten im Berg soll Kaiser Rotbart schlummern. Dem Bärtigen hat man beim Bau des Kyffhäuserdenkmals einen monumentalen Thron gemeißelt. Dort sitzt er und blickt finster in die Runde. Protzige Skulpturen umgeben den Herrscher.

Noch schnell ein Erinnerungsfoto. Im Hintergrund der kupferpatinierte Kaiser (einschließlich Roß 336 Zentner schwer und von der Plinthe bis zur Helmspitze 9,70 Meter groß), davor die liebe Familie oder das Brigadekollektiv. Der Reiseleiter mahnt zur Eile. Weiter geht's!

Vom »Bendelebs Holz« im Westen bis zum Pfützental im Osten, von den im Norden gelegenen »Sittendorfer Köpfen« bis zu den »Schweinsköpfen« im Süden mißt das Landschaftsschutzgebiet (seit 19. September 1941) Kyffhäusergebirge exakt 96,3 km. Neben seinem, dem Harz ähnlichen geologischen Aufbau und analoger Oberflächengestaltung hat das kleine paläozoische Pultschollengebirge noch andere Gemeinsamkeiten mit dem größeren Mittelgebirgsnachbarn im Norden. Wie der Harz bricht auch das Kyffhäusermassiv (höchste Erhebungen sind mit 477 m der Kulpenberg und mit 457 m der Kyffhäuserberg) an seiner Nordseite zur »Goldenen Aue« etwa 300 m steil ab. Beinahe geschlossen ist der Baumbestand (46 km^2 Fläche). Laubbäume (75 Prozent) überwiegen. Buchen und Eichen bilden ausgedehnte Wälder. Vereinzelt wachsen auch Birken, Esche und Ahorn. Fichten (17 Prozent) entwickeln sich wegen der ungünstigen Niederschlagsverhältnisse meist nur kümmerlich. Rauhe Winde und eine Jahresmitteltemperatur von 7,5 °C machen die Höhen des Kyffhäusers nicht gerade zu einer Oase für sonnenhungrige Sommerfrischler. Doch warm angezogenen Wanderern, die auf plötzliche Witterungswechsel eingerichtet sind, erschließt sich die herbe Landschaft fernab des Touristenrummels mit ihren vielfältigen Reizen. Mehrere gut beschilderte Wanderwege durchqueren das Gebirge. Sie berühren auch die sechs besonders gekennzeichneten Naturschutzgebiete, den Schloßberg (57,11 ha), Die Pfanne (5 ha), die Rothenburg (103,26 ha), das Kalktal (26,05 ha), das Ziegelhüttental (244,24 ha) und die Kattenburg (123,99 ha).

Wer aufmerksam hinschaut, wird Adonisröschen und Steppenheide bemerken, wird vielleicht sogar Rehe, Wildschweine, Rotwild, Füchse, Dachse, Hasen oder Marder beobachten können. Doch gut zu Fuß muß man schon sein, um im Kyffhäuser sein Ziel zu erreichen. Die überlieferten Erlebnisse eines Wanderers von einst, treffen gewiß auch heute noch zu. 1736 schrieb Julius Bernhard von Rohr folgendes: »Wenn man vermeynt, man sey faßt die Helffte hinauf gestiegen, so wird einem, wider sein Vermuthen, der erstlich sich zeigende tiefe Thal, den man zu passiren hat, und nachgehends der sehr hohe und jähe Berg, den man wieder in die Höhe klettern muß, einen solchen Anblick verursachen, bey welchem einem der Appetit, wenn man sich allbereits müde gestiegen, die oberste Spitze zu erreichen, ziemlich vergehen wird.«

Apropos Appetit. Da Wanderer nach angestrengtem Marsch Hunger verspüren, aber gastfreundliche Wirtshäuser zwischen Bad Frankenhausen und Kelbra, zwischen Udersleben und Steinthalleben rar sind, muß zur Selbstverpflegung aus dem Rucksack geraten werden. Oder möchten Sie, fußmüde und durstig, bei hochsommerlichen Temperaturen eine Stunde und länger am Fuße des Fernsehturm-Cafés in der Schlange auf Einlaß und Liftbeförderung zu den Höhen der HO-Gastronomie warten? Das kleine Café (74 Plätze) im 5. Stockwerk des Turmkorbes bietet Kulinarisches in minimaler Ausführung zu maximalen Preisen (Höhenzuschlag!). Man kann sich an Kuchen

Rosarium
Die Kreisstadt Sangerhausen (33 000 Einwohner), vom Kyffhäusergebirge nur wenige Kilometer entfernt, ist durch den Kupferschieferbergbau ein wichtiges Industriezentrum geworden. In der Stadt befindet sich auch die größte Fahrradfabrik der DDR. Was Touristen vor allem zum Besuch lockt, ist das Rosarium, ein Garten, in dem zur Sommerzeit über 7000 Rosensorten blühen. Im Spengler-Museum am Bahnhof ist das Skelett eines Steppenelefanten aus dem Pleistozän zu bewundern. Das Exemplar hat Seltenheitswert.

laben – und, Zitat aus dem Werbeprospekt: »Die breiten Fenster gestatten das Betrachten der lieblichen Landschaft.« Kostenlos. Wein gibt es auch. Der kommt aus Ungarn. Vor einigen Jahrhunderten hätte es Rebensaft aus dem nahegelegenen Frankenhausen sein können, doch da gab es den Fernsehturm noch nicht. Er ist erst am 1. Mai 1964 eingeweiht worden. Vom Weinbau profitierten bereits um 1200 die Leute der Gegend. An den sonnigen Südhängen der Kyffhäuser Karstberge bauten die Mönche des Klosters Walkenried bei Steinthalleben ihre Reben an. Im Keltertal sollen die süßesten Trauben gewachsen sein. Um 1340 verkauften die Grafen von Beichlingen den Schwarzburger Herrschaften mit der Stadt Frankenhausen auch alle Weingärten. Über diese Transaktion sind Urkunden erhalten geblieben. Die gräfliche Obrigkeit beanspruchte selbstredend die für die Rebenzucht exponiertesten Stellen. Ihre Weinberge zogen sich auf den fruchtbaren Lehm- und Lößflächen oberhalb des Städtchens die Gipsberge hinauf bis zu den Rändern der Hochflächen, dorthin, wo die Sonne am längsten schien. Eine 1710 gezeichnete Kyffhäuserkarte zeigt nur noch fünf Inseln des einst geschlossenen Weinanbaugebietes. Um 1800 gab es lediglich noch in Frankenhausen Weinbauern. Auch die gaben im Jahre 1860 ihr Gewerbe auf. Ausgerechnet am Galgenberg wurden die letzten Rebstöcke gerodet.
Viel älter als die Gewinnung des süßen Weines ist jedoch das Geschäft mit dem sauren Salz im Kyffhäusergebirge. Frankenhausen, 1219 erstmals als »oppidum« (Stadt) bezeichnet, verdankt seinen wirtschaftlichen Aufschwung in erster Linie dem gewinnträchtigen Salzabbau. Ein Geschichtsschreiber hat um 1280 die folgenden Notizen gemacht: »Zu der Zeit brauchte der Stadt-Rath zu Frankenhausen zum Stadt-Sekret und Insiegel einen nackigten Hall- oder Kotknecht, nur mit einem paar schmalen, leichten Hoosen angekleidet, das Haupt bedecket mit einem Badehütlein, darauf zwei leichte Federlein, mit gestutztem Barte auf türckisch, in jeglicher Hand einen Eymer haltend, worinnen man die Soole träget ...« Im Jahre 1592 wurden täglich 400 Zentner Salz gewonnen und von den Pfännern der Stadt Frankenhausen überallhin verkauft. Um den Salzstaub hinunterzuspülen, tranken die Sieder offenbar ihren selbstgezogenen Wein. Von Weinhandel berichten die alten Urkunden nichts. Der trinkfreudige Mann denkt an sich selbst zuerst!
Ein Verbotsschild gebietet Autofahrern halt. Vertretern der alliierten Militärmissionen wird viersprachig die Durchfahrt untersagt. Nur Fußgänger (auch alliierte?) dürfen den Weg zur Ruine Rothenburg passieren.
Der Weg endet an einem stabilen eisernen Tor. Davor hat man zwei Müllcontainer plaziert. Hinter dem Tor gepflegte Anlagen, weiß gestrichene Häuser, Leute auf Liegestühlen. Urlaubsstimmung. Zur Rothenburg weist ein verwittertes Holzschild. Bergauf, immer am hohen Maschendrahtzaun des streng gesicherten Ferienobjekts entlang, führt ein Trampelpfad zu den zerborstenen Mauern der einstigen Militärbastion. Die Rothenburg, um 1110 als Feudalfestung eines Grafen Christanus errichtet, war seinerzeit wohl uneinnehmbar. Der spätromanische Palas, Überreste einer Kapelle, die etwa hundert Meter lange Wehrmauer am Berghang, der imposante Rundling des Bergfrieds, ein Brunnen. Jahrhundertealte Ruinen. Daneben Ruinen jüngeren Datums. Der »Bismarck-

turm«, zeitgleich mit dem Kyffhäuserdenkmal errichtet und als Aussichtsplattform gedacht, zerfällt. Unkraut wuchert mannshoch über die steinernen Zeugen unserer Geschichte. Ein wenig von der Ordnung im Ferienheim dort unten könnte man sich hier oben wünschen. Jedoch werden die Angehörigen der ausländischen Militärmission nicht wegen der ungastlichen Stätte abgewiesen, sondern weil der schilderlose, gepflegte Gebäudekomplex am Fuße der verwahrlosten Rothenburg ein streng bewachtes Feriendomizil für Offiziere der Nationalen Volksarmee ist.

Kein militärisches Sperrgebiet und zudem mustergültig aufgeräumt ist ein anderes Burggelände auf dem Kyffhäuserberg. Die ehemalige Reichsburg »Kyffhausen« – heute Ruine wie die Rothenburg – gehörte zur Zeit ihrer Gründung im 11. Jahrhundert mit etwa 600 Meter Länge und einer maximalen Breite von 70 Metern zu den größten deutschen Festungsbauten. Burgenforscher glauben, daß die Errichtung von Mauern, Türmen und Vorratsspeichern gerade auf dem leicht zu verteidigenden Bergsporn des Kyffhäusernordrandes damals seine abschreckende Wirkung auf die Feinde der salischen Königsgeschlechter nicht verfehlte. Diese befanden sich mit den sächsischen Herzögen und Adligen in ständiger Fehde um die ertragreichen Ländereien in der fruchtbaren Unstrutniederung. Von der hohen Warte des Kyffhäuserberges konnte man seine Feinde allzu gut beherrschen. König Heinrich IV. (1056–1106) wußte das und ging als fleißiger Burgenbauer in die Geschichte ein. Hundert Jahre später ließ der Staufenkaiser Friedrich I. (1152–1190), jener legendenumwobene Kaiser »Rotbart«, auch Barbarossa genannt, die Burg Kyffhausen zum Schutz der unterhalb bei Tilleda liegenden Kaiserpfalz weiter ausbauen und verstärken. Die Einigung der zerstrittenen deutschen Fürstentümer zu einem deutschen Kaiserreich vermochte Barbarossa nicht durchzusetzen. Vom Papst Alexander III. in Venedig gedemütigt, sogar mit Füßen getreten, wie die Geschichtsschreiber wissen wollen, resignierte Kaiser »Rotbart«. Mit seinem Tode zerfiel die Zentralgewalt völlig. Und sofort waren die Legendenerfinder zur Stelle. Sie brachten eilfertig die Mär in Umlauf, Kaiser Barbarossa sei nicht tot, er habe sich nur in die Tiefe des Kyffhäusergebirges zu begrenztem Schlummer zurückgezogen. Während er ein Nickerchen mache, spinne seine Tochter Uta munter Flachs zu Wolle. Und dereinst, wartet nur, wird der gute Kaiser wieder aufwachen, aus der Kyffhäuserhöhle heraustreten und den deutschen Landen Eintracht und Frieden bringen. Bevor die Hohenzollern jene sagenhafte Geschichte nach der Reichsgründung von 1871 für sich reklamierten und später mit dem monströsen Kyffhäuserdenkmal nicht Barbarossa, sondern vor allem sich selbst und ihren Verdiensten ein steinernes Monument setzen ließen, hatten ungekrönte Scharlatane bereits mehrfach den Einfall, die Barbarossa-Sage zu ihren Gunsten auszuschlachten. Der spektakulärste Fall

Wörtlich

Die Erholung als ein Element der Reproduktion des Menschen und seiner Arbeitskraft erfordert persönliche Aktivitäten und gesellschaftliche Maßnahmen, die einen optimalen Erholungseffekt garantieren.
Die Betriebe sind verpflichtet, durch wirksame Nutzung und planmäßigen Ausbau von Erholungsmöglichkeiten gemeinsam mit den Gewerkschaften alle Voraussetzungen zu schaffen, damit die Werktätigen ihren Erholungsurlaub unter guten gesundheitlichen, kulturellen und sozialen Bedingungen verbringen können.
Zitate aus dem »Handbuch DDR« vom Bibliographischen Institut Leipzig.

Innen entsteht an den Wänden des Rundbaus der Bauernkriegs-Gedenkstätte (Foto oben) ein Kolossalgemälde von Prof. Tübke. Bilder des Predigers und Märtyrers Thomas Müntzer (Foto darunter) sind allgegenwärtig im Kyffhäusergebiet.

war sicherlich der jenes närrischen Schneiders aus Langensalza, der Anno 1546 die Kapelle der Burg Kyffhausen besetzte, ein Feuer entzündete und den ob des Qualms herbeigeeilten Gaffern verkündete, er sei der aufgewachte Kaiser Friedrich und nur deshalb erschienen, um der Welt den ersehnten Frieden zu bringen. Landvogt Brüneck ließ den Mann festnehmen und in Ketten abführen. Ohne Zweifel schläft Kaiser Rotbart also noch immer irgendwo im Kyffhäuser. Einheit und Frieden sind Wunschträume der Menschen bis heute geblieben. Ob Heinrich Heines Optimismus berechtigt ist? Er reimte in seinem »Wintermärchen« zuversichtlich:

»Herr Rotbart« – rief ich laut – »du bist
Ein altes Fabelwesen,
Geh leg dich schlafen,
wir werden uns
Auch ohne dich erlösen ...«

Sie wollten nicht warten, bis Barbarossa ausgeschlafen hätte und ihnen angenehme Zeiten verhieße. So griffen sie zu ihren Waffen: Sensen, Dreschflegel, Äxten, dornengespickten »Morgensternen«. Die Thüringer Bauern zogen 1525 zu den Burgen und Klöstern, deren Herren und Äbte ihnen Frondienste und unerfüllbare Abgaben auferlegt hatten. Thomas Müntzer, ein im Harzstädtchen Stolberg geborener Prediger und Volkstribun, wurde zum Wortführer und später zum militärischen Kommandeur der Bauernheere. Am 11. Mai 1525 sammelte er die etwa 4000 Männer bei Frankenhausen zur Entscheidungsschlacht. Am Südhang des Hausberges errichteten die im Kampf unerfahrenen Bauern eine Wagenburg, brachten ihre 15

Geschütze in Stellung und erwarteten so die übermächtigen Feinde. Der Landgraf Philipp von Hessen, der sächsische Herzog Georg der Bärtige und der brandenburgische Markgraf vereinten mehr als 2300 Reiter und etwa 4000 Fußsoldaten unter ihren Fahnen. Am 15. Mai floß viel Blut auf beiden Seiten. Der Hausberg wurde zum Schlachtberg. So wird er noch heute genannt. Die Fürstensöldner metzelten jeden nieder, der sich ihnen in den Weg stellte. Thomas Müntzer geriet in Gefangenschaft. Der Graf von Mansfeld ließ ihn ins Schloß nach Heldrungen bringen und dort grausam foltern. Zwölf Tage nach der Vernichtung des Bauernheeres mußten die militärischen Anführer in Görmar bei Mühlhausen das Schafott besteigen.

Zur 450. Wiederkehr der Schlacht am Hausberg bei Frankenhausen ist dort 1975 auf historischem Boden ein Betonmonster entstanden, das der Volksmund respektlos »Elefantenklosett« nennt. Die offiziell als »Bauernkriegsgedenkstätte Panorama« bezeichnete Ausstellungshalle inmitten der Karstlandschaft ist sicherlich eine ebensolche architektonische Fehlleistung wie der imperiale Steinkoloß oben auf dem Kyffhäusergipfel. Jetzt soll wenigstens das Innere des klotzigen Rundlings zur bewunderungswürdigen Attraktion aufgewertet werden. Durch ein in der DDR einmaliges Rundum-Kolossalgemälde. Die Vorlage dafür hat der Leipziger Maler Professor Werner Tübke geschaffen und als 1:10 Fassung erstmals Anfang 1983 zur Dresdner Kunstausstellung öffentlich vorgestellt. Rund 3000 zum Teil überlebensgroße Figuren, Bürger, Bauern, Pfänner, Bergknappen, Kaiser, Ritter, Hofdamen, Marktfrauen, Gaukler, Menschen des 16. Jahrhunderts werden das Gemälde bevölkern. Manche Gestalten tragen unverkennbar die Gesichtszüge ihres Leipziger Schöpfers. So erhält man sich der Nachwelt auf geschickte Weise! Natürlich sind auch Luther und Müntzer auf dem Bild zu sehen, neben Zwingli und Hutten, Hus, Dürer und Cranach. »Es wird Simultanmalerei«, bekannte Professor Tübke. »Ein Handlungsablauf greift in den anderen über. Gestaltungsprinzip ist unter anderem Reihung, Häufung.

Auch Dezentralisierung wird notwendig sein. Sie ergibt sich als Konsequenz des Ringumbildes, endlos und keineswegs chronologisch. Es soll ein Rausch von Formen und Farbe sein. Ein Bild ohne Anfang und ohne Ende.«

Wann die Betrachter das Mammutwerk ehrfürchtig bestaunen können? Der Gedenkstättendirektor will sich nicht festlegen. Er sagt, der Rat des Bezirkes sagt, daß in dieser Frage allein der Minister das Sagen hätte. Und der wolle sich zu dieser Frage im Moment auch nicht äußern.

Aufgeknöpfter zeigte sich ein anderer Direktor in Bad Frankenhausen, obwohl der sich mit Verschlußsachen beschäftigen muß. Es ist ein Mann von Format, genauer, er fungiert als Chef des VEB Bekleidungsverschlußelementefabrik »Format«. Laien würden Knopffabrik zu diesem Unternehmen sagen, und manchmal entfährt dem 37 Jahre im Beruf erfahrenen Direktor selbst noch jene altertümliche Bezeichnung für die roten, schwarzen, weißen, blauen oder grünen löchrigen Dinger, mit deren Hilfe Hosen, Jacken, Hemden, Röcke oder Blusen verschlossen werden können. Er korrigiert sich dann schnell und verweist auf lang zurückliegende Zeiten, in denen der Knopf noch Knopf hieß, aber kein Mensch aus der Knopfmetro-

Musikalisches

Kantor Georg Friedrich Bischoff organisierte 1804 das erste deutsche Musikfest in Frankenhausen. Im »Intelligenzblatt« warb er für den Besuch: »Der 13. Juni ist zum Tag der Aufführung festgesetzt. Wer noch bis zum 2. Juni subscribirt, erhält das Billet für 12 Groschen, der nachherige Preiß ist 16 Groschen.« Die Werbung war nicht vergeblich, denn 3000 Zuhörer kamen in die Unterkirche. Auch heute wird die Tradition der Kirchenmusikfeste in Frankenhausen gepflegt.

Quellwasser
Kostbares Naß mit Heilwirkung wird seit langem in den Kurorten Bad Kösen/Saale und im benachbarten Bad Sulza aus der Tiefe gefördert. Kürzlich sind erneut Solequellen erschlossen worden. Aus 625 Meter Tiefe sprudelt 23 Grad warmes Wasser mit 12 Prozent Natriumchlorid ins Badehaus von Bad Sulza. Zur Behandlung von Erkrankungen der Luftwege, bei Bronchitis und Asthma, soll die verdünnte Sole genutzt werden.

pole Frankenhausen von zukünftigem volkseigenem »Format« eine Ahnung haben konnte.
Anno 1831, so wird berichtet, etablierte sich der zugereiste Nadlergeselle August Zierfuß im Städtchen. Ein standfester Mann offenbar, der seinem Namen Ehre machte und außerdem noch Köpfchen besaß. Knöpfchen waren das Ergebnis seiner Überlegungen. Er ließ ganze Wagenladungen Muscheln von der Küste zum Kyffhäuser karren und veredelte dort den billig erworbenen Perlmutt-Schiffsballast zu Knöpfen aller Art. Siebzig Jahre nach der Gründung des Zierfuß-Unternehmens konkurrierten bereits 15 Knopffabrikanten in Frankenhausen. 350 Arbeiter werkelten unter schlechtesten

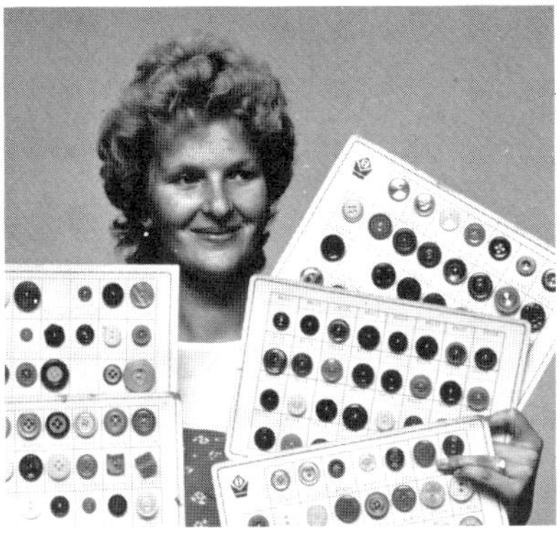

Arbeitsbedingungen täglich bis zu 14 Stunden bei einem Wochenlohn von durchschnittlich 13,65 Mark. Für das Aufnähen von 500 Knöpfen, das Frauen und Kinder in Heimarbeit besorgten, zahlten die Fabrikanten zehn Pfennige. Knopfarbeiter waren niemals reiche Leute. In den Jahren 1910/11 streikten 342 von ihnen ein halbes Jahr lang für bessere Lebensbedingungen. Der Deutsche Holzarbeiterverband, in dem die Knopfmacher organisiert waren, unterstützte die Aktion und führte sie zum Erfolg.

Millionen und Abermillionen von Knöpfen sind seitdem in Frankenhausen gedreht worden. Uniformknöpfe auch. Erst solche für die Uniformen von Kaisers Soldaten, dann für das Feldgrau der Nazis. Jetzt ist die NVA größter Kunde. Als 1945 alles in Trümmern lag, als an Perlmutt oder edle Metalle nicht zu denken war, wurden Knöpfe aus den Metallwracks abgeschossener Flugzeuge hergestellt. Heute dominiert Plast. Aus 600 Tonnen Kunststoffmaterial entstehen pro Jahr etwa 400 Millionen Knöpfe. Bad Frankenhausen ist damit unange-

fochten Knopf-Spitzenreiter der DDR. VEB Format, den neuen Firmennamen, gibt es aber erst seit 1977. Er entstand nach dem Zusammenschluß mehrerer Kleinbetriebe.

Eine Expedientin hat ihn seinerzeit zum innerbetrieblichen Namenswettbewerb eingereicht und ist für das Symbol gewachsenen Knopfmacherselbstbewußtseins prämiiert worden. Mit einer Kollektion modischer Knöpfe.

Goethe, auch als Kurpatient berühmt, hat nicht in Frankenhausen gebadet. Er bevorzugte böhmische Quellen und nahm für seine Gesundheitsreisen dorthin oft genug Unbequemlichkeiten in Kauf, denn eine Fahrt von Weimar nach Karlsbad mit der Kutsche war jedesmal zeitraubend und strapaziös.

Den Weg zum Kyffhäuser dagegen hätte der Herr Geheimrat bequem in weniger als drei Stunden zurücklegen können. Doch als Zielort für zahlungswillige Kranke und deren Begleitpersonen, die ebenfalls Zerstreuung suchten, ist Frankenhausen erst 1818 in Mode gekommen. Da hatte sich Kurgast

Weit bis zum Horizont erstrecken sich Felder und Weiden. Mittendrin liegt Bad Frankenhausen, eine kleine Kurstadt, in der auch Knöpfe hergestellt werden.

Wasserburg
In der Nähe von Weimar, an der Straße nach Jena gelegen, befindet sich der kleine Ort Kapellendorf. Sehenswert ist dort die Wasserburg. Im 12. Jahrhundert gegründet war sie lange Zeit im Besitz der Stadt Erfurt, deren Ratsherren sie ausbauen ließen, um eine Bastion zum Schutze des Handels zu schaffen. 1806, während der Schlacht bei Jena gegen die napoleonischen Truppen, residierten die Generäle des preußischen Hauptquartiers in der Burg. Daran und an viele andere historische Ereignisse in der mehr als fünfhundertjährigen Burggeschichte erinnern Schaustücke und Dokumente im Burgmuseum. Palas, Bergfried und Kemenaten sind restauriert worden und können außer montags täglich von 10 bis 17 Uhr besichtigt werden.

Goethe längst in seinem Stammquartier jenseits des Erzgebirges etabliert. Wer weiß, unter anderen Umständen wäre die nördlich der Weimarer Residenz gelegene Kleinstadt und deren Solequelle vielleicht zu Weltruhm gekommen? Ein Name der Familie Goethe ziert dennoch die erste Kurliste. Ottilie von Goethe, nicht so begütert wie der Herr Schwiegervater und zudem gerade zerstritten mit Ehemann August, erlag 1823 den Werbelockrufen der emsigen Kurortmanager und buchte für sich, für ihre Schwester und für Söhnchen »Nunne« einen preiswerten Pauschalaufenthalt in Frankenhausen. Der diensthabende Badechronist notierte damals, daß sich die prominenten Damen mit Fleiß dem Solegenuß hingaben, aber auch promenierend in Begleitung zweier preußischer Offiziere, der Kapitäne von Wackerode und von Monteton, auf der Lindenallee gesehen wurden. Mehrfach. So etwas war nicht anstößig. Im Gegenteil. »Kurschatten« gehörten dazu. Ohne sie galt der Gast von Stand wenig in der Kur-Gesellschaft. Heute, im sozialistischen Volkssolbad, denkt man darüber offenbar anders. Eine Broschüre, 1979 verfaßt von Chefarzt Dr. med. Wegewitz, belehrt jeden Anreisenden nachdrücklich: »Ein gutes Patientenmillieu dient dem Erholungsprozeß. Korrektes Auftreten, sauberes Aussehen und ordentliche Kleidung in den Freistunden und zu den Kulturveranstaltungen fördern das Zusammenleben und die Disziplin. Jeder sollte sich so verhalten, daß er vor seinem Ehepartner und seinem Arbeitskollektiv bestehen kann.«
Dr. Wilhelm August Gottlieb Manniske, Fürstlich Schwarzburg-Rudolstädtischer Rat und Stadtphysikus von Frankenhausen, der Initiator des Badebetriebes, mußte sich vor mehr als 160 Jahren offenbar weniger Gedanken um die Moral seiner Patienten machen. Ihn drückten ganz andere Sorgen. In einem Brief wandte er sich am 18. Oktober 1798 untertänigst an seinen Landesherren und bat schriftlich um die Erlaubnis, ein Krankenhaus einrichten zu dürfen. »Der tägliche Anblick der Scenen des Jammers und des Elends, der Gefährden am Krankenbett des Armen, erregte schon lange meine herzliche Teilnahme ... Die Errichtung einer Krankenanstalt erscheint mir die zweckmäßigste Hilfe ... So schüchtern ich seyn würde, irgend eine Bitte zu wagen, welche die Befürderung meines eigenen Glückes beträfe, so frey, so unbefangen bitte ich itzo vor so viele Arme, vor so viele Unglückliche. Ich schmeichle mit der gnädigsten Erfüllung meiner Bitte und bin Ew.größfürstlicher Durchlaucht
unterthänigster Wilhelm August Gottlieb Manniske Dr.«

Die Einrichtung des Krankenhauses wurde gnädigst bewilligt.
Der finanzielle Zuschuß aus der fürstlichen Kasse betrug anfangs aber nur bescheidene 119 Taler, 10 Groschen und 9 Pfennige jährlich. Ein steinerner Opferstock, den Dr. Manniske deshalb aufstellen ließ, ziert heute als Mahnmal an die schlechte alte Zeit den Vorplatz des neuen Krankenhauses von Bad Frankenhausen. Es trägt Manniskes Namen und kann, wie der Ärztliche Direktor stolz verkündet, über einen Jahresetat von 3,5 Millionen Mark verfügen.
Mit ähnlicher Zahlenakrobatik warten die Ökonomen des Volkssolbades auf: 300 Mitarbeiter, darunter 8 Ärzte, 44 Pädagogen und 44 Fachschwestern betreuen pro Jahr 5195 Erwachsene und 1776 Kinder. Zu Beginn des 19. Jahrhunderts, als sich Ottilie von Goethe bemühte,

Herz und Nerven durch Frankenhausener Solbäder zu regenerieren, nahmen jährlich 505 Gäste 5739 Bäder. Sie begossen sich mit dem Wasser aus der gleichen Quelle, die bis heute Leidensgefährten erquickt. Der Born sei unerschöpflich, meinen die Fachleute. 1977 wurde nahe der »Schüttschachtquelle« ein 55 Meter tiefer neuer Brunnen gebohrt, der stündlich 10,2 Kubikmeter Wasser (16 Grad, 10% Solegehalt) fördert. Die alte Elisabethquelle (2,3% Solegehalt und hoher Anteil von Kalzium, Magnesium und Hydrogenkarbonat), sie tritt direkt aus dem Berg und sprudelt noch kräftiger: 1700 Kubikmeter stündlich können zur Sommerzeit direkt ins 1938 eröffnete Thermalfreibad geleitet werden.
Was der Begründer des Kurbetriebes, Dr. Manniske, im vergangenen Jahrhundert über die Heilkraft des Wassers von Frankenhausen schrieb, gilt unverändert: »Das sanfte Eingreifen unserer Quelle, der gelinde Reiz auf Nerven und Venen der Haut, das milde Durchströmen der lymphatischen Gefäße, die allmähliche Stärkung der Muskelkraft und des Zellgewebes sind ihre schätzbaren Eigentümlichkeiten. Unser Solebaden erregt nicht nur Durst, sondern auch die Eßlust. Drei- bis vierwöchiges Baden ist wenigstens zu einer Kur erforderlich. Nur selten erfolgt die gesuchte Hilfe in kürzerer Zeit. In hartnäckigen Fällen, besonders bei Skrofulose, Gicht und rheumatischen Krankheiten sind 40 und mehr Bäder zur vollkommenen Heilung erforderlich.«
Der Kurbetrieb von Frankenhausen (den amtlichen Zusatz »Bad« bekam die Stadt erst am 9. April 1927 auf Antrag der örtlichen Verwaltung vom Ministerium des Landes Thüringen verliehen) konnte allerdings zu keiner Zeit mit dem eines der großen deutschen und ausländischen Badeorte konkurrieren.
Frankenhausen lag abseits der wichtigen Verkehrswege und zur Befriedigung höherer kultureller Ansprüche der Kurgäste reichten die finanziellen Mittel nicht. Trotzdem war stets für Kurzweil gesorgt. Während der Sommermonate gastierten regelmäßig zahlreiche Künstler. Vier bis fünf Theaterstücke wöchentlich wurden aufgeführt. Davon können die Kulturverantwortlichen des Volkssolbades heute nur träumen. Welcher Mime unserer Tage verirrt sich in ein Städtchen wie Bad Frankenhausen? Auch die Gastronomie, einst mit dem »Gasthaus zum Mohren« und dem Hotel »Bellevue« auf gehobenem Niveau repräsentiert, hat beträchtlichen Nachholbedarf. Motorisierte Urlauber sollten ihre Nahrungswünsche deshalb nicht unbedingt in Bad Frankenhausen zu befriedigen versuchen. Fahren Sie weiter! Fahren Sie über den Berg, vorbei am gastronomisch ebenfalls nicht erschlossenen Rathsfeld, wo von Juli bis Ende August etwa 2000 Junge Pioniere im »Zentralen Pionierlager Thomas Müntzer« disziplinierte Ferientage verbringen, hinunter nach Kelbra. Oder besser, nach Tilleda. Dort, im Gasthaus zur »Goldenen Gabel«, wird man Sie zuvorkommend beköstigen.
Das alte Speiselokal trug bereits vor mehr als 200 Jahren den gleichen Namen und 1776, so meldet eine Gedenktafel an der frisch geputzten Fassade, ließen sich dort keine Geringeren als die jungen Herren Goethe und Carl August, unternehmungslustiger Herzog von Weimar, bewirten. Am 30. Mai 1776, abends gegen halb acht Uhr, trafen zehn Personen zu Pferde und ein Läufer in Tilleda ein. Der Gastwirt der »Goldenen Gabel« war

Galerie
Eine Lyonel-Feininger-Galerie mit Lithographien, Zeichnungen, Holzschnitten, Radierungen, Aquarellen und Ölgemälden des Künstlers ist in Quedlinburg eingerichtet worden. Feininger selbst war nie in der Stadt am Harzrand. Er lehrte von 1919 bis 1932 am Bauhaus in Weimar und Dessau. Ein Freund des Künstlers, der heute hochbetagte Quedlinburger Architekt Hermann Klump, rettete viele Feininger-Werke vor dem Zugriff der Nazis. Klump ist Initiator der Quedlinburger Galerie.

Nah ist das Wasser, es lockt Badelustige und Segler gleichermaßen. Der künstlich angelegte See bei Kelbra ist zum beliebten Sommer-Erholungsziel für die Bewohner des Chemiebezirks Halle geworden.

bereits am Nachmittag vom erlauchten Besuch unterrichtet worden, der jedoch inkognito bleiben sollte. Er richtete alles aufs beste, bereitete eine ausgiebige Abendmahlzeit und ließ auf Wunsch der Herren für den anderen Morgen, drei Uhr, einen ortskundigen Mann bestellen. Johann Gottfried Feucht sollte den Herzog, Herrn Goethe und deren Kammerdiener hinauf auf den »Kiphäuser« führen. Später gab Wanderleiter Feucht folgendes zu Protokoll: »Er habe ... sie allerwegen herumgeführet, und wo was zu sehen, es ihnen gezeiget, so gut er es wisse, und dieselben hätten sich überall da umgesehen, wie denn auch der Herzog selbst in verschiedene Gewölbe mit gegangen, dabey hätten sie sich auch oben in dem sogenannten Kirchhofe vorn vor der Mauer hingesetzt, der Herzog und Goethe, dieser hätte mit Blei in ein Buch gezeichnet, und soviel er, Referent, bemerkt habe, alles in Riß gebracht, sie wären solange sitzen geblieben, daß die 2 Cavalliers sie erst noch ans Weiterfortgehen erinnert hätten. Es habe Ihre Durchlaucht alles wohl gefallen, sie hätte die alte runde Bauart der Mauern gelobt und gesaget: ›Es sey schade, daß das Schloß so weit eingegangen sey.‹ «
Zurückgeritten sind die Herren, nachdem sie sich in der »Goldenen Gabel« nochmals an »einer wohl zubereiteten Biersuppe und darauf etwas Schinken und Wein« gestärkt hatten, Richtung Ichstedt. Die westlich von Tilleda gelegene Barbarossahöhle war damals noch nicht entdeckt worden, auch den Stausee bei Kelbra, heute ein beliebtes Erholungsgebiet und Segelrevier inmitten der Goldenen Aue, gab es noch nicht. Goethe und sein herzoglicher Freund, allerlei Allotria in jungen Jahren nicht abgeneigt, wären dort sicherlich nach dem beschwerlichen Kyffhäuseraufstieg in die kühlen Fluten gestiegen. Am viel frequentierten Nackstrand natürlich. Denn wo anders hätten die hohen Herren ihr Inkognito besser wahren können?

Sehenswertes, Kurioses, Einmaliges

Der größte Bahnhof, das merkwürdigste Rathaus, das bestaunenswerteste Naturwunder, die seltsamste Uhr – wer sich genau umsieht zwischen Fichtelberg und Kap Arkona, zwischen Elbe und Oder, wird vieles Einmalige entdecken und manches, das einen Superlativ verdient. Für Reisende, die nicht nur auf ausgetretenen Touristenpfaden Neues kennenlernen möchten, kann die folgende Auswahl von Sehenswürdigkeiten sicher eine Hilfe für die eigene Reiseplanung sein.

Oederau, kleines Erzgebirge

Sanatoriumsschloß
Rheinsberg, ein beliebtes Ausflugsziel nördlich von Berlin, hat durch Theodor Fontane und später durch Kurt Tucholsky literarischen Ruhm erlangt. Das Schloß, von beiden Schriftstellern beschrieben, ist nach Plänen des berühmten Architekten Knobelsdorff (1699–1753) umgebaut worden. Auch die bis heute erhaltene Gartengestaltung trägt die Handschrift des Meisters. Friedrich der Große schenkte das Anwesen 1744 seinem Bruder Heinrich. Diese historisch verbürgte Tatsache wird jetzt möglicherweise dazu beitragen, das Schloß der Öffentlichkeit zugänglich zu machen. Zur Zeit darf es nur von den Patienten des darin untergebrachten Diätsanatoriums besichtigt werden. Doch die DDR-Geschichtsschreibung reklamiert jetzt den »Alten Fritz« für sich. Das läßt auch auf eine museale Nutzung von Schloß Rheinsberg hoffen.

Vielbestaunte »Nackte Jungfern«

Millionen blauer Krokusse blühen von Mitte März bis Mitte April auf einer Fläche von rund 70 000 Quadratmetern im kleinen Erzgebirgsdorf Drebach. Die vom Volksmund »Nackte Jungfern« genannten wildwachsenden Frühlingsboten schmücken den kargen Wiesenboden, noch bevor das Gras einige Zentimeter gewachsen ist. Das vielbestaunte botanische Phänomen von Drebach gibt es seit rund dreihundert Jahren. Als der um 1670 dort amtierende Pfarrer David Rebentrost – der Überlieferung nach – dem lahmenden Gaul seines Landesfürsten Georg II. geholfen hat, sollen ihm drei Wünsche freigestellt worden sein. Der bescheidene Rebentrost, der sich auch naturwissenschaftlich betätigt hatte, erbat aus dem Dresdner Palastgarten drei seltene Pflanzen: die Eibe, die Doldige Vogelmilch und den Krokus. Alle diese botanischen Raritäten sind im Drebachtal schnell heimisch geworden, vor allem dieser Krokus, dem nach langen Untersuchungen bedeutender Wissenschaftler sogar eine eigene botanische Bezeichnung zuteil wurde: Crocus vernus Wulf. forma drebachensis. Heute stehen die Krokuswiesen von Drebach unter Naturschutz. Ehrenamtlich tätige Heimatfreunde sorgen für die Erhaltung und Pflege der blaßblauen Blüten.

Für einen Groschen in die Höhe

Nein, das Vehikel ist weder Schwebebahn noch Seilbahn. Es ist eine Schwebeseilbahn! Präzise können den feinen Unterschied Techniker erklären, die das Konstruktionsprinzip des um das Jahr 1900 von Ingenieur Eugen Langen erfunde-

nen bergtüchtigen Verkehrsmittels voll erfaßt haben. Für den staunenden Fahrgast stellt sich das mehr als eine Art fliegender Omnibus dar, der am Peron zunächst noch auf Schienen gleitet, sich aber schon nach etwa zwanzig Metern wie von selbst in die Luft erhebt. Ehrfurchtsvoll blickt der Passagier durchs Fenster in die Tiefe hinab. Die Bahnkabine klammert mit einem Greifarm eisern an einer Gleitschiene, die ihrerseits auf einem stählernen Traggerüst ruht. Ein 410 Meter langes und 38,8 Millimeter dickes, vielfach gesichertes Stahlseil, das mittels einer Treibscheibe-Fördermaschine unentwegt auf- und abgespult wird, verhindert, daß der fliegende Omnibus einen Abgang macht.

Die Dresdner Verkehrsbetriebe warten, pflegen und subventionieren die Schwebeseilbahn, die 1901 eingeweiht worden ist und damit weltweit die erste ihrer Art war.

Vom Körnerplatz am Elbufer gleitet die kuriose Bahn in drei Minuten hinauf nach Loschwitz und überwindet dabei einen Höhenunterschied von 84 Metern. Fahrgäste werden von sechs Uhr früh bis kurz vor Mitternacht befördert. Die Gondelfahrt lohnt sich der Aussicht wegen, und ist dazu noch preiswert: nur einen Groschen kostet das Vergnügen, in diesem technischen Denkmal zu reisen.

Eine Kuh spuckt Wasser

Der Schweriner Schlachtermarkt, unmittelbar hinter dem Rathaus gelegen, ist ein historisch interessanter Platz und durch die alten Häuser ringsum auch ein architektonisch reizvoller Mittelpunkt. Seit 1979 wird er zusätzlich von einem originellen Brunnen geschmückt, den der Berliner Bildhauer Stephan Horota geschaffen hat. Der Künstler wählte das bekannte mecklenburgische Lied vom »Herrn Pastor siene Kau“ zum Thema seiner Arbeit. Das Brunnenbecken (Außendurchmesser 5,05 Meter) aus zweifarbigem Klinker wird von einem bronzenen Reliefring umge-

Raubgrafenkasten
Quedlinburg – die Stadt der Fachwerkhäuser. Das Rathaus ist jedoch aus Stein erbaut. Urkundlich wurde es erstmals im Jahre 1310 erwähnt. Der repräsentative frühgotische Amtssitz des Bürgermeisters hat sich äußerlich seitdem kaum verändert. Bauliche Zutaten späterer Jahrhunderte sind das steile Satteldach und das reichgeschmückte Portal mit zwei Sitznischen (1616). Ein Erweiterungsbau an der dem Marktplatz abgewandten Seite ist 1901 eingeweiht worden. Aus der gleichen Zeit stammen auch sechs Monumentalgemälde von Professor Otto Marcus, die die Wände des Festsaales schmücken. Der Maler verewigte wichtige Ereignisse der Stadtgeschichte, so auch die Einbringung des gefangenen Raubgrafen Albrecht II. von Regenstein im Jahre 1337. Jener Bösewicht soll damals in einem eilig zusammengezimmerten Holzkäfig (2,75 m lang, 2,35 m hoch und 2 m breit) im Rathaus gefangengehalten worden sein. Bis 1955 stand dieser »Raubgrafenkasten« auf dem Dachboden und anschließend vor dem Rathaus. Jetzt ist er im Quedlinburger Schloßmuseum zu bewundern.

Rathausuhr Jena (Foto rechts)

ben. Viele der darauf plastisch dargestellten Figuren speien Wasser in Richtung auf die Betrachter. Der 3,40 Meter hohe Brunnen wird gekrönt von »Herrn Pastor siene Kau«, einem Vierbeiner aus Bronze.

Zug um Zug

Wohl keiner der 15 338 fremden Kaufleute, die laut Chronistenbericht zur Ostermesse 1837 nach Leipzig gekommen waren, blieb unbeeindruckt von jener Messeneuheit, die mit Pomp und Getöse am 24. April, Punkt 9 Uhr, ihre öffentliche Premiere hatte. Das erste Teilstück einer deutschen Fernreisestrecke (Leipzig–Dresden) wurde in Betrieb genommen. Als sich die auf Hochglanz polierte Dampflokomotive »Blitz« mit sechs angehängten Wagen in Bewegung setzte, begann ein neues Zeitalter der Verkehrsgeschichte.
Für die Messestadt Leipzig war die Eisenbahn von besonderer wirtschaftlicher Bedeutung. Das hatten Kaufleute und Ratsherren schnell erkannt. Entsprechend großzügig wurden alle Bauvorhaben gefördert. Die Anlage des »Dresdner« Bahnhofs war 1840 fertiggestellt worden. Sie bestand aus einem Hallengebäude mit 1380 m^2 Grundfläche, zwei Güterschuppen, einer Wagenbauanstalt, einem Maschinenhaus, einer Schmiede, einem Pferdestall (!), 1360 m Gleisanlagen, 20 Weichen, 11 Drehscheiben und einer Schiebebühne. Kostenpunkt: 100 000 Taler. Diesem ersten Leipziger Bahnhof folgten weitere:
1840 der »Magdeburger« Bahnhof,
1842 der »Bayerische« Bahnhof,
1856 der »Thüringer« Bahnhof,
1859 der »Berliner« Bahnhof und schließlich 1874 der »Eilenburger« Bahnhof.

Die vielen kleinen Bahnhöfe genügten jedoch den Anforderungen bald nicht mehr. Im Jahr 1902 beschlossen deshalb die Eisenbahnverwaltungen von Sachsen und Preußen, in Leipzig einen zentralen Hauptbahnhof zu errichten. Der Grundstein für die Empfangsgebäude wurde am 19. November 1909 gelegt. Sechs Jahre später, im Oktober 1915, fand die Einweihungsfeier für die gesamte Bahnhofsanlage statt. Als Ausdruck bornierter Kompetenzstreitigkeiten blieb aber jahrzehntelang das Kuriosum der doppelten Verwaltung. Die Westseite der symmetrisch gegliederten Bahnhofsgebäude (Eingangshalle, Warteräume Fahrkartenschalter in zweifacher Ausführung) war preußisch, die Ostseite unterstand der Königlich Sächsischen Eisenbahn. Bahnsteig 13 bildete die Grenze.
Heute ist Leipzigs Hauptbahnhof mit seiner 240 m langen Bahnsteighalle der größte Bahnhof der DDR. Für den internationalen Reiseverkehr hat er aber kaum noch Bedeutung.

Der »Schnapphans« von Jena

In den Jahren 1653 bis 1699, als der Mathematiker, Astronom und Philosoph Erhard Weigel, ein Universalgenie seiner Zeit, an der Universität Jena lehrte, wird der folgende lateinische Spruch entstanden sein: Ara, caput, draco, mons, pons, vulpecula turris, weigeliana domus: septem miracula Jenae.
Von den damaligen »sieben Wundern« Jenas gibt es »Weigeliana domus«, das Wohnhaus des gelehrten Professors nicht mehr. Es ist bereits 1898 abgerissen worden. Doch »draco«, der siebenköpfige Drachen, ein um 1600 entstandenes Monstrum aus Knochen, Gips und Draht, kann heute noch im Stadt-

Rathaus von Stolberg/Harz

Feierabendpfeifer
Der Wächter-Kopf auf Görlitz' Rathausuhr registriert die verronnene Zeit. Minute für Minute klappt seine überdimensionale hölzerne Kinnlade herunter. Früher rollten gleichzeitig mit dem Pendelschwung auch noch die Augen des Behelmten. Meister Bartholomäus Scultetus hat das Kunstwerk 1584 geschaffen. Auf den zwei übereinander angebrachten Zifferblättern lassen sich oben auch die Mondphasen ablesen. Ein Löwe verkündet von allerhöch-

museum besichtigt werden. In der Stadtkirche St. Michael findet man »ara«, den Altar, unter dem eine Durchfahrt ist. Ein wundervoller Berg ist »mons«: der Jenzig, »pons« ist die Camsdorfer Brücke und »vulpecula turris« der Fuchsturm auf der Höhe über Ziegenhain. Auch »caput«, den Kopf, gibt es noch immer. Er gehört zu den historischen Wahrzeichen der Stadt und schmückt wie einst die spätgotische Uhr, die sich seit 1755 am damals neuerrichteten Rathausturm befindet. Schon Martin Luther erwähnte 1530 in seinen Predigten »Hans von Jene«, um dümmliches Maulaufsperren und Gaffen volkstümlich darzustellen. Der »Schnapphans«, wie die Jenaer sagen, symbolisiert jedoch trotz seiner Narrenkappe nicht schlechthin einen Narren. Sein überlebensgroßer Kopf trägt die Züge eines alternden Mannes, dem das Leben tiefe Spuren ins Gesicht gegraben hat. Wenn der seitlich stehende Pilger dem Narren zum Stundenschlag eine Kugel entgegenstreckt, öffnet »Hans von Jene« den zahnlosen Mund und ein krächzender Klagelaut ertönt. Dazu läutet der Engel über dem barocken Zifferblatt der Uhr viertelstündlich ein Glöckchen, ständige Mahnung an die Vergänglichkeit und an die Unvollkommenheit des Menschen.

Ein Rathaus ohne Treppen

Als das Rathaus von Stolberg/Harz im Jahre 1482 errichtet wurde, ursprünglich ein Warenlager für Kaufleute, sparte der Baumeister

Treppen im Inneren des Gebäudes ein und gewann dadurch viel Platz für die Räume auf den drei Etagen. Noch heute ist der Zugang zu den oberen Stockwerken nur von der außerhalb vorbeiführenden Kirchentreppe aus möglich. Das alte Fachwerkgebäude weist noch eine Besonderheit auf. Es hat so viele Fenster, so viele Wochen das Jahr zählt und diese Fenster haben so viele Fensterscheiben, wie es Tage im Jahr gibt. Ganz genau stimmen die Zahlen jedoch nicht mehr, weil kleinere Umbauten an der Fassade vorgenommen worden sind.

Der unerklärbare »Kahlbutz«

Nordwestlich von Berlin ist das kleine Dorf Kampehl ein touristischer Wallfahrtsort geworden. Doch es ist nicht die sehenswerte 750 Jahre alte Wehrkirche, die Neugierige und Bildungsbeflissene lockt, sondern vielmehr ein Leichnam, der in einem Anbau des Gotteshauses gegen geringe Eintrittsgebühr bestaunt werden kann. Der Tote ist namentlich bekannt: Christian Friedrich von Kahlbutz, 1651 geboren, 1702 gestorben. Sein Leichnam ist nicht verwest, sondern mumifiziert erhalten geblieben. Die Wissenschaftler stehen vor einem Rätsel, während die Historiker aus alten Chroniken eine Legende bereithalten. Danach soll im Sommer des Jahres 1699 eine junge Braut, Maria Leppin, dem Ritter das altfeudale »Recht der ersten Nacht« verweigert haben. Ihren Bräutigam, einen Schäfer, fand man kurze Zeit später nahe des Schlosses erschlagen. Der Ritter wurde des Mordes angeklagt und mußte den »Reinigungseid« ablegen. Er schwor, daß er unschuldig sei und fügte hinzu: »Wenn ich der Mörder bin, so wird mein Körper niemals verwesen.« Das Gericht sprach den hohen Herrn frei. Als er starb, beerdigte man ihn neben anderen Vorfahren in der Kirche von Kampehl. 1794 wurden alle Särge in der Gruft geöffnet. Keiner der Toten war mehr zu erkennen, außer einem, dem Ritter von Kahlbutz. Während seine Ahnen zu Staub zerfallen waren, hatte jener keinerlei Schaden an Körper und Kleidung genommen. 1895 sezierte der berühmte Berliner Arzt Rudolf von Virchow das biologische Wunder. Weder er noch der Gerichtsmediziner Professor Strauch konnten jedoch zweifelsfrei klären, weshalb Ritter Kahlbutz im Sarg die Zeiten überdauert hat. So ranken sich auch heute noch Legenden um das schaurige Schauobjekt. Der tote Ritter avancierte zur Sehenswürdigkeit, die den Fremdenverkehr im kleinen Dorf Kampehl kräftig belebt.

Hexenspuk und Riesensprünge

Wo ist der Ostharz am schönsten? Keine Frage, natürlich im Bodetal! Die landschaftlich reizvolle Gegend bei Thale bietet Fremden viel zum Staunen: zerklüftete Berge, die zweihundert Meter steil aufragen, drunten im Tal ein tosendes Flüßchen, die älteste deutsche Naturbühne, das »Harzer Bergtheater«, Hexenspuk und viele sagenhafte Geschichten. Auf dem 451 Meter hohen Plateau über der Stadt, dorthin gelangen Lauffaule bequem mit einer Kabinenseilbahn, sollen sich zur Walpurgisnacht die Hexen ein Stelldichein geben. Der Ort heißt entsprechend: Hexentanzplatz. Doch wer glaubt heute noch an derartigen Spuk? Wer erbringt den Beweis, daß die Hexen des Harzes dort tatsächlich um Mitternacht tanzen? Für eine andere Geschichte, sie muß sich

ster Warte aus einem Spitzbogenfenster pfeifend die Arbeitszeiten des Rates, früh, zur Mittagspause und zum Feierabend.
Auch in Plauen krönt der König der Tiere die Rathausuhr. Zwei stattliche Löwen erheben ihre Pranken über dem Zifferblatt. Rechts und links davon bewegen zwei menschliche Gestalten zur vollen Stunde den Arm mit einem Zepter bzw. den Mund, ein Mitzählen der Uhrzeit andeutend. Das gut erhaltene Produkt spätmittelalterlicher Handwerkskunst stammt aus dem Jahre 1550 und wurde von Georg Puhkaw aus Hof seinerzeit für 40 Gulden an den Rat der Stadt geliefert.

Hammerwerk
Der 1482 urkundlich erwähnte Tobias-Hammer bei Ohrdruf gehört zu den ältesten Produktionsstätten Thüringens. Bis 1977 ist dort Metall bearbeitet worden. Hauptenergiequelle dafür war die Wasserkraft. 500 Jahre nach seiner Inbetriebnahme ist der Tobias-Hammer zum Technischen Museum umgestaltet worden. Alles ist detailgetreu rekonstruiert. Wenn das große Wasserrad mit seinen 32 Schaufeln in Bewegung gesetzt wird und sich die 3000 kg schwere Wasserradwelle dreht, saust das Hammergespann (Breithammer 91 kg, Flachhammer 86 kg)

wie einst auf glühendes Metall nieder. Produziert wird jedoch nichts mehr. Wasch-, Koch- und Paukenkessel aus Kupfer sind nur noch als museale Schaustücke zu besichtigen.

vor Urzeiten zugetragen haben, fehlen gleichfalls die Zeugen. Doch es gibt den Abdruck eines Pferdehufes: die Roßtrappe. Jeder kann das Mal im Fels bewundern und die sagenhafte Geschichte in jedem Reiseführer nachlesen. Einst floh die Riesen-Königstochter Brunhilde vor einem ungeliebten Mann, dem Riesen Bodo. Die Schöne trabte auf einer weißen Stute, kam zum Hexentanzplatz, gab ihrem Roß die Sporen und setzte über das 500 Meter breite Tal. Auf der anderen Seite kam sie auch wohlbehalten an, den geglückten Aufschlag ihres Vierbeiners markiert eben

Miniatur-Erzgebirge in Oederan

jene »Roßtrappe« im Gestein. Beim gewagten Fluchtversuch verlor Brunhilde jedoch ihr goldenes Krönchen. Es fiel hinab in den Fluß, der damals noch namenlos war. Verfolger Bodo, der böse Ritter, fiel samt Pferd hinterher. Seitdem heißt der Fluß »Bode« und ganz tief unten auf dem Wassergrund hockt der Abgestürzte, verwandelt in einen großen Hund, fletscht die Zähne und bewacht Brunhildes Kopfschmuck.
Bei Mägdesprung im Harz hat sich einst ähnliches zugetragen. Dort erzählten sich zwei geschwätzige Riesendamen von Berg zu Berg Neuigkeiten. Ein Bauer kam mit Pferd und Wagen des Wegs, lachte beim Anblick der beiden herzhaft und meinte, viel Mut hätten sie wohl nicht, sonst würde die eine zur anderen hinüberspringen, um sich besser unterhalten zu können. Das ergrimmte die eine Riesin. Sie packte den menschlichen Wicht und sprang mit ihm vom Ramberg übers Selketal. Dort, wo sie mit ihren Riesenfüßen landete, sind noch heute zwei »Mägdetrappen« zu bewundern.

Erzgebirge im Kleinformat

In Oederan, einer zwischen Karl-Marx-Stadt und Freiberg gelegenen Kleinstadt, ist das gesamte Erzgebirge zu bewundern. Alle bedeutenden Bauten der Gegend, Schlösser, Mühlen, Rathäuser und Kirchen, sind dort in einem Parkgelände als maßstabgerechte Nachbildungen im Kleinformat errichtet worden. Erzgebirgische Heimatfreunde, denen man eine besondere Liebe zu ihrem Landstrich nachsagt, haben das sehenswerte Liliput 1957 fertiggestellt. Auf einer Wiese sind damals mehr als 4000 Kubikmeter Geröll plaziert worden, aus dem schließlich in mühevoller Arbeit Berge und Täler entstanden. Darauf errichteten die begabten Laienbaumeister ihre zahlreichen Attraktionen: die Augustusburg, den Frohnauer Hammer, die alte Tischlerei von Cämmerswalde, die Seilbahn von Erdmannsdorf, die Greifensteine mit der Höhle des erzgebirgischen Nationalhelden Stülpner und viele andere landschaftstypische Bauten. Wer durch den Park wandert, bekommt Lust auf einen größeren Ausflug. Das »echte« Erzgebirge beginnt gleich hinter dem Städtchen.

Auf grünem Pfad im Dauerlauf

Mal ist er nur ein schmaler Pfad, der durch dichten Wald steil bergan führt, mal kann er von Autos befahren werden. Der Rennsteig verläuft über die Höhen des Thüringer Waldes und galt in früheren Zeiten als Grenzlinie zwischen verschiedenen Fürstentümern. Heute ist der Rennsteig, an jeder Wegegabelung mit einem großen »R« markiert, mehr als nur eine Verbindung zwischen den Bergdörfern und kleinen Städten. Naturfreunde und Marathonläufer haben von ihm Besitz ergriffen. Viele wandern gemächlich, aber zielstrebig, um die 130-Kilometer Rennsteig-Distanz zu bewältigen, andere hasten in rekordverdächtigem Tempo durch die Wälder. Wer vom Rennsteig abweicht, wird rechts und links des grünen Pfades vieles Sehenswerte entdecken können: Dörfer mit seltsamen Namen, Hinternah oder der Floh zum Beispiel, Glasbläser, die noch wie anno dazumal arbeiten, ein uraltes Hammerwerk in Ohrdruf oder moderne Industriekomplexe in Suhl und Ilmenau.

004
5717

Tausende drängen sich auf einer Waldwiese bei Neuhaus, bevor der Start zum Rennsteiglauf erfolgt. Stundenlang hetzen die Amateurläufer über Berg und Tal. Am Ziel in Schmiedefeld schmerzen die Füße.

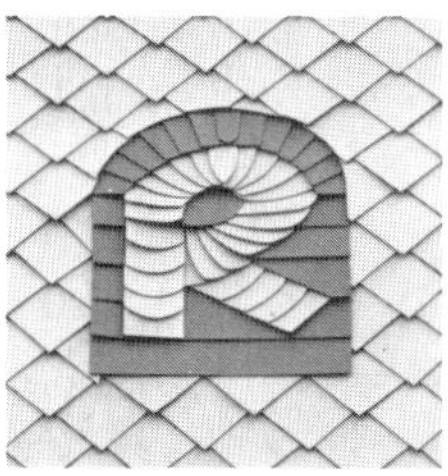

An Baumstämmen oder an Schindeldächern – das weithin sichtbare »R« weist Rennsteigwanderern die Richtung des grünen Pfads.

Es ist kühl. Nebelschwaden kriechen durch den Wald. In der Morgendämmerung dieses Frühlingstages sind die vom Tau glänzenden Stämme der Bäume nur schemenhaft auf kurze Entfernung zu erkennen. Durch den Wald huschen, Kobolden gleich, bunt kostümierte Gestalten. Lange bevor die Sonne aufgeht, waren die ersten Frühaufsteher am Gasthaus »Hohe Sonne«, wenige Kilometer von Eisenach entfernt, eingetroffen. Jäger sind es nicht, sondern Sportler, die einer Trophäe nachjagen wollen. Punkt sechs werden sie mit einem Böllerschuß auf den Weg geschickt. Der Weg ist steinig, führt steil bergan und trägt einen Namen, der zum sportlichen Anlaß wie geschaffen scheint: Rennweg. Doch an ausdauernde Amateure dachten die Namensgeber vor Jahrhunderten mit Sicherheit nicht. Der Höhenweg des Thüringer Waldes, einst »Rynnstieg« genannt, war »Rynne«, Grenze, zwischen vielen kleinen Fürstentümern. Eine grüne Grenze freilich, über die jeder nach Belieben wechseln konnte. Läge der »Rennsteig« etwas weiter westlich, wäre er heute der ideale Bauplatz für Mauern und Metallgitterzäune. Die Grenzbefestigungen der deutschen Sozialisten befinden sich ganz in der Nähe, den Rennsteig haben sie aber noch nicht für sich reklamiert. Nur ganz im Osten, bei Blankenstein an der Saale, ist er zum Sperrgebiet erklärt worden. Von dort schlängelt er sich über Berge und Hochflächen, durch Täler und Schluchten, 168 Kilometer auf schmalem grünen Pfad, breitem Forstweg oder asphaltierter Autostraße bis zum Dorf Hörschel bei Eisenach. Die 168 Kilometer Rennsteig sind durch einheitliche Holzschilder mit einem roten »R« gekennzeichnet. Manchmal ist das »R« an Bäume gemalt worden, manchmal tragen Steine das charakteristische Zeichen. Verirren kann sich also niemand. Die sportlich ambitionierten Damen und Herren, die sich an der »Hohen Sonne« in Trab gesetzt haben, müssen überdies in bestimmten Abständen an Kontrollstellen Quittungsstempel einholen. Sie jagen dem 70 Kilometer entfernten Zielort Schmiedefeld entgegen und würdigen die Landschaft rechts und links des Rennsteigs kaum eines Blickes. Immer den »R«-Markierungen folgend vergießen sie Schweiß und holen sich Blasen an den Füßen. Während die eine Gruppe der Rennsteig-Renner vom westlichen Anfang des Höhenweges zum Ziel in der Mitte hastet, versammeln sich am anderen Ende, in Neuhaus, die Aktiven zur Lauf-Tour über 45 Kilometer Richtung Schmiedefeld. Insgesamt rund zehntausend Amateurläufer beteiligen sich jetzt am jährlich einmal stattfindenden »GuthsMuths-Rennsteiglauf«.

Johann Friedrich Christoph GuthsMuths, der Sportpädagoge und Philantrop, lehrte im 18. Jahrhundert auf der Nordseite des Rennsteigs, in Schnepfenthal. Er, der Förderer des Volkssports, wäre sicherlich begeistert, daß dafür heute mit seinem Namen geworben wird.

Begonnen hat das Ganze weniger massenhaft im Jahre 1973. Damals hatten sich sechs Studenten aus Jena auf den Renn-Weg gemacht, eigentlich ohne sportlichen Ehrgeiz um Sieg und Rekordzeiten. Sie wollten die Natur erleben und sich selbst fordern. Spaziergänger waren sie nicht, aber hundert Kilometer an einem Tag zu bewältigen, danach stand ihnen auch nicht der Sinn. Doch weil Übernachtungsmöglichkeiten fehlten, liefen sie unverdrossen die ganze Strecke. Vergnatzt, aber noch einigermaßen bewegungsfähig erreichten sie das selbst gesteckte Ziel. Im folgenden

Die Wartburg, einst als Symbol der deutschen Einheit apostrophiert, gehört zu den meistbesuchten Sehenswürdigkeiten der DDR. Im spartanisch eingerichteten Erkerzimmer lebte Martin Luther als »Junker Jörg« und übersetzte das Neue Testament ins Deutsche.

Andrang

Das größte Urlaubszentrum am Rennsteig hat sich im 3000 Einwohner zählenden Kurort Oberhof entwickelt. Mehrere große Ferienheime sind dort seit 1970 gebaut worden. 120 000 Gäste werden jährlich vom »Feriendienst der Gewerkschaften« betreut. Außerdem bevölkern rund eine Million Tagesausflügler pro Jahr die Gegend um Oberhof. Sprungschanze und Rennschlittenbahn sind im Winter Ziel vieler Sportenthusiasten.

Jahr dachte bereits niemand mehr ans sowieso aussichtslose Übernachten. Zu den sechs Erstläufern gesellten sich weitere sechs Neugierige. Alle zwölf überstanden die Strapazen und beschlossen, fortan jährlich auf der bergigen Strecke ihre Kräfte zu messen. Diese Idee paßte gut ins Konzept der staatlichen Sportfunktionäre, die sich fortan um Organisation und Popularisierung der »größten Massensportveranstaltung der DDR« kümmerten. Die Teilnehmerzahlen wuchsen von Jahr zu Jahr. Heute muß man sich rechtzeitig anmelden, um mitlaufen zu können. Das Rennsteigrennen gilt als attraktivste Laufveranstaltung im ganzen Lande.

Natürlich muß man nicht nur rennen auf dem Rennsteig. Inzwischen werden (stets ausgebuchte) Grup-

penwanderungen organisiert, die in Tagesetappen von etwa zwanzig Kilometern zum Ziel führen. Übernachten können die Teilnehmer in neu errichteten Wanderhütten oder in Ferienheimen. Auch auf dem Rücken stämmiger Haflinger Pferde kann die Tour über den Gebirgskamm absolviert werden. Viele würden sich gern dieses Urlaubsvergnügen gönnen, doch es gibt lange Anmeldefristen und wegen der wenigen Unterkünfte nur wenige Zusagen pro Jahr. Trotzdem schnüren viele Wanderlustige den Rucksack und erkunden auf eigene Faust in Etappen die reizvolle Gegend. Daß sie dabei oft und gern vom grünen »R«-Pfad abweichen, vom Höhenweg hinabsteigen in die beschaulich daliegenden Dörfer und Kleinstädte, erhöht den Reiz der Tour. Vieles ist dort sehenswert. In Möhra zum Beispiel, einem kleinen Dorf unweit des Rennsteiges, lebten Martin Luthers Vorfahren. Auf der Wartburg fand der Reformator 1521 Schutz vor seinen Häschern und übersetzte in nicht einmal drei Monaten das Neue Testament aus dem Lateinischen in verständliches Deutsch.
Seinen höchsten Punkt erreicht der Rennsteig auf dem Inselsberg (916 m), der mit Gasthaus, Jugendherberge und Wetterstation dicht bebaut ist. Für bequeme Autofahrer führt eine Straße auf den Gipfel. Ein Schilderbaum mit zwei Dutzend Namen weist noch immer die heute unzulänglichen Ziele im Westen aus, die vom Inselsberg bei guter Sicht deutlich zu erkennen sind: die Wasserkuppe der Rhön, Hersfeld, Hünfeld und Fulda.
Auch durch Oberhof führt der Rennsteig. Der Höhenluft-Kurort hat sich durch zahlreiche Neubauten sehr verändert. Aus einem beschaulichen Ort ist ein Tourismuszentrum geworden, in dem zu allen Jahreszeiten Massenbetrieb herrscht. 1905 gründete der Oberhofer Arzt Dr. Weidhaas den Thüringer Wintersportverband. Die ersten Skiläufer mit nach norwegischem Muster gebauten Brettern an den Füßen zogen bereits 1892 über den verschneiten Rennsteig.
1907 absolvierten ein Fotograf und ein Kunstmaler aus Oberhof die Rennsteigstrecke von West nach Ost als Skiläufer. Kurz vor dem Ziel wären sie beinahe im Schneesturm umgekommen. Auch Skischanzen waren zur Jahrhundertwende in Oberhof erstmals errichtet worden. Heute dienen die Großschanze in Kanzlersgrund und die künstlich vereiste Rennschlittenbahn als Austragungsorte für internationale Meisterschaften.
Von Oberhof ist es nicht weit zur höchsten Erhebung des Thüringer Waldes, dem Großen Beerberg. Betreten darf man seinen Gipfel nicht. Militärisches Sperrgebiet! Ein Abstecher nach Suhl oder Schmalkalden ist zu empfehlen. Schmalkalden ist durch die doppeltürmige Hallenkirche St. Georg und das Museum Schloß Wilhelmsburg, in dem oft Konzerte stattfinden, ein lohnendes Ziel. Ganz in der Nähe befindet sich mit der »Happelshütte« ein technisches Denkmal besonderer Art. Die rekonstruierte Fabrik war schon vor Jahrhunderten Herstellungsort von Schmalkaldener Kleineisenwaren. Wie die Bergleute der Gegend einst untertage arbeiteten, kann man in Finstertal bei Asbach in einem Schaubergwerk studieren.
Suhl, das Verwaltungszentrum des gleichnamigen Bezirkes, ist für jeden, der im Thüringer Wald Urlaub macht, das beliebteste Einkaufsziel. Auf der Jagd nach raren Gebrauchsgütern wird mancher Fremde aus Rostock oder Dresden dort gelegentlich fündig. Suhl ohne Einkaufsabsichten zu besuchen, lohnt kaum. Es sei denn, man ist

Unterwelt
Sechzehn Schauhöhlen und Schaubergwerke laden in den südlichen Bezirken der DDR zu Entdeckungen der Unterwelt ein. Die bekanntesten Tropfsteinhöhlen befinden sich in Rübeland/Harz. Dort können die Baumannshöhle und die Hermannshöhle besichtigt werden. Im 40 mal 60 Meter großen »Goethesaal« der Baumannshöhle finden im Sommer sogar Theateraufführungen statt. Die Heimkehle am Südrand des Harzes bei Uftrungen ist zwei Kilometer lang und hat sechs tiefe Seen. Sie ist die größte Karsthöhle der DDR. Gipslappen, die wie Felle von der Decke hängen, kann man in der Barbarossahöhle am Kyffhäuser bewundern. In einem stillgelegten Alaunschieferbergwerk befinden sich die Saalfelder Feengrotten, wo verschiedenfarbige Mineralien bizarre Bilder entstehen lassen. In Friedrichroda am Thüringer Wald ist die Marienglashöhle in einem ehemaligen Gipsbergwerk sehenswert. Stillgelegte Bergwerke können u. a. in Wachleithe, Kreis Schwarzenberg (Marmor), Pobershau, Kreis Marienberg (Zinnabbau), Johanngeorgenstadt (Silberbergbau), Asbach, Kreis Schmalkalden (Roteisenstein) und an anderen Orten besichtigt werden.

Schießen hat in Suhl eine lange Tradition. Seit dem Mittelalter produzieren geschickte Handwerker in der Thüringer Bezirksstadt Waffen aller Art. Der Schmuck an vielen Häusern weist auf das Gewerbe seiner Bewohner, und mit dem »Waffenschmied«, einem steinernen Mann in der Nähe des Rathauses, haben sie sich alle ein Denkmal gesetzt.

Waffennarr und interessiert sich für die Geschichte von Schießeisen aller Art und Größe. Im Waffenmuseum, gleich neben dem Warenhaus, kann man besichtigen, was Suhler Schmiede früher und heute herstellen. Vor den Bergen ringsum ist viel grauer Beton auszumachen. Suhl, noch Mitte der sechziger Jahre ein verträumtes Kleinstädtchen mit schiefergedeckten Fachwerkhäuschen, bekam großstädtisches Flair verordnet. Jetzt ragen Wohnhochhäuser im Zentrum himmelwärts, und mehrere häßliche Betonklötze verstellen an anderer Stelle das schmale Tal.

In Ilmenau, auf der Suhl gegenüberliegenden Seite des Thüringer Waldes, sind derartige Bausünden auf den Stadtrand beschränkt geblieben. Mehrere Großbetriebe für die Glas- und Porzellanherstellung entstanden dort gleichzeitig mit einigen hundert Wohnungen im Einheitsbaustil.

Wieder hinauf zum Rennsteig! Der Große Dreiherrenstein ist zu bewundern. Ein bereits 1587 erwähnter Grenzmarkierungspunkt zwischen sächsischem, hennebergischem und schwarzburgischem Gebiet. Dieser Dreiherrenstein ist gleichzeitig Quellort für vier Wasserläufe. Nach Norden fließt die Schorte, nach Nordosten die Schobse, nach Osten die Wohlrose, nach Südwesten die Schleuse.

Neustadt am Rennsteig (795 m) liegt auf einer Hochfläche. Die benachbarten Dörfer Masserberg (800 m), Friedrichshöhe (795 m), Steinheid (800 m) und Siegmundsburg (798 m) gehören wegen ihrer schneesicheren Lage zu den vielbesuchten Wintersportzentren des Thüringer Waldes.

Neuhaus (829 m) schließlich ist die höchstgelegene Kreisstadt der DDR. Dort endet der frei zugängliche Teil des Rennsteigs. Wenige Kilometer weiter warnen Schilder vor dem Weiterlaufen: Grenzgebiet! Sonneberg, die Stadt mit dem Spielzeugmuseum, liegt bereits dicht am Metallgitterzaun. Doch Besuche sind dort, auch für Gäste aus dem Westen, möglich.

Nach Lauscha sollte man ebenfalls fahren. Dort werden Christbaumkugeln und mehr Zerbrechliches hergestellt. Wer will, kann dem Meister bei der Arbeit zuschauen. Und Zeit für ein Schwätzchen haben die Leute aus Lauscha immer.

»Elbflorenz«, »Spreeathen« und »Klein Paris«: verblaßte Größen

Drei klangvolle Namen für drei große Städte: Dresden, Berlin, Leipzig. Die apostrophierten Vergleiche sind alt, werden aber immer noch gern benutzt, obwohl der Bombenhagel des letzten Krieges nicht nur die architektonischen Schönheiten jenes Trios ausgelöscht hat, sondern damit gleichzeitig auch deren städtisches Fluidum, den vielgerühmten urbanen Charme ersterben ließ. Neue Gebäude sind errichtet worden, doch der Glanz von einst ist unwiederbringlich verloren.

Das Kronentor des Dresdner Zwingers

Pfefferkuchenmuseum
In Pulsnitz (Bezirk Dresden) ist die Herstellung von Pfefferkuchen zum Haupterwerbszweig geworden. Das einzige Pfefferkuchenmuseum Europas befindet sich unweit dieses Oberlausitzer Städtchens, in Weißenberg. Eine kleine Bäkkerei, 1683 mit dem »Realrecht des Kuchentisches« privilegiert, wurde zum Ausstellungsobjekt umfunktioniert. Sehenswert sind der 300 Jahre alte Backofen, viele Pfefferkuchenmodeln und Handwerksgeräte, mit denen einst das schmackhafte Naschwerk hergestellt worden ist.

Bückware
Biertrinker träumen in der DDR vom Genuß zweier heimischer Sorten, die wegen des großen Exportanteils jedoch selten und wenn, dann als »Bückware« unter dem Ladentisch gehandelt werden. Wernesgrüner und Rade-

Sie kamen nachts von Nordwesten, die »fliegenden Festungen« der Engländer und Amerikaner. Vorauskommandos hatten das Ziel im Elbtal mit »Christbäumen« markiert. Dann fielen die Bomben tonnenweise. Am Morgen des 14. Februar 1945 war Dresden eine tote Stadt. Mehr als 35 0000 Menschen, die genaue Zahl der Opfer ist niemals ermittelt worden, starben qualvoll. Hunderttausende flohen aus ihren brennenden Wohnungen. Das Stadtzentrum, eine Fläche von 15 km^2, wurde zur Trümmerlandschaft. Alle weltbekannten historischen Bauten, der Zwinger, die Gemäldegalerie, die Oper, die Frauenkirche, das Schloß und die Kreuzkirche existierten nicht mehr. Ohne militärischen Sinn war eine der schönsten Städte Deutschlands vernichtet worden. Gerhart Hauptmann, der Dichter, erlebte die Bombenangriffe in seinem Haus auf den Loschwitzer Höhen. Fassungslos schrieb er seine Eindrücke nieder: »Wer das Weinen verlernt hat, der lernt es wieder beim Untergang Dresdens. Dieser heitere Morgenstern der Jugend hat bisher der Welt geleuchtet .... Von Dresden aus, von seiner köstlich-gleichmäßigen Kunstpflege in Musik und Wort, sind herrliche Ströme durch die Welt geflossen, und auch England und Amerika haben durstig davon getrunken. Haben sie das vergessen?« Anklagende Worte.
Ein Foto des Lichtbildners Richard Peter, der das Inferno überlebte und mit der Kamera dokumentierte, illustriert die an der Kunststadt Dresden und seiner Bevölkerung verübten Kriegsverbrechen auf andere, ebenso eindrucksvolle Weise. Es zeigt eine weibliche Figur, eine steinerne Statue vom unzerstörten Rathausturm, deren ausgestreckte Hand auf die Trümmerwüste weist. Hausruinen bis

berger Biere sind Spitzenerzeugnisse vogtländischer bzw. sächsischer Braukunst. Seit 1436 ist das Dorf Wernesgrün im Vogtland als Brauort bekannt. Der Gerstensaft aus Radeberg bei Dresden, Jahresproduktion etwa 330 000 Hektoliter, wird wegen seines »edelbitteren Geschmacks« gerühmt.

Jagdschloß
Zwischen 1542 und 1546 im Renaissancestil errichtet, ließ Sachsens Kurfürst August der Starke das Jagdschloß Moritzburg von 1723 bis 1736 durch seine Architekten Pöppelmann und de Bodt mit barocken Anbauten vergrößern. Vier mächtige Ecktürme, skulpturengeschmückte Balustraden und farbenprächtige Wappen machen das Schloß zu einer architektonischen Sehenswürdigkeit besonderer Art. In den museal gestalteten Innenräumen sind Gemälde, Jagdtrophäen, Gläser, Porzellan und Kutschen zu bewundern.

Reste des einstigen Schlosses der sächsischen Könige schockieren jeden Besucher – seit mehr als vierzig Jahren. Der Zwinger und die Semper-Oper gegenüber der Ruine sind originalgetreu wiederaufgebaut worden.

Ruinen erinnern im Zentrum von Dresden an die Schrecken des letzten Krieges. Das Schloß (Detailfotos rechts) soll irgendwann rekonstruiert werden, der Torso der Frauenkirche (Foto rechte Seite unten) bleibt als Mahnmal erhalten. Gegenüber diesem Trümmerberg, hinter dem Luther-Denkmal (Foto rechte Seite oben), residieren die Mitarbeiter von Polizei und Staatssicherheitsdienst in einem Neubau.

zum Horizont. Im Vordergrund des Bildes die Frau. Stumm, leblos, erstarrt vor so viel Grauen. Dieses Foto hat millionenfach betroffen gemacht. Das Original, die Anklagende aus Stein, ziert noch immer die Balustrade des Rathausturmes. Leider finden nur wenige der eiligen Touristen den Weg dorthin, wenn sie den Kunstschätzen des Zwingers oder des Grünen Gewölbes auf der Spur sind.

Eigentlich sollte jeder Dresden-Besuch auf dem Rathausturm beginnen, denn von dieser hohen Warte aus wird deutlich, daß die Kriegsschäden auch vier Jahrzehnte nach jener schrecklichen Februarnacht nicht überwunden sind. Die Steinfigur weist heute auf ein Stadtzentrum, in dem zwar von den 18 Millionen Kubikmetern Trümmerschutt nichts mehr zu sehen ist, dessen weiträumige Fläche aber nur von wenigen häßlichen Betonklötzen bedeckt wird. Grünflächen sind dort zu sehen, wo einst Häuser standen. Gegenüber dem Bahnhof ist das Areal der alten Prager Straße mit drei quergestellten Hotelkästen, anspruchslosen Massenunterkünften für Touristen, einem etwas nobleren Hotelhochhaus und Wohnungen in einem dreihundert Meter langen Gebäude auf sozialistische Weise neu bebaut worden. Die architektonische Sterilität können weder der Kino-Rundbau noch die überdimensionierten Springbrunnen abschwächen. Dresdens neue Prager Straße ist ein Schulbeispiel für verschenkte Möglichkeiten.

Beim Blick vom Rathausturm setzt sich die urbane Trostlosigkeit auch in Richtung Altmarkt fort. Die Kreuzkirche ist wieder aufgebaut worden, originalgetreu, meisterhaft. Aber ringsum säumen den Platz Wohnmaschinen im stalinistischen Zuckerbäckerstil. Solide gebaut, Stein auf Stein, mit mancherlei nutzlosem Zierat verschnörkelt. Zu ihnen gesellt sich ein »Kulturpalast« aus späteren Jahren. Riesig in seinen Ausmaßen, mit vielen Glasflächen, ein weiterer Fremdkörper. Hinter diesem Monstrum hat einst die Frauenkirche gestanden. Der übriggebliebene gewaltige Trümmerberg soll als Mahnmal erhalten bleiben. Davor spiegelt sich das Denkmal Martin Luthers in den getönten Glasscheiben eines Bürogebäudes. Die Funkantennen auf dem Dach gehören zum neuen Polizeipräsidium. Es scheint, als hätte jeder Auftraggeber seine Architekten angewiesen, irgend etwas nach eigenem Geschmack in die zerbombte Leere zu stellen. Mal etwas Verschnörkeltes, mal etwas Gläsernes, oder soliden Beton, der auf Zweckmäßiges deuten läßt. Vom alten Dresden mit seinen monumentalen Barockbauten ist nur noch wenig zu ahnen. Auf dem Weg vom Altmarkt zur nahegelegenen Brühlschen Terrasse am Elbufer steht klotzig das Schloß. Solide Sandsteinquader, leere Fensterhöhlen.

Der Komplex, ausgebrannt 1945, soll irgendwann einmal wiederaufgebaut werden. Nur wann, das kann niemand sagen. Kleine Bäume haben in den Fassaden Wurzeln geschlagen, und die Skulpturen über den Torbögen ziert frisches Grün. Diese Riesenruine mitten in der Stadt macht angst. Besonders abends, wenn die letzten Touristen in ihren Omnibussen und Autos davongefahren sind, wirkt der apokalyptische Bau furchterregend. Das Grauen des Krieges wird gegenständlich. Wenn sich die Dämmerung über das Zentrum senkt, ist Dresden eine Geisterstadt. Straßenbahnen rattern durch leere Straßen, die wenigen Passanten kann man zählen. Nein, mit dem einstigen »Elbflorenz« hat dieses Dresden nicht mehr

Raddampfer sind selten geworden auf der Oberelbe. Dieser heißt »Leipzig« und verkehrt von Dresden stromab nach Meißen oder stromaufwärts zu den Kurorten der Sächsischen Schweiz.

Luftgebäck

»Der Bäcker nimmt 'nen Batzen Luft, bläst bissel Teig drum rum, schon zieht der Fummel würzger Duft, ins liebe Publikum«. Mit diesem Reim wird ein seltsames Gebäck gewürdigt, das nur in der Meißner Konditorei Zieger nach altem, geheimgehaltenen Familienrezept hergestellt wird. Das luftballongroße eßbare Kunstwerk ist seit dem Beginn des 18. Jahrhunderts neben Zerbrechlichem aus der Porzellanmanufaktur eine Spezialität der Elbestadt. Nur exportiert werden kann es

gemein, trotz wiederaufgebauter Semper-Oper und trotz des von japanischen Firmen errichteten Luxushotels auf der anderen Seite der Elbe.

Als Fremder kommt man heute nach Dresden, um die »Sixtinische Madonna« zu sehen und die Schatzsammlung August des Starken, die physikalischen Geräte im Zwinger und die Prunkwaffen im Grünen Gewölbe. Wer länger in Dresden bleibt, wird die amputierte Stadt, die heute noch Kriegsversehrte, meiden, wird vielleicht mit dem Schiff elbeaufwärts fahren in die Sächsische Schweiz, nach Rathen oder zur Festung Königstein. Dresdens Umgebung ist eine Erkundungsfahrt wert, in Dresden selbst wird man bei jedem Schritt an die anklagende Geste der Steinfigur vom Rathaus erinnert. Kunstschätze und Trostlosigkeit, von beidem hat Dresden viel zu bieten.

Vom »Tal der Ahnungslosen«, wie die Gegend um Dresden wegen des dort nicht zu empfangenden West-Fernsehprogramms genannt wird, erreicht man nach zweistündiger Fahrt auf der Autobahn Ost-Berlin, offiziell: Berlin – Hauptstadt der DDR.

»Es sind wahrlich mehrere Flaschen Poesie dazu nötig, wenn man in Berlin etwas anderes sehen will, als tote Häuser und Berliner. Hier ist es schwer, Geister zu sehen. Die Stadt enthält so wenig Altertümlichkeit, und ist so neu, und doch ist dieses Neue schon so alt, welk und abgestorben. Denn sie ist, wie gesagt, nicht aus der Gesinnung der Masse, sondern Einzelner entstanden.«

Ein für seine bissige Ironie bekannter Besucher hat dieses Urteil abgegeben – Heinrich Heine, anno 1828. Die sarkastische Stadtbeschreibung, damals auf Berlin als Ganzes gemünzt, trifft heute ohne Einschränkung auf das neue Zentrum im Osten zu. Die dort hingeklotzten Bauten entsprechen wirklich nicht »der Gesinnung der Masse, sondern Einzelner«. Den Architekten haben geltungssüchtige Parteifunktionäre die Hand am Reißbrett geführt. Berlin sollte das »Schaufenster der Republik« werden, so hieß es vor zwei Jahrzehnten in der Ära Ulbricht. »Zukunfts-

orientierte Bauten, aus denen das sozialistische Lebensgefühl spricht«, waren gefordert worden. Nun stehen sie da: das Betonungeheuer des Fernsehturmes, sogenannte »Wohnscheiben«, hunderte Meter lange Zehngeschosser, die in der Rathauspassage nicht anders aussehen als gegenüber an der Karl-Liebknecht-Straße. Aus der früheren Verkehrsdrehscheibe Alexanderplatz ist eine monströse Aufmarschfläche für Fußgänger geworden, mit einer »Weltzeituhr« und einem Riesenbrunnen, den die Berliner wegen seiner buntkitschigen Verzierung »Nuttenbrosche« nennen. Tagsüber wimmelt es auf dem Platz zwischen S-Bahnhof und Warenhaus, zwischen dem Hochhaus-Hotel »Stadt Berlin« und dem »Haus des Lehrers« gegenüber. Ab 19 Uhr jedoch, wenn alle Geschäfte geschlossen sind, wenn in den Bürohäusern die Lichter verlöschen, wenn die mit Pistolen bewaffneten Pförtner den Eingang des Pressehochhauses verrammeln, dann versinkt der Alexanderplatz in seinen geruhsamen Nachtschlaf.
Das Zentrum der Hauptstadt verödet, weil alles, was zu einem städtischen Nachtleben gehört, Restaurants, Bars, Theater, Diskotheken, bei der sozialistischen Stadtplanung »vergessen« worden ist. Der »Palast der Republik« (Volksmund: »Ballast der Republik« oder »Palazzo Prozzi«), wenige hundert Meter vom Alexanderplatz entferntes, 1976 eröffnetes Prestigeobjekt der Parteiführung, kann mit seinen diversen Gaststätten der gehobenen Preisklasse das Fehlen einer Vielzahl anderer Etablissements zur Unterhaltung oder gastronomischen Betreuung im Zentrum nicht ausgleichen. Aber wozu auch sollte es Häuser geben, in denen Nachtleben stattfinden, in denen Berliner Geselligkeit öffentlich gepflegt werden könnte? Die Berliner haben ihre Wohnungen, in denen sie vor dem Fernseher hocken oder Partys feiern können. Für die Ausländer mit West-Devisen haben schwedische und japanische Firmen Nobelhotels mit allen Raffinessen erbaut. Besucher aus der DDR-Provinz reisen nach der Tagesjagd durch die hauptstädtischen Geschäfte auf der Suche nach raren Artikeln mit dem letzten Zug wieder heimwärts, weil Übernachtungsmöglichkeiten in Berlin fehlen. Und die Bus-Touristen, die morgens von West-Berlin herüberkommen, sind schon nach wenigen Stunden wieder drüben auf der turbulenteren Seite der Mauer, wo Berlin 24 Stunden am Tag pulsiert, wo es für die Kneipen, Pinten, Destillen, Cafés und Stätten frivoler Lustbarkeiten keine Polizeistunde gibt.
Friedrich Engels, der immer wieder von den gegenwärtigen Machthabern zitierte sozialistische Ahnherr der DDR, mußte seinen Namen gemeinsam mit dem von Marx für jenen Platz im Ostberliner Zentrum hergeben, auf dem stets die Militärparaden und Treuebekundungen der Bevölkerung für ihre Staatsführung zelebriert werden. Daß jener Engels vor hundert Jahren über Berlin wenig Schmeichelhaftes sagte, wird wegen des aktuellen Bezugs seiner Worte im offiziellen Stadtführerheft natürlich nicht erwähnt. Engels 1885: »A propos Berlin... bauen Sie das ganze Nest von oben bis unten um, dann kann vielleicht noch etwas Anständiges draus werden!«
Leipzig ist die Stadt, »wo so viele wirksame Fremdlinge mit dem Stabe in der Hand hereinkamen und durch Talent, Fleiß und Segen Gottes, Tonnen Goldes erwarben«, meinte Christian August Clodius 1779, zu einer Zeit also, da der junge Student Goethe die sächsische Handelsstadt mit Frankreichs

nicht, bedauern devisenhungrige Ökonomen. Reisende freuen sich darüber. Dieses preiswerte Meißner Souvenir kann sich jedermann leisten.

Gartenlokal
Ein Tip für Hungrige: Wer im Ostberliner Zentrum keinen Platz in den wenigen, stets überfüllten Gaststätten bekommt, sollte mit der S-Bahn zum Treptower Park fahren. Dort lädt außer montags ein Restaurant am Ufer der Spree zum Verweilen. Bereits im Jahre 1727 gab es an gleicher Stelle einen Ausschank. Ein Jahrhundert später konzipierte Architekt Friedrich Langhans das »Neue Gasthaus an der Spree«. Nach einem späteren Pächter ist es noch heute benannt: Zenner. Wenige hundert Meter vom Gasthaus Zenner (im Sommer große Freiterrasse) entfernt, befindet sich im Plänterwald der »Kulturpark Berlin« mit Riesenrad und Losbuden, eine Art Tivoli-Verschnitt.

Verkehrsknotenpunkt
»Wenn jedoch heutzutage eine Dame taschewenkend am Hauptbahnhof auf und ab promeniert, will sie damit garantiert nichts anderes signalisieren, als daß mal wieder alle 1616 automatischen Schließfächer belegt sind.«
Zitat aus einem 1982 erschienenen Buch über Leipzig.

»Kaffeebaum«

Zu Leipzigs ältesten Gaststätten gehört der 1694 erstmals erwähnte »Kaffeebaum« in der Kleinen Fleischergasse in der Nähe des Alten Rathauses. Johann Lehmann, der erste Wirt des Etablissements, durfte sich ab 1707 mit dem Titel »Sächsischer Hofchocoladier« schmücken, den ihm der Landesvater August der Starke höchselbst als Anerkennung für vorzügliche Bewirtung verliehen hatte. Verbürgt ist, daß auch viele andere Berühmtheiten im »Kaffeebaum« eingekehrt sind: Goethe, Lessing, Liszt, Wagner, Wieck und Robert Schumann, dessen Freundeskreis acht Jahre lang dort zur Stammtischrunde zusammentraf. Georg Philipp Telemann unterrichtete in diesem gemütlichen Gasthaus sogar seine Studenten. Heute gehört viel Glück dazu, im »Kaffeebaum« einen Platz zu ergattern. Öffnungszeiten: Montag bis Freitag 10 bis 24 Uhr, am Wochenende 11 bis 18 Uhr.

Metropole verglich: »Mein Leipzig lobe ich mir, es ist ein klein Paris und bildet seine Leute!« Gold wird heute in Leipzig immer noch gescheffelt, denn bei den internationalen Messen im Frühjahr und Herbst trifft sich die westliche und östliche Handelswelt und jongliert mit Riesenbeträgen. Aber Klein-Paris? Gewiß, die Leipziger sind »fijjelande«, pfiffige Leute, deren Beredsamkeit nicht mit Geschwätzigkeit gleichgesetzt werden sollte, die Charme entwickeln können und gastfreundlich sind. Gegenüber dem protzigen (Ost-)Berlin oder dem kriegswunden Dresden ist die Dritte im Bunde der größten DDR-Städte tatsächlich so etwas wie ein urbanes Unikum im streng reglementierten sozialistischen Städtealltag. In Leipzig gibt es weniger spektakuläre Bausünden als anderswo in einem Zentrum. Das Universitätshochhaus, »Weisheitszahn« genannt, ausgenommen. Diesem Koloß mußte auf Walter Ulbrichts Befehl (er war Leipziger) 1968 die spätgotische Augustinerkirche weichen. Sie wurde trotz massiver Proteste der Bevölkerung gesprengt. Jetzt steht dort die »sozialistische Stadtdominante«, nicht schön, aber festgefügt für lange Zeit. Das 1981 fertiggestellte neue Gewandhausgebäude, vom Volksmund wegen des bekannten Orchester-Dirigenten »Masurium« genannt, nimmt sich in seiner zweckmäßig-modernen Gestaltung angenehmer aus. Auch die übrigen neuen Häuser am Platz, das Opernhaus, die Hauptpost, das Hotel, das einst »Deutschland« hieß und jetzt in »Hotel am Ring« umbenannt wurde, sie alle fügen sich harmonisch ins Stadtbild ein. Kriegsschäden sind nicht mehr sichtbar, einstige Trümmerflächen im Zentrum sind längst wieder bebaut worden. Zwischen Hauptbahnhof und Neuem Rathaus, zwischen dem Zoo mit seiner weltbekannten Löwenzucht und den Messepalästen der Innenstadt pulsiert das städtische Leben. Auch wenn nichts los ist (Messe), ist was los in Leipzig! Auf der »Messemagistrale« Petersstraße bieten ambulante Händler allerlei Schnickschnack. Auch in der Hainstraße oder am Brühl, wo die Pelznäher von alters her ihre Werkstätten haben, geht's turbulent zu. Die zahlreichen Passagen mit ihren kleinen Geschäften sind nicht nur bei Regenwetter überfüllt. Auf engstem Raum findet man alles: Antiquariate, teure Modeläden, Gewürzstände und Porzellangeschäfte. Selbst nach Cafés muß der fußmüde Stadtwanderer nicht lange suchen. Das historische »Corso« gehört zu den sehenswertesten. Auch der »Kaffeebaum«, in einer Seitengasse, schräg gegenüber vom Alten Rathaus, lohnt einen Besuch. Ein wenig Pariser Atmosphäre ist mit viel Wohlwollen durchaus im Leipziger Innenstadttrubel zu schnuppern. Auch abends ist's dort nicht still wie im Kloster. Die beiden Messewochen im Jahr haben Langzeitwirkung.

Bedeutende Kunstschätze können in Leipzig nicht besichtigt werden. Aber es gibt Bach und die Thomaskirche, es gibt Schillers Urlaubsdomizil in der Menckestraße, es gibt die Deutsche Bücherei, dazu ein Dutzend Verlage, es gibt Erinnerungen an Robert und Clara Schumann, an Felix Mendelssohn-Bartholdy, an Lessing und an Christoph Gottsched, den literarischen Kopf der deutschen Aufklärung.

Ja, Leipzig bildet seine Besucher, wenn diese es wollen. Leipzig ist tolerant und hat viele Gesichter. Da können die Dresdner und die Berliner nur neidisch herüberblicken. Das Großstadt-Trio der DDR hat nur eine wirkliche Schönheit, und die residiert an der Pleiße.

Spreewald-Gondolieri

Vor hundert Jahren hatte der Lübbenauer Lehrer Paul Fahlisch eine gute Idee: Kahnpartien in den altbewährten Beförderungsmitteln des Spreewaldes sollten Touristen ermuntern, die bis dahin abgeschiedene Gegend zu entdecken. Im Sommer 1881 ließen sich erstmals einige Urlauber durch die reizvolle Landschaft staken. Ein Jahrhundert später erwarten die heute genossenschaftlich organisierten 340 Lübbenauer Kahnfährleute bei gutem Wetter zwischen Mai und September mehr als eine halbe Million Gäste zur Spreewald-Gondelfahrt.

»Hochzeitsreise« durch den Spreewald

Laut sind viele Leute. Wenn der Biervorrat an Bord erschöpft ist, werden vor allem männliche Kahn-Passagiere zu Sängern mit unerschöpflichem Lied-Repertoire. Am Himmelfahrtstag ist der Spreewald noch immer fest in Vaters Hand.

Dicht gedrängt stehen Autos und Omnibusse auf kostenpflichtigen Abstellflächen rings um das Zentrum des Städtchens. Lübbenau am Wochenende. Verglichen mit dem beschaulichen Ost-Berliner Flughafen Schönefeld scheint der Fährhafen ein geradezu hektischer Durchgangsplatz reiselustiger Leute zu sein. Sie kommen aus aller Welt. Australier und Japaner, sogar Eskimos gehörten schon – wird glaubhaft versichert – zu den begeisterten Kahnfahrern.

Nervöse Reiseleiter lotsen die ihnen Anvertrauten zur Abfahrtstelle. Lautsprecherdurchsagen hallen über das Gelände. »Kahnfährmann für Reisebüro Aue zum Liegeplatz fünf!« »Kahnfährmann zur Rundfahrt Leipe bereithalten!« In Spitzenzeiten zwischen 9 und 11 Uhr macht jede Minute eines der kiellosen Fahrzeuge die Leinen los. Auf diese Weise werden an einem Vormittag bis zu 200 Kähne mit 4000 erwartungsfrohen Ausflüglern vom Hafentrubel in des Spreewalds Einsamkeit verabschiedet.

Aus einer rundum verglasten Dispatcherzentrale wird der Einsatz aller Kahnfährleute gesteuert. Wer sich rechtzeitig im Büro der Kahnfährgenossenschaft angemeldet hat, wird natürlich sofort befördert. Die anderen Gäste müssen sich ein wenig gedulden. Weggeschickt wurde noch niemand.

Die Genossenschaft der Lübbenauer Kahnfährleute, 1954 gegründet, ist mit 340 zumeist nebenberuflich stakenden Spreewaldschiffern und ebensovielen Kähnen das größte Beförderungsunternehmen auf den Wasserläufen zwischen Lübben, Burg und Straupitz. Mitglied der Genossenschaft kann werden, wer das 18. Lebensjahr vollendet hat, einen verkehrstüchtigen Kahn sein eigen nennt, gut beleumundet ist und die Fährmannsprüfung abgelegt hat. Der

Vorsitzende der Genossenschaft greift an manchen Tagen selbst noch zum Rudel (einer bis zu vier Meter langen Stange aus dem Holz der Esche oder Erle) und stakt durch das Wasserlabyrinth, das er »im Schlaf aufzeichnen« könnte. Er ist der einzige Profi unter den Lübbenauer Kahnfährleuten, denn er hat als Binnenschiffer gelernt, kannte einst Oder und Elbe genausogut wie heute die insgesamt 530 km langen Bäche und Kanäle im Ober- und Unterspreewald. Seine Genossenschaftskollegen dagegen arbeiten größtenteils in wasserfernen Berufen. Sie sind Arbeiter im Kraftwerk, Monteure, Elektriker, Schlosser, Maler, Tischler. Nach Feierabend, im Urlaub oder am Wochenende üben sie den Zweitberuf eines Gondoliere aus.

»Der Fährmann rechnet auf einen erfrischenden Trunk, und den gewährt man ihm. Im übrigen übernehme man die Beköstigung desselben nicht. Man verhindere im eigenen Interesse, daß er sich unterwegs mit Branntwein stärkt.« (Griebens Reiseführer, Band 51, Jahrgang 1910). An anderer Stelle wird empfohlen: »Man lasse sich vom Fährmann seine polizeiliche Ausweiskarte mit der Preisbestimmung zeigen. Grundtaxe für jede Fahrt ist eine Mark. Außerdem sind für jede Stunde, die der Fährmann in Anspruch genommen wird, bei einer Besetzung des Kahnes mit vier Personen 60 Pfennige, mit sechs Personen 70 Pfennige und mit mehr als sechs Personen 80 Pfennige zu bezahlen.«

Diese Gebühren haben sich bis heute kaum geändert. Kahnfahrten im Spreewald gehören noch immer zu den preiswertesten Urlaubsvergnügen in der DDR. »Es ist in der Tat ein reizvoller Anblick«, betont der schon erwähnte Reiseführer von 1910 in etwas eigenartigem Deutsch, »wenn man zwischen den grünen Wiesenflächen einen Kahn geräuschlos dahingleiten und den im Hinterteil stehenden Fährmann oder statt seiner ein frisches Mädchen in der bunten kleidsamen Tracht das Fahrzeug mit dem langen Rudel kräftig und sicher regieren sieht.«

Weshalb lassen sich die Leute heute durch den Spreewald staken? Wegen der einzigartigen Landschaft? Wegen der (noch immer) himmlischen Ruhe auf den weit von jeder Siedlung entfernten engen Wasserstraßen? Oder wegen der vorzüglich organisierten Versorgung in den zahlreichen Ausflugslokalen? Im Gasthaus »Zum fröhlichen Hecht« in Lehde zum Beispiel stehen sogar Gerichte mit Aal auf der Speisenkarte! Da reiben sich DDR-Touristen verwundert die Augen! Sie staunen auch, wenn sie hören, daß die zahlreichen Gondel-Gäste aus dem Westen für ihre Devisen Vorzugs-

Fährfrau

Nahe der Kreisstadt Grimma befindet sich im Muldetal eine Wiesenlandschaft, die zu erholsamen Spaziergängen einlädt. Sehenswert ist dort das 1638 errichtete Fachwerk-Fährhaus von Höfgen. In einem kleinen Kahn befördert Frau Müller zu jeder Tageszeit Gäste über das Flüßchen. Am anderen Ufer ist eine rekonstruierte Wassermühle als Museum zu besichtigen.

Minderheit

Von den Oberlausitzer Bergen bis zum Spreewald erstreckt sich das traditionelle Siedlungsgebiet der Sorben, eines westslawischen Volkes, das vor über tausend Jahren an Spree und Neiße seßhaft geworden ist.

1912 wurde die »Domowina« gegründet, eine Dachorganisation aller sorbischen Verbände, die um Pflege und Förderung ihrer Kultur bemüht waren. Heute leben etwa 100 000 Sorben als nationale Minderheit in der DDR. Die Kreise Bautzen, Hoyerswerda, Niesky, Kamenz, Weißwasser, Spremberg, Cottbus, Guben, Forst, Lübben und Calau sind offiziell zweisprachige Gebiete. Dort erscheinen auch Zeitungen in sorbischer Sprache.

behandlung genießen. Für Dollar oder DM schlüpfen ausgewählte Genossenschafts-Gondolieri jedesmal in ihre bunte sorbische Tracht. Viele Kahnfährleute gehören der sorbischen Volksgruppe an, die von alters her zwischen der Lausitz und dem Spreewald ansässig ist, eine eigene Sprache spricht und zahlreiche Bräuche pflegt.

Lustig bunt ist die Festtracht der sorbischen Frauen. Für West-Devisen staken die Damen ihre Gäste im fotogenen Gewand durchs Kanalgewirr.

Wer das Glück hat, von einem der Hochbetagten durch die Wald- und Wasserlandschaft gestakt zu werden, erhält ganz beiläufig eine nachdenkenswerte Lektion über die Geschichte und Naturkunde des Landstriches, verpackt mit allerlei Lebensweisheit. Viele von den Alten haben noch bei Lehrer Fahlisch, der das Staken durch den Spreewald zur Touristenattraktion gemacht hat, lesen, schreiben und rechnen gelernt. Kahnfahren mußten sie alle schon vor ihrer Einschulung können.

Die Schulgebäude in den Dörfern Lehde und Leipe stehen noch heute. Kleine Ziegelbauten sind das. Rechts wohnte einst der Lehrer mit seiner Familie, links befand sich der Klassenraum. Von der ersten bis zur achten Klasse saßen dort alle Schulkinder beisammen.

Wer im Spreewald aufgewachsen ist, liebt diesen Landstrich besonders. Alteingesessene können alle Vogelstimmen unterscheiden, und die Namen der Blumen, Pflanzen oder Bäume am Rande des Wasser-Weges sind ihnen nicht fremd. Mücken, einst die große Plage im Sommer, sind heute selten geworden.

Man ist ihnen mit chemischen Mitteln zu Leibe gerückt. Auch das einst so gefürchtete Hochwasser (von 1855 bis 1931 gab es 27 große Flutkatastrophen), das oftmals die gesamte Heuernte vernichtete und viele der in mühsamer Arbeit kultivierten Ackerflächen unbrauchbar machte, ist nur noch Legende. Durch zahlreiche neuerrichtete Talsperren und Speicherwerke wird nicht nur die Überflutungsgefahr gebannt, sondern auch die Bewässerung von etwa 10 000 ha landwirtschaftlicher Nutzfläche in Trockenzeiten garantiert. Ein staatlich gefördertes Meliorationsprogramm, zielstrebig seit Jahren verwirklicht, ermöglichte die Umwandlung sumpfiger Wiesen in saftiges Weideland. Die Viehzucht ist neben dem traditionellen Gemüseanbau zu einer neuen dauerhaften Erwerbsquelle für viele Spreewaldbewohner geworden, neben dem Tourismus natürlich, der im Sommer auch Devisen einbringt.

Meininger Mimen

Wer in Meiningen Klöße ißt, schluckt auch bereitwillig das Märchen, das ihm dazu aufgetischt wird. Einmal, so heißt es, sei die pausbäckige Frau Holle aus ihrem Wolkenreich nach Meiningen hinabgestiegen und habe dem Bürgermeister ihr Lieblingsrezept gesteckt. »Hüt' es!«, verlangte die kulinarische Himmelsbotin, und die Meininger hielten sich auf ihre Weise daran: Thüringer Klöße – seitdem vom Volksmund »Hütes« genannt – sind dort noch immer unübertroffen.

Inkognito
Zur Weihnachtszeit anno 1782 mietete der Dichter Friedrich Schiller bei Henriette von Wolzogen, einer Gönnerin, zwei Zimmer im Dorf von Bauerbach bei Meiningen. Dort lebte er inkognito als »Doktor Ritter« und vollendete die Erstfassung des Dramas »Kabale und Liebe«. Das Schillerhaus von Bauerbach ist als Museum zu besichtigen.

Urkundliches
Weil Otto II. ein in »meininga« gelegenes königliches Gut der Peterskirche von Aschaffenburg am 1. Oktober 982 urkundlich übereignete, konnten die Einwohner von Meiningen 1982 ein rundes Stadtjubiläum feiern.

Inschrift
Dem Volke zur Freude und Erhebung – diese Worte am Giebel des Meininger Theatergebäudes stammen nicht aus unseren Tagen, Herzog Georg II. ließ sie in Stein meißeln.

Wer bewundernd vor dem Meininger Theatergebäude stehenbleibt und sich fragt, wie wohl die ehemalige Kleinstadt zu diesem beachtlichen Musentempel gekommen sein mag, muß erneut ein Meininger Patentrezept verdauen. Und dieses ist sogar historisch verbürgt. Dem herzoglichen Schauspielensemble, das um 1900 durch Gastspiele in vielen europäischen Hauptstädten Ruhm erlangte, behagte das Theater daheim – ein Gebäude in ziemlich desolatem Zustand – nicht mehr. Der Ruf nach einem repräsentativen Neubau wurde laut, aber auch Protest gegen den Abriß des alten Hauses.

1908 brannte das umstrittene Objekt lichterloh. Die Stadtväter ließen eilends die Feuerwehr anrücken, der Herzog schickte die Hofkapelle. Während die einen am Tatort ihre Spritzen in Stellung brachten, intonierten die anderen lustige Weisen. Bereits 1909 feierte man gemeinsam die Einweihung des neuen Theaters. Es ist wohl das architektonisch reizvollste in Thüringen und die dort tätigen Schauspieler, Musiker und Sänger gehörten zu den mobilsten im Lande. Sie sind Tourneekünstler, reisen zu Auftritten quer durch die kleine »Gebirgsrepublik«, wie der südthüringische Bezirk Suhl scherzhaft genannt wird. Das Reisen hat am Meininger Theater Tradition. Mehr als 150 Jahre. Im vergangenen Jahrhundert genoß das Ensemble des herzoglichen Hoftheaters für kurze Zeit sogar Weltruhm. Der Glanz von einst ist verblaßt. Doch unter sozialistischem Vorzeichen wird die geschichtliche Erinnerung wieder gepflegt, obwohl ein Adliger damals alles in Szene setzte.

Nicht jedes deutsche Herzogtum konnte sich einen Goethe als Direktor des Hoftheaters leisten. So waren die künstlerischen Genüsse, denen sich die Herrscher und ihr Gefolge noch im 19. Jahrhundert hingaben, größtenteils eine Mischung aus komödiantischem Klamauk und pompösem Operndonner. So hat es wohl auch in Meiningen begonnen. Die Bethmannsche Theatergruppe, 28 Herren, 12 Damen, 3 Kinder, gab ihr Debüt als festangestelltes Ensemble des Herzogs von Sachsen-Meiningen am 17. November 1831. Das Repertoire jener emsigen Künstler bestand aus 47 Schauspielen, 16 Opern und einem Liederpotpourri, wie wir heute sagen würden.

1866 begann in Meiningen mit der Regentschaft des kunstsachverständigen Herzogs Georg II. auch am Hoftheater eine neue Epoche, die später als »Meininger Theaterreform« europäische Berühmtheit erlangen sollte. Georg II., so meinen die Historiker, war keiner von jenen senilen, nur an Lustbarkeiten interessierten und von Jagdleidenschaften besessenen Potentaten, wie es viele in deutschen Duodezfürstentümern gab, sondern ein in den Grenzen des Standes durchaus fortschrittlicher und volksverbundener Mann. Mit persönlichem Engagement und kritischem Sachverstand entschlackte er sein Theater von falschem Pathos und Pomp. Dabei ließ er sich fachlich beraten, engagierte zum Beispiel den bekannten Schauspieler und Regisseur Ludwig Chronegk, den Dichter und Shakespeareübersetzer Friedrich von Bodenstedt und schließlich die Schauspielerin Ellen Franz, die später seine dritte Ehefrau wurde.

Das wesentliche am neuen Inszenierungsstil der »Meininger«, wie man sie fortan in deutschen und europäischen Theaterkreisen achtungsvoll nannte, war die unbedingte Werktreue, die historische Authentizität und die bis ins Detail konzipierte Ausstattung jedes Stükkes. Nicht einzelne »Stars«

beherrschten nunmehr die Bühne, sondern das Ensemble als Ganzes hatte die Verpflichtung, der Aufführung das Beste zu geben. Um jedes Bühnenbild, jedes noch so kleine Requisit wurde debattiert. Der Herzog selbst fertigte Entwürfe dazu an.

Schließlich hob sich am 1. Mai 1874 in Berlin der Vorhang zu einem ersten Gastspiel der »Meininger« außerhalb ihrer kleinen Thüringer Residenzstadt. »Julius Cäsar« wurde gegeben. Angereist war das Ensemble mit einem Sonderzug, bestehend aus 18 Güterwaggons voller Requisiten. Das Shakespearestück in Meininger Interpretation mit seinen riesigen Massenszenen, mit Tumulten und Fanfarenstößen auf der Bühne, schockierte und begeisterte das Berliner Publikum.

In den 16 Jahren von 1874 bis 1890 unternahm das Meininger Ensemble 81 Gastspielreisen in 36 europä-

Ein Prachtstück, innen wie außen: das Meininger Theatergebäude.

ische Städte, so nach London und Stockholm, nach Moskau und Odessa, nach Frankfurt/M. und Triest. Dabei sind 41 Stücke in genau 2 591 Vorstellungen gegeben worden. Der realistische Inszenierungsstil blieb nicht ohne Wirkung auf viele andere Theater. Konstantin Sergejewitsch Stanislawski (1863–1938), der spätere berühmte sowjetische Regisseur und Theaterleiter, hat als junger Schauspieler die »Meininger« bei ihrem Gastspiel in Moskau genau studiert und seine Eindrücke so beschrieben:

»Sie arbeiten mit historischer Treue der jeweiligen Epoche, mit Volksszenen, mit einer wunderschönen äußeren Form der Aufführung, mit einer erstaunlichen Disziplin und der ganzen Organisation eines großartigen Feiertags der Kunst ... Was uns die Meininger Bedeutungsvolles gebracht haben, nämlich die Regiemethoden zur Herausarbeitung des geistigen Wesens eines Werkes, verstand ich wohl zu schätzen. Dafür weiß ich ihnen sehr großen Dank ...«

Noch heute sind die praktizierten Traditionen des Meininger Theaters in vielen Ländern Diskussionsgegenstand und Thema für die wissenschaftliche Erforschung jüngster Theatergeschichte.

Auf Befehl der amerikanischen Besatzungsmacht begann bereits am 7. Juni 1945 der Spielbetrieb mit dem Schauspiel von Gerhart Hauptmann »Die versunkene Glocke«. Siebzehn weitere Inszenierungen mit 153 Vorstellungen folgten im gleichen Jahr. Anfang Juli zogen entsprechend der alliierten Vereinbarungen die USA-Truppen aus Meiningen ab. Sowjetische Verbände übernahmen die Verwaltung. Übereifrige Meininger wollten eilends das Bildnis des Feudalherren Georg II. aus dem Theatergebäude entfernen, um damit den neuen kommunistischen Herren ihre Ergebenheit zu signalisieren. Doch sie hatten nicht mit dem historischen Sachverstand des kunstbeflissenen sowjetischen Offiziers gerechnet. Er ordnete nachdrücklich an: »Der Theaterherzog bleibt, wo er ist!« Das Bild des verdienstvollen Fürsten ziert noch immer das Theaterfoyer.

Die heutigen »Meininger« sind wie einst ein Reiseensemble. Doch ihr Aktionsradius ist kleiner geworden. Sie fahren nicht nach London und Moskau, sondern nach Suhl, nach Bad Liebenstein, nach Römhild, nach Steinach oder nach Sonneberg. Sie müssen als einziges Theater des Bezirkes Suhl versuchen, wenigstens einige der etwa 550 000 Einwohner zwischen Rennsteig und Rhön gelegentlich aus den bequemen Fernsehsesseln auf die nicht selten unbequemen Sitzmöbel in den Kulturhäusern der »Abstecherorte« zu locken.

Der »Theaterherzog« hatte einst keine Probleme, den Saal mit Zuschauern zu füllen. Die Zeiten ändern sich – nicht immer zugunsten der Mimen. Vom Meininger Theater sozialistischer Prägung spricht niemand in der Fachwelt, das Werk des Herzogs jedoch ist bekannt und sehr lebendig.

Diese russische Karikatur entstand um 1880. Sie symbolisiert die Reiselust der alten »Meininger«.

Die Ritter des Rechts am Rathaus

Sie stehen auf Marktplätzen und vor Rathäusern. Viele sind mit einem Schwert bewaffnet. Als schlichte Steinfiguren oder bunt bemalte hölzerne Riesen halten sie seit Jahrhunderten Wache und symbolisierten einst städtische Freiheiten. Heute sind die Rolande schön anzusehende Denkmale. Sie symbolisieren nichts mehr, aber Zierde der Stadt sind sie noch immer.

Hoch zu Roß: Roland von Haldensleben

Die Braut ganz in Weiß, der Bräutigam militärisch gewandet mit einer Uniform der Nationalen Volksarmee. Vor den beiden postieren sich zwei kleine Mädchen mit Blumenkörben zum unvermeidlichen Hochzeits-Gruppenbild. Auf das feiertäglich strahlende Quartett schaut ein Fünfter wohlwollend herab. Der überdimensionale Herr im Hintergrund muß unbedingt mit aufs Bild. »Otto nimm die Kamera hochkant!« Klick macht's, und die Szene ist im schwarzen Kasten.

Porträt eines Rotrockes mit Krone: der Roland von Nordhausen

Fotografische Erinnerungen solcher Art gelingen am besten vor dem alten Rathaus von Nordhausen. Vom neugestalteten Standesamt sind es nur wenige Schritte zum farbigen Riesen an der Ecke. Der Roland, ein gekrönter Rotrock mit Schild und Schwert, symbolisierte einst reichsstädtische Freiheiten. Schon 1411 muß es, alten Urkunden zufolge, einen Nordhäuser Roland gegeben haben. Der mehr als drei Meter hohe Eckensteher, der heute reihenweise abgelichtet wird, ist jüngeren Datums, doch seit 1717 gereicht er der alten Harzstadt auch schon zur Zierde. Viele Herren hat dieser Ritter des Rechts kommen und gehen sehen. Wie durch ein Wunder überstand er das Inferno mehrerer britischer Bombenangriffe. Während der ersten Apriltage, kurz vor Kriegsende, sank das mittelalterliche Zentrum Nordhausens in Trümmer. Mehr als 8000 Einwohner verbrannten qualvoll. Vom Rathaus blieben auch nur Mauerreste übrig. Doch der Roland unter dem Baldachin blieb unversehrt. Für die Überlebenden, die den Trümmerschutt wegräumten, war das wie ein Symbol. Schon einmal in der mehr als 1000jährigen Geschichte Nordhausens hatte der Roland am Rathaus kriegerischen Einflüssen tapfer widerstanden. Das war Anno 1647, zur Zeit des 30jährigen Krieges, als der schwedische Oberstleutnant Cannenberg den Bürgern der Freien Reichsstadt nicht nur ans Geld, sondern auch an die Ehre wollte. Er befahl, den Roland zu stürzen. Doch als seine Soldaten die Säge am hölzernen Riesen ansetzten, um das frevlerische Werk zu vollbringen, kreischte Metall auf Metall. Die dicken eisernen Stangen, des Rolands Stützkorsett im Inneren, verhinderten das Schlimmste.

Auf der anderen Seite des Harzes, in Quedlinburg, kam das Symbol reichsstädtischer Freiheiten vor Jahrhunderten weniger glimpflich davon. Einer Frau, der Äbtissin Hedwig, Vorsteherin des adligen Damenstifts auf dem Schloßberg hoch über der Stadt, mißfielen die Machtgelüste der Bürger. Diese hatten 1477 alle Rechte der lokalen Kirchenfürstin beschnitten und ihre eigenen Priviligien vermehrt. Nur dem Kaiser wollte sie untertan

Symbol aus Stein, umrahmt von Fahnen: der Roland von Quedlinburg.

sein. Ein steinerner Roland, am Markt vor dem Gewandschneiderhaus errichtet, dokumentierte gewachsenes bürgerliches Selbstbewußtsein. Die Äbtissin sann auf Rache. Fürstliche Heere, geführt von ihren Brüdern, Kurfürst Ernst und Herzog Albrecht, zogen nach Quedlinburg. Ein grausamer Rachefeldzug begann. Am 9. August 1477 muß der bürgerliche Rat sich verpflichten ... »dat we alle privilegia, von wem wi die hebben ... unse gnedigen frowen itzund overgeven ...« Äbtissin Hedwig triumphierte. Ihre Büttel zerschlugen den Roland.

Erst vierhundert Jahre später fand man den Torso unter Bauschutt in einer Ecke des Rathaushofes. 1869 ließ ihn der damalige Bürgermeister, Dr. Brecht, für 67 Taler und 24 Silbergroschen restaurieren. Seitdem steht er, das Schwert in der

Neustadt/Harz

Zerbst

Rechten, wieder auf seinem angestammten Platz. Der aus Bruchstükken zusammengefügte Sandstein-Mann gehört zu den liebenswertesten Rolandfiguren, die zwischen Elbe und Oder erhalten geblieben sind.

Insgesamt kann man fünfzehn denkmalgeschützte Standbilder auf dem Gebiet der DDR bewundern. Zwei, drei Tage genügen für eine Rundreise, denn die Burschen aus Holz oder aus Stein beweisen Familiensinn. Sie sind fast alle im mitteldeutschen Raum zwischen Stendal und Zerbst zu Hause. Nur einer von ihnen, er ist als einziger mit einem Flammenschwert bewaffnet, hält im Sächsischen Wache. Vor dem Rathaus von Belgern. Das kleine Städtchen am Oberlauf der Elbe galt in der Blütezeit der Markgrafschaft Meißen als wichtiger Handelsplatz. Vorgänger des heutigen Rolandes muß es dort schon früher gegeben haben, denn bereits 1550 mahnte eine schriftliche Ratsverordnung: »Welch Meister zu klein oder aber zu schwarz Brodt und Semmeln gebacken ... soll auch nicht auf den Bänken, sondern vor dem Rolande allein feil gehalten, daselbst drei Heller Semmeln für einen nawen Pfennig und drei Pfennige Brodt umb zweene Pf. gegeben werden ...« Solche Probleme gibt es heute in Belgern nicht mehr. Bäcker sind rar geworden im Städtchen. Der staatliche Handel liefert zumeist »knatschiges Brot«, wie die Sachsen sagen und die Semmeln, Stück fünf Pfennige, sind hart und klein. Belgerns Bürgermeister wird sich aber hüten, solchen Pfusch-Produzenten den Verkauf ihrer Ware nur vor dem Roland zu erlauben. Das Beispiel könnte ja Schule machen ...

Überall, wo in der DDR Rolande stehen – in Belgern, Brandenburg, Buch, Calbe, Halberstadt, Haldensleben, Halle, Neustadt/Harz,

Calbe/Saale

Questenberg/Harz

Der Riesen-Roland von Stendal (links)

Nordhausen, Questenberg, Perleberg, Potzlow, Stendal, Quedlinburg und Zerbst – werden sie von Staats wegen denkmalpflegerisch umsorgt und für die Geschichtsschreibung im marxistischen Sinne reklamiert. Sie sind »auf jeden Fall« Kunstdenkmale, befindet der Dresdner Journalist Eberhard Kottwitz in einer Buchveröffentlichung des Leipziger Brockhausverlages. Rolande, so doziert der Autor weiter, »sind Denkmale der Zeitgeschichte, sprechen vom Stand der Produktivkräfte, verraten nicht nur Mode und Geschmack, sondern künden von harten, oft erbarmungslosen Kämpfen um Rechte und Freiheiten, die selbstverständlich Klassenkämpfe waren.«
Im sozialistischen Alltag werden solche Schlachten nicht mehr geschlagen. Roland-Rechercheur Kottwitz kann zufrieden registrieren, daß die Bewahrung und Pflege der »Ritter des Rechts« zu einem »edlen Anliegen« der sozialistischen Gesellschaft geworden sind.
Tatsächlich. Proper sehen sie aus, die sorgsam konservierten historischen Recken. Als 1972 ein Novembersturm den größten Riesen aus der Garde, den 5,41 Meter hohen Stendaler Roland, vom Sokkel stürzte, waren Fachleute des volkseigenen Denkmalpflegebetriebes am Werk. Zwei Jahre dauerte die Neuanfertigung der zerborstenen Sandsteinfigur. Aufgestellt und geweiht wurde sie am 7. Oktober 1974 mit viel staatsbürokratischem Pathos aus Anlaß des 25. Jahrestages der Gründung der DDR.
Zehn Jahre später, 1984, hatten bei neuerlichem Jubiläumsspektakel die Rolande von Halberstadt oder Zerbst noch immer keine angenehmere Nachbarschaft als Losungssprüche und Fahnenmasten. Vier Jahrzehnte nach dem Untergang beider Städte im Bombenhagel dehnt sich zu Füßen der steinernen Symbolfiguren weithin planierte Trostlosigkeit aus. Einsam steht der Zerbster Roland, ein mit Plattenharnisch, Schild und schwerem Prunkgürtel geschmückter Vier-Meter-Mann, auf dem ehemaligen Markt. Hinter ihm eine Kirchenruine, rechts und links hölzerne Verkaufsbuden, nach dem Krieg als Handelsprovisorium errichtet, inzwischen längst als Dauerzustand akzeptiert. Vor einem meterlangen Agitationsspruch (»Der unzerstörbare Bruderbund mit der Sowjetunion – Garant unserer Erfolge«) parken sowjetische Militärlastwagen. Die jungen Soldaten blinzeln in die Sonne und rauchen Machorka.
Halberstadts Roland, er überstand das Bombardement 1945 gleichfalls mit geringen Blessuren, wurde an den Turmschaft der Martinikirche umgesiedelt. Rings um das Gotteshaus erstreckte sich einst das Geschäftszentrum Halberstadts. Nach dessen völliger Zerstörung am 8. April 1945 ist nur wenig davon wieder aufgebaut worden. Riesige freie Flächen verstärken den Eindruck urbaner Trostlosigkeit. Der Roland, 1433 aus Sandstein gemeißelt, blickt frei geradeaus. Mehr als 550 Jahre Weisheit stehen ihm ins markante Antlitz geschrieben. Über die vergänglichen Menschlein zu seinen Füßen kann dieser Riese nur erhaben lächeln ...

Eine Stadt der kurzen Wege: Weimar

Besucher aus aller Welt drängen täglich durch die einstigen Wohnhäuser der Dichter Goethe, Schiller oder Herder, deren Wirken den Ruf Weimars als Literaturzentrum begründete. Aus der »klassischen Zeit« der deutschen Sprachkünstler hat sich vieles bis ins sozialistische Zeitalter erhalten. Nicht nur die Bauten jener zwei Jahrhunderte zurückliegenden Epoche prägen Weimars Stadtbild heute noch, auch die ständigen Bewohner geben sich gebildet und kulturbeflissen, dem Fremden mit jeder Auskunft dienlich. Warnung: Manchmal bedarf es eines Machtwortes, den Redefluß der Weimarer zu bremsen. Und noch ein Tip: Sprechen Sie niemals von den Geschwätzigen als »Weimaraner«. Darauf reagieren sie empfindlich, denn »Weimaraner« sind eine Hunderasse.

Geboren – gestorben
Weimars Marktplatz ist immer turbulenter Mittelpunkt der Stadt gewesen. Viele wichtige Ereignisse fanden dort statt. In den Häusern ringsum wohnten Berühmte aller Jahrhunderte. Lucas Cranach ist dort im Alter von achtzig Jahren am 16. Oktober 1553 gestorben. Schräg gegenüber, im Haus mit der Nummer 13, wurde 1816 Carl Zeiss geboren, später Gründer der weltberühmten Zeiss-Werke in Jena.

»Wo finden Sie«, sagte Goethe zu seinem Sekretär Eckermann am 15. September 1823, »auf einem so engen Fleck noch so viel Gutes? . . . Wählen Sie Weimar zu Ihrem Wohnort! Es gehen von dort die Tore und Straßen nach allen Enden der Welt. Im Sommer machen Sie Reisen und sehen nach und nach, was Sie zu sehen wünschen. Ich bin seit fünfzig Jahren dort, und wo bin ich nicht überall gewesen! Aber ich bin immer gern nach Weimar zurückgekehrt.«
Ludwig Bechstein, der Märchensammler, pries die Stadt an der Ilm gleichfalls voller Begeisterung: »Weimar ist nur eine kleine deut-

sche Haupt- und Residenzstadt, aber die Geschichte und das Walten hochherziger Fürsten hat ihr den Lorbeer eines unverwelklichen Ruhmes geflochten.«
Der Däne Hans Christian Andersen schwärmte: »Als ich Weimar verließ, war mir, als hätte ich schon früher in dieser Stadt lange gelebt, als wäre sie eine liebe Heimat, von der ich mich nun trennen müßte ... Von Weimar, der Dichterstadt, ist Sonnenschein in mein Dichterleben hineingeströmt.«
Hermann Fürst von Pückler-Muskau notierte 1845: »Weimar ist nur eine kleine Stadt und doch eine Weltstadt. Wem in Europa ist ihr berühmter Name fremd?« Ferdinand Freiligrath äußerte sich 1840 kritischer: »Die Physiognomie der Stadt hat etwas Beschränktes, Borniertes, Kleinstädtisches und gemahnt mich schier an mein gutes kleines Detmold ... Es ist doch ein süperbes merkwürdiges Nest, dies Weimar, nur, glaub' ich, werde ich mehr in seiner Vergangenheit schwelgen als in seiner Gegenwart.« Treffliche Worte! Sie könnten aus unseren Tagen stammen, denn ohne die großen Geister von einst wäre Weimar heute kaum mehr als ein unbedeutendes Industriestädtchen wie viele andere auch, bestenfalls traurig-berühmt

Das Cranachhaus (im großen Foto das rechte Haus) mit seinem schönen figürlichen Fassadenschmuck ist eines von vielen Gebäuden am Markt, das berühmte Weimarer Bürger beherbergte. Der alte Brunnen am Frauenplan (Foto links unten) trägt noch heute die Initialien des Herzogs Carl August.

Durch dieses schmiedeeiserne Tor mit der zynischen Inschrift »JEDEM DAS SEINE« wurden Tausende ins Konzentrationslager Buchenwald getrieben, erst von den Nazis, dann von den sowjetischen Siegern.

durch das Konzentrationslager der Nazis auf dem Ettersberg, in dem zwischen 1934 und 1945 56 000 Menschen ermordet worden sind.
Doch dank eines kunstsinnigen Fürsten, der Goethe, Schiller, Herder, Wieland und andere bekannte Zeitgenossen an seinen Hof holte, ist die einstige Residenzstadt auch zwei Jahrhunderte nach ihrer »klassischen Zeit« nicht vergessen. Weimar erwarb den Ruf, eine sehr lebendige Museumsstadt zu sein. Es wurde zur Pilgerstätte für Touristen aus aller Welt. Mehr als 300 000 Fremde kommen pro Jahr, Bildungsbeflissene, Neugierige, die meisten aber wohl doch nur schnell Durchreisende, denen das historische deutsche Dichtervölkchen im Tourenarrangement pauschal verkauft wird. Zwei Stunden Weimar, dann weiter nach Dresden, Besichtigung der Gemäldegalerie, Abendessen in Prag.
Wer die Reize dieser Stadt Weimar richtig erleben will, sollte Zeit mitbringen, zwei Tage mindestens. Egal, wohin man seine Schritte lenkt, schon an der nächsten Ecke wird das Haus einer verblichenen Berühmtheit stehen, kenntlich gemacht durch ein Holzschildchen mit erklärenden Worten. Die staatlich besoldeten Mitarbeiter, die alle Häuser und das Dichtererbe hüten, gehören zu einer im Schloß ansässigen Institution mit einem sehr langen Namen, den »Nationalen Forschungs- und Gedenkstätten der klassischen deutschen Literatur«. Der Weimarer Volksmund machte daraus kurz: VEB Gocthc. Doch wie in jedem volkseigenen Betrieb fehlen auch dort Arbeitskräfte. Deshalb sind als erstes die Eintrittskartenverkäufer der verschiedenen Museen »wegrationalisiert« worden. Besucher müssen jetzt die Billets für alle Museen an einer Zentralkasse in der Nähe des Marktplatzes erwerben. Das ist praktisch für die Verwalter. Nur wissen muß man es! Wer zunächst einmal vergeblich Einlaß bei Goethe oder Schiller begehrte und vom Frauenplan freundlich zum Ticketbüro zurückverwiesen wurde, tröste sich: Weimar ist eine Stadt der kurzen Wege. Fünf bis zehn Minuten Fußmarsch genügen, um das gesamte Zentrum zu erkunden.
Etwas länger dauert es, will man hinauspilgern zum Gartenhaus des Meisters. Der Spaziergang führt durch einen gepflegten Landschaftspark mit uralten Bäumen hinunter zum Flüßchen Ilm, dann über eine kleine Holzbrücke und schließlich wird der Weg von einer mit gelben Blumen übersäten Wiese gesäumt. Stille ringsum. Nur die Vögel zwitschern. Nichts scheint sich verändert zu haben seit der Zeit, in der Goethe auf dem gleichen Wege seinem ländlichen Refugium vor den Toren des Städtchens zustrebte. Im April 1776 bezog er im Gartenhaus das erste Quartier nach seiner Ankunft in der Stadt. Herzog Carl August schenkte ihm das verwilderte Grundstück mit dem damals halbverfallenen Häuschen. Der junge Neuankömmling machte sich den Ort wohnlich, pflanzte Bäume und Sträucher, markierte Wege und ließ von Handwerkern das Haus her-

Geschichtslücke
Das ehemalige Nazi-Konzentrationslager »Buchenwald« bei Weimar ist als »Nationale Mahn- und Gedenkstätte« in der DDR ein Ort, der pro Jahr von Zehntausenden besucht wird. Was bei allen offiziellen Führungen verschwiegen wird, ist die Tatsache, daß kurze Zeit nach der Selbstbefreiung des Lagers durch die Häftlinge im April 1945 sowjetische Geheimdienstoffiziere die Gebäude des Konzentrationslagers inspizierten und ab August als »Speziallager Nr. 2« einrichten ließen. Bis zum Sommer 1948 sind dort mehrere tausend deutsche Kriegsgefangene, als Mitglieder der NSDAP Festgenommene oder wegen Aktionen gegen die sowjetische Besatzungsmacht Denunzierte, ermordet worden. Die Sowjets setzten an gleicher Stelle mit den gleichen Mitteln die Vernichtungstaktik ihrer Vorgänger fort. Darüber redet heute in der »Mahn- und Gedenkstätte« niemand. Drei schreckliche Jahre sind aus der Geschichte des Todeslagers gestrichen worden.

Ein Ort beschaulicher Ruhe im Zentrum Weimars: der Garten des Goethehauses. Christianes Stübchen (Foto unten links) ist ein stilles Refugium im Palast des Dichterfürsten. Das Grab der Freifrau von Stein befindet sich auf dem Historischen Friedhof (Foto unten rechts).

Liebesschloß

War es platonische Zuneigung? War es Liebe? Die Goetheforscher sind sich nicht einig. Was den jungen Dichter zu mehr als vierstündigen Fußmärschen von Weimar zu dem bei Rudolstadt gelegenen Wasserschloß von Kochberg bewegte, waren Besuche bei einer geistvollen Frau, Charlotte von Stein, die dort als Gemahlin eines adeligen Hofstallmeisters residierte. Das Schloß, der Landschaftspark und das kleine Theatergebäude sind von 1968 bis 1975 gründlich erneuert worden. Jetzt als Goethe-Gedenkstätte eingerichtet, finden die Besucher Möbel und Dokumente aus den ersten Jahren von Goethes Aufenthalt im Herzogtum Weimar. Zur Sommerzeit werden im Schloßtheater Schauspiele aufgeführt und Konzerte veranstaltet.

richten. So nah und doch so weit weg waren die Stadt und der herzogliche Hof von diesem beschaulichen Platz inmitten der Natur. Erst nach sechs Jahren, 1782, bezog Goethe das repräsentative größere Haus am Frauenplan. Doch seine liebgewordene »Klause«, die »Wohnung des Friedens«, wie er den Ort nannte, hat er nie gänzlich aufgegeben. Dort vollendete er die Prosafassung der »Iphigenie«, auch wesentliche Teile von »Wilhelm Meister« und »Tasso« entstanden im Gartenhaus. Das Stehpult, an dem der Dichter arbeitete, darf ehrfürchtig bestaunt werden, auch das Klappbett, auf dem er zu ruhen pflegte. Durch die Fenster sieht man hinaus auf die Auenlandschaft an der Ilm, und mit etwas Phantasie lassen sich die Empfindungen des einstigen Hausherrn nachvollziehen, der das Erlebnis seiner Umgebung immer wieder in wohlklingende Prosa faßte:

»Füllest wieder 's liebe Tal
Still mit Nebelglanz
Lösest endlich auch einmal
Meine Seele ganz.«

Ein anderes Gebäude im Park, der heute selbstverständlich Goethes Namen trägt, heißt »Römisches Haus«. Es steht fünfhundert Meter entfernt vom Gartenhaus am jenseitigen Ufer der Ilm. Herzog Carl August ließ es 1791 bauen. Den Entwurf vertraute er seinem Freund, dem Dichterfürsten an, der kurz zuvor Italien bereist hatte und von dort auch baukünstlerische Anregungen mitbrachte. Die kleine Sommerresidenz wirkt bescheiden und fügt sich harmonisch in die Parklandschaft ein. Säulen, Reliefs und ein der antiken Bauweise nachempfundener Giebel machen das Haus zu einem sehenswerten Beispiel frühklassizistischer Architektur. Verschiedenfarbige Räume im Inneren, ein Blauer Salon als einstiger Empfangsraum, der Gelbe Salon als Arbeitszimmer des Herzogs, sind mit wenigen, aber kostbaren Möbeln ausgestattet. Gelegentlich finden dort kleine künstlerische Veranstaltungen statt.

Wer durch den Park stadtauswärts weiterwandert, kommt geradewegs zum Schloß Belvedere. Das letzte Stück der sanft ansteigenden Straße dorthin wird von uralten Kastanienbäumen flankiert. »Belvedere« sollte im 18. Jahrhundert, lange bevor Goethe nach Weimar kam, das »Sanssouci« des bauwütigen und auf Repräsentation bedachten Herzogs Ernst August werden. So entstanden für 250 000 Taler ein prunkvolles Lustschloß mit zahlreichen Nebengebäuden im weitläufigen Park: Ballhaus, Reithaus, Orangerie und Tierzwinger. Mauern umgaben das Anwesen und schützten so den vergnügungssüchtigen Hofstaat vor Neugierigen aus dem Volk. Prunk und Pracht nach französischem Vorbild währten aber kaum fünfzig Jahre. Dem

Trubel und Geschäftstätigkeit auf engstem Raum. Zwischen dem Theaterplatz (Foto links mit dem Deutschen Nationaltheater, vor dem das Goethe-Schiller-Denkmal steht) und der einstigen Esplanade (Foto oben Schiller-Museum) drängen sich Touristen aus aller Welt.

Sammlerfürst

Goethe war nicht nur als Dichter aktiv. In seinem Weimarer Wohnhaus hat er sich zu Lebzeiten an 26 511 Kunstwerken erfreut, alle selbst gesammelt. Von den 11 600 Grafiken und Zeichnungen, fast 13 700 Steinen, Münzen und Medaillen und 348 Kleinplastiken werden viele heute in Museen gezeigt.

Ehrenmal
Dicht neben der Jakobskirche befindet sich auf dem historischen Friedhof ein Grabdenkmal besonderer Art. Die etwa drei Meter hohe sich nach oben verjüngende Steinsäule trägt als Aufschrift: »Der Bürger Treue« und dazu den Namen des dort Bestatteten: Johann Franz August Zimmermann. Jener Arbeiter aus Ilmenau verunglückte bei Rettungsarbeiten während des Schloßbrandes im Mai 1774 tödlich. Weimars Herzog ließ ein Staatsbegräbnis ausrichten. Später schrieb der Dichter Daniel Schubart in der Zeitschrift »Deutsche Chronik«: »Da es bekanntlich unter den niedrigsten Ständen des Lebens Menschen gibt, die große Handlungen zu thun fähig sind, so sollen sie niemals von öffentlichen Ehrenbezeugungen, die allgemeine Nacheiferung erregen, ausgeschlossen bleiben.

Lebensstil, den Herzog Carl August, der weltoffene, volksverbundene Weimarer Potentat pflegte, widersprach alles Gekünstelte. Er fühlte sich Rousseaus Maxime »Zurück zur Natur« verbunden und ließ zunächst den französisch gestutzten Zierpark von Belvedere in einen für jedermann offenen englischen Landschaftspark umfunktionieren. So bietet er sich auch dem Besucher unserer Tage. Im Hauptgebäude des Schlosses ist eine Porzellansammlung zu besichtigen. Nebenan, in den einstigen Kavaliershäusern, werden talentierte Kinder auf ein späteres Studium an der Hochschule für Musik vorbereitet. Ganztags erklingt dort Musik, manch falscher Geigenton ist dabei, auch laute Trompetenklänge und zaghaftes Klavierspiel. Weiter hinten im Park stehen in den haushohen Remisen mehr als ein Dutzend prunkvoller Kutschen, Kaleschen und Jagdwagen aus herzoglicher Zeit. Im Garten der Orangerie wird zur Sommerzeit Theater gespielt. Derartige Nutzbarmachung der historischen Anlagen ist die Regel. Selbst das Allerheiligste, das Goethewohnhaus am Frauenplan, wird davon nicht ausgenommen. »Warum stehen sie davor? Ist nicht Thüre da und Tor? Kämen sie getrost herein, würden wohl empfangen sein.« Der durchaus ernst gemeinte Reim des Hausherrn galt zu seinen Lebzeiten, und er gilt heute wieder.

Ende August, wenn sich der Geburtstag des Meisters jährt, wird an drei Abenden stilvoll gefeiert im großen Haus. Alle Museumsräume sind dann von Kerzen erleuchtet. Ein Streichquartett musiziert in den Gesellschaftsräumen. Zuvor findet im Garten des Goethehauses eine kurze Theateraufführung statt, nichts Dramatisches, mehr kurzweilig Komödiantisches. Autor dieser Stücke ist selbstverständlich immer der zu Feiernde, so kommen Goethes Jugendwerke unter die Leute. Die Geburtstagsfeste im Goethehaus haben ihre Pendants auch in anderen Weimarer Museen: im Schillerhaus, in Anna Amaliens Witwenresidenz, dem Wittumspalais oder im Kirms-Krackow-Haus, das ein Herdermuseum beherbergt. Karten für solche Veranstaltungen sind begehrt, aber rar. Natürlich ist die lokale Partei- und Kulturprominenz vorrangig vertreten, aber viele Karten werden auch über die Leitungen der ortsansässigen Betriebe vergeben, so daß durchaus festlich gewandetes »einfaches Volk« an den kulturellen und kulinarischen Leckerbissen des Goethe-Geburtstages teilhaben kann.

Offen für jedermann ist der Zwiebelmarkt, halt, mit einer Einschränkung! Tollkühn gekleidete und frisierte junge Leute, von den Sicherheitsbehörden wegen ihrer Andersartigkeit mißtrauisch registriert, sollen dem »sozialistischen Volksfest« möglichst ferngehalten werden. Doch jene Halbwüchsigen, die als DDR-Rocker und -Punker ihren äußeren Habitus nach westlichem Vorbild verändern und damit schockierend auffallen im grauen Alltag, finden immer wieder ein

Einzigartig
William Shakespeare war niemals in Weimar, aber sein Denkmal steht dort, das einzige auf dem europäischen Kontinent. Es befindet sich im Goethepark an der Ilm und ist 1904 im Auftrag der Deutschen Shakespeare-Gesellschaft von Professor Otto Lessing geschaffen worden. Der britische Dramatiker schaut sinnend von hohem Sockel in die Bäume. Totenschädel, Dolch, Narrenkappe und Pritsche, Attribute seines universalen literarischen Schaffens, hat der Bildhauer geschickt ins Denkmal eingefügt.

Beide Teile von Goethes »Faust« (Fotos), aber auch andere klassische Werke und Gegenwartsstücke stehen auf dem Spielplan des Deutschen Nationaltheaters.

Gästeliste
Das Hotel »Elephant« am Markt, heute ein INTERHOTEL, ist seit dem Jahre 1696 Gasthof. In »klassischer« Zeit galt es, wie der Dichter Grillparzer meinte, als »Vorzimmer zu Weimars lebender Walhalla«. Alle, die Goethe oder den anderen großen Geistern ihre Aufwartung machen wollten, stiegen dort ab. Später beehrten Richard Wagner, Franz Liszt, Friedrich Hebbel, Thomas Mann, Arnold Zweig, Werner Heisenberg und viele andere das Hotel mit ihrer Anwesenheit. Auch Adolf Hitler logierte dort. Als zwei Jahrzehnte später im gleichen Zimmer ein hochrangiger sowjetischer Funktionär einquartiert wurde, gab es einen fürchterlichen Eklat.

Schlupfloch, um als ungeladene Gäste beim Zwiebelmarkt dabei zu sein. Schon Tage vor dem Ereignis wird Weimar weiträumig von Polizisten und Staatssicherheitsleuten abgesperrt. Verdächtige Jugendliche, Motorradfahrer, Tramper, alle die nicht ins Klischee sozialistischer Ordnung passen, werden aussortiert und abgewiesen. Nachts kehren die gewieften unter ihnen auf Schleichwegen zurück und nähern sich im Schutze der Dunkelheit dem Frauenplan. Dort haben einige hundert Händler bereits ihre Marktstände aufgeschlagen. Kunstvoll gebundene Zwiebelzöpfe stapeln sich unter Zeltplanen. Obst und Gemüse aus

dem Hausgarten, in diesen Massen ein seltener Anblick für DDR-Konsumenten, wird kunstvoll drapiert. Der Zwiebelmarkt ist eine optische Augenweide. Äpfel, Sellerie, Mohrrüben und andere bodenständige Landprodukte, aber vor allem Zwiebeln wurden schon zu Goethes Zeiten vor seinem Haus im Frühherbst feilgeboten. Damals wie heute transportierten die Bauern aus der Umgebung ihre Ware in die Residenzstadt, damit die Bürger sich für den bevorstehenden Winter eindecken konnten. Zur Versorgungsaufgabe gesellte sich vor kurzem ein, wie er in Funktionärsdeutsch genannt wird, »kulturpolitischer Aspekt«.
Alte Traditionen, die es in dieser Form beim historischen Zwiebelmarkt niemals gegeben hat, werden jetzt »neu belebt«. Blaskapellen spielen, Laientanzgruppen zeigen auf Behelfsbühnen ihr Können, der Oberbürgermeister lobt vom Rathausbalkon alle Jahre wieder den »Fleiß und die Schöpferkraft der Werktätigen«.
Diese klatschen artig Beifall und stürzen sich dann mit Körben und Einkaufsbeuteln ins Marktgetümmel. Einen oder mehrere Zwiebelzöpfe zu ergattern gilt als größter Erfolg. In der Zwischenzeit formieren sich die durch alle Polizeikontrollen geschlüpften Paradiesvögel, schleppen Bierkästen und lassen sich demonstrativ auf der Wiese vor dem Goethehaus nieder. Nein, Krawall machen sie nicht, wenn sie niemand von den Grünuniformierten durch Ausweiskontrollen oder forsches Auftreten provoziert. Sie liegen in ihren Lederkombinationen nur da, trinken, rauchen, schwatzen. Ihre Präsenz, ausgerechnet vor dem Musentempel des Erlauchten, ist Provokation. Das haben sie erreicht, mehr wollen sie nicht.
Goethe, könnte ich mir vorstellen, hätte Verständnis dafür, Stürmer und Dränger, der er ein Leben lang gewesen ist. Nachmittags trollen sich die jungen Leute und brausen auf ihren Motorrädern davon. Die Müllmänner sammeln Papier und Bierflaschen auf. Nachdem mit Wasserschläuchen der letzte Unrat am Frauenplan beseitigt ist, beginnt der Touristenrummel wieder. Weimar kehrt zum kulturvollen Alltag zurück.

Hinüber – herüber
– Brückengeschichten –

Brücken verbinden. Über viele lohnt es, zu Fuß zu gehen, ihre Konstruktion zu bewundern, sich Details einzuprägen. In Kriegen sind Brücken stets das bevorzugte Ziel von Zerstörungen. Viele sind oft zerstört, aber ebenso oft wieder aufgebaut worden. Solche Überlieferungen sind immer spannende Geschichten.

Detail der Elbebrücke »Blaues Wunder« in Dresden

Denkmalliste
Das gut erhaltene, ehemalige Rathaus von Suhl – Heinrichs, ein Fachwerkbau aus dem Jahre 1657, ist als Einzeldenkmal auf der Zentralen Denkmalliste der DDR erfaßt. Es wurde gründlich restauriert und wird als Thüringer Folklore-Zentrum mit öffentlicher Gaststätte genutzt. In den 15 Bezirken der DDR gibt es rund 12 000 durch staatlichen Beschluß bestätigte Denkmale von nationaler Bedeutung, mehr als 30 000 Denkmale regionaler Wichtigkeit und ca. 300 international bedeutsame Zeugen der Vergangenheit. Seit dem 19. Juni 1975 ist das »Gesetz zur Erhaltung der Denkmale in der DDR« in Kraft.

Die Göltzschtalbrücke (Foto oben) hat einen Superlativ verdient: Sie ist die größte Ziegelsteinbrücke der Welt. Seit 1851 rollen Eisenbahnzüge über das Bauwerk im Vogtland. Die Elbebrücke »Blaues Wunder« (Foto darunter) gehört zu den Wahrzeichen von Dresden.

In den waldreichen Gebieten zwischen Vogtland und Erzgebirge kommt, statistisch gesehen, auf 2,6 Straßenkilometer eine Brücke. Addiert ergibt das im sächsischen Industriebezirk Karl-Marx-Stadt die Rekordzahl von 4259 Brücken unterschiedlicher Art und Bauweise. Auch die Schienenwege der Eisenbahn überqueren Flüsse und Täler oft in beträchtlicher Höhe auf sehenswerten alten Stahl- oder Steinkonstruktionen.

Riesenwand aus Stein

Die Göltzschtalbrücke bei Reichenbach, 1846 bis 1851 erbaut, gehört zu den imposantesten. Sie ist eine in 74 Tore aufgelöste Riesenwand, bestehend aus etwa 26 Millionen Ziegelsteinen und 64 000 Kubikmetern Granit. Am 15. Juli 1851 rollte der erste Zug über den 579 Meter langen und 78 Meter hohen Riesenviadukt. Der Schöpfer des Bauwerkes, Johann Andreas Schubert, Professor für Mechanik an der Technischen Hochschule Dresden, blieb bei den Einweihungsfeierlichkeiten jedoch ungenannt. Wegen seiner Teilnahme an den revolutionären Kämpfen in den Jahren 1848/49 war er vom königlichen Auftraggeber mit Verachtung gestraft worden.

Ein gotisches Meisterwerk

Um 1186 erhielt die Bergmannssiedlung Freiberg das Stadtrecht. Reiche Silberfunde beschleunigten die Entwicklung des Ortes zu einem Wirtschaftszentrum. Das bedingte auch den Ausbau der Verkehrswege. Dreizehn Fernstraßen endeten damals in Freiberg. Weil die mit Erz beladenen schweren Fuhrwerke oftmals in den Furten der Flüsse steckenblieben, ließen die Grubenherren zahlreiche Steinbrücken mit großer Tragfähigkeit errichten. Eine der letzten im Originalzustand erhalten gebliebenen Bauwerke dieser Art ist die 1569 fertiggestellte »Gotische Brücke« bei Halsbach. Ihre Spitzbogenkonstruktion überspannt das Tal der Freiberger Mulde. Bevor 1928 etwa 300 Meter flußab eine neue Brücke gebaut wurde, diente sie dem Verkehr auf der Hauptstraße Dresden – Freiberg. Heute hat sie nur noch lokale Bedeutung für das Dorf Halsbach.

Die Rettung eines Wunders

Von den fünf neuen Elbebrücken, die Ende des 19. Jahrhunderts in Dresden errichtet worden sind, ist die Hängebrücke zwischen den Stadtteilen Loschwitz und Blasewitz die architektonisch interessanteste Konstruktion. Wegen ihres ursprünglichen Farbanstriches wurde sie »Blaues Wunder« genannt. Frei schwebend überspannt das 3500 Tonnen schwere eiserne Brückenbauwerk die Elbe. Die Entfernung zwischen den beiden Uferpfeilern beträgt 141,5 Meter. Insgesamt ist das »Blaue Wunder« 255,5 Meter lang und hat eine elf Meter breite Fahrbahn. Die Gehwege für Fußgänger sind erst 1935 seitlich angebaut worden. Zehn Jahre später verhinderten zwei mutige Dresdener Antifaschisten, der Klempnermeister Erich Stöckel und der Telegrafenarbeiter Paul Zickler, die Sprengung der Brücke durch ein Sonderkommando der SS. Unabhängig voneinander zerschnitten die beiden Männer alle Zündkabel zu den bereits installierten 35 Sprengkörpern.

Gotische Spitzbogenbrücke bei Halsbach/Sachsen

Krämerbrücke Erfurt

Hausbrücke bei Buchfart/Thüringen

Häuser über dem Wasser

Schon im 10. Jahrhundert, so wird vermutet, bestand neben der Furt durch das Flüßchen Gera eine Brücke. Urkundlich verbürgt ist ihre Existenz seit 1117, als sie ein Brand zerstörte. 1325 ließ der Erfurter Rat einen Unterbau aus sechs Steinbögen errichten, der noch heute beide Wasserarme überspannt. Auf dieser Konstruktion errichtete man zunächst Krambuden und schließlich im 15. Jahrhundert 62 massive Fachwerkhäuser. Sie beherbergten einst Händler und Handwerker, die mit den durchziehenden Kaufleuten lukrative Geschäfte machten. Umbauten und Zusammenlegungen haben im Verlauf der Jahrhunderte die Anzahl der Häuser auf der Krämerbrücke reduziert. 32 Gebäude stehen jetzt dort. Ein Schallplattenladen, vier Geschäfte des Staatlichen Kunsthandels und mehrere Ateliers von Kunsthandwerkern sind das Ziel kauflustiger Kunden.

Nur für Wanderer

Zur Erschließung der Sächsischen Schweiz und ihrer Naturschönheiten haben zahlreiche Wegebauten beigetragen, die engagierte Heimatfreunde im vergangenen Jahrhundert ausführten. Als besonders schwieriges Vorhaben erwies sich die Fertigstellung einer 76,5 Meter langen Steinbrücke nahe der Bastei. Sie überspannt den »Marderfalle« genannten Abgrund und ermöglicht es Wanderern seit 1851, die Burgruine Altrathen gefahrlos zu erreichen. Diese spätmittelalterliche Befestigungsanlage inmitten der Felsklüfte ist rekonstruiert worden und kann seit 1975 wieder besichtigt werden. Von der Basteibrücke selbst sind zahlreiche Sandsteinfelsen des Wehlgrundes und solche markanten Klettergipfel wie die Lokomotive, das Lamm, der Honigstein und die Vordere Gans zu sehen.

Die Allerkleinste

Im Dessauer Ortsteil Waldersee gelegen, ist der kleine Schloßpark Luisium ein Werk des bekannten Gartenarchitekten Johann Friedrich Eyserbeck (1734–1818) Musterbeispiel für das harmonische Nebeneinander von klassizistischer Architektur und gestalteter Landschaft. Vor der Südseite des 1778 erbauten zweigeschossigen Sommerschlößchens (Architekt: Friedrich Wilhelm von Erdmannsdorff 1736–1800), das die Fürstin Luise bewohnte, ist ein künstlicher See angelegt worden. Über den schmalen Verbindungsgraben wölbt sich die wohl kleinste denkmalgeschützte Brücke der DDR. Aus weiß angestrichenem Holz gearbeitet, soll sie im Zeitgeschmack des 18. Jahrhunderts den Einfluß chinesischer Kultur symbolisieren. Andere Bauwerke im Park, wie die Ruine eines Triumphbogens oder das Schlangenhäuschen haben nach klassizistischer Manier ihr Vorbild in der etruskischen und pompejanischen Kunstwelt.

Brücke mit Fenstern

Anstelle einer vom Hochwasser des Flüßchens Ilm zerstörten Steinbrücke ist im kleinen Dorf Buchfart (Kreis Weimar) 1631 eine Holzkonstruktion errichtet worden. 1818 erneuert und 1968 wiederum instandgesetzt, dient das 43 Meter lange, ringsum mit Holz verschalte und mit Fenstern versehene Bauwerk noch immer dem Verkehr. Allerdings ist die Tragfähigkeit der Brücke auf 12 Tonnen begrenzt,

Romanische Werrabrücke bei Creuzburg

Autobahnbrücke über das Teufelstal

Klappbrücke bei Wieck/Ostsee

Nur wenige Schritte und man hat das andere Ufer erreicht. Die kleinste unter Denkmalschutz stehende Brücke der DDR ist Fußgängern vorbehalten und befindet sich im Wörlitzer Park bei Dessau

Schiffsfahrstuhl
Das 2500 km lange Wasserstraßennetz der DDR hat hauptsächlich regionale Bedeutung für den Gütertransport. Auch für Wassersportler ist es interessant. Viel bestaunt wird die am 21. März 1934 eingeweihte, noch heute größte hydraulische Anlage Europas, das Schiffshebewerk von Niederfinow östlich von Eberswalde. Im Oder-Havel-Kanal werden dort täglich etwa 30 Schiffe per »Fahrstuhl« in nur fünf Minuten 36 Meter angehoben bzw. abgesenkt. Die Anlage kann Schiffe bis zu 1000 Tonnen Tragfähigkeit aufnehmen. Für Zuschauer ist die Bewegung der Lastkähne im Schiffshebewerk ein sehenswertes Ereignis.

Kartenraritäten
Im Gothaer Schloß ist 1985 anläßlich des zweihundertjährigen Verlagsjubiläums der geographisch-kartographischen Anstalt VEB Hermann Haack das erste Spezialmuseum für Kartographie in Europa eingerichtet worden. In dem von Justus Perthes 1785 gegründeten Verlag sind zahlreiche bekannte deutsche geographische und kartographische Werke ediert worden. So im Jahre 1823 der »Stieler Handatlas«, der weltberühmt geworden ist in der Karthographiegeschichte. Ein Originalexemplar wird im neuen Museum gezeigt.

auch Fahrzeuge, die höher sind als 3,10 Meter können sie nicht passieren. Hausbrücken dieser Art schützen alle tragfähigen Balken vor Witterungseinflüssen und verhindern im Winter Eisbelag auf der Fahrbahn. Einst dienten sie den Bauern und ihren Fuhrwerken bei heftigem Regen auch als sicherer Unterschlupf. Ähnliche Hausbrükken gibt es nur noch in Hennersdorf und Hohenfichte (Kreis Flöha) und in Wünschendorf bei Gera.

Alt aber standfest

Zu den ältesten steinernen Bogenbrücken der DDR gehört die um 1225 bei Creuzburg (Kreis Eisenach) errichtete Werrabrücke. Bestandteil des romanischen Verkehrsbauwerkes ist eine im 15. Jahrhundert am Ostufer des Flusses erbaute kleine Kirche. Um den Vormarsch amerikanischer Panzer-Truppen 1945 aufzuhalten, sprengten fanatische Nazis das denkmalgeschützte architektonische Kleinod. Fachleute rekonstruierten die Brücke in jahrelanger mühevoller Arbeit. Heute wird sie täglich von vielen Fahrzeugen passiert. Ihre Tragfähigkeit ist nicht begrenzt, wegen der geringen Fahrbahnbreite kann sie jedoch nur als Einbahnstraße benutzt werden. Die solide Konstruktion überstand bisher alle Hochwasser der Werra unbeschadet.

Unten soll der Teufel wohnen

Einen Kilometer vom Hermsdorfer Autobahnkreuz entfernt überquert der motorisierte Reisende auf der Transitstrecke Richtung Eisenach ein tiefes Tal. Die Fahrt über eine 260 Meter lange Brücke dauert nur Sekunden. Wenige Autofahrer merken deshalb, daß sie gerade eine der eigenwilligsten Verkehrsbauwerke der neueren Zeit passiert haben. Es lohnt sich, auf dem unmittelbar neben der Brücke gelegenen Rastplatz anzuhalten und das aus Stahlbeton gegossene technische Meisterwerk zu besichtigen. Die beiden Richtungsfahrbahnen der Autobahn verlaufen 56 Meter über dem Grund des Teufelstales. Ohne Stützpfeiler verbindet die Brücke mit einem Bogen beide bewaldeten Höhenzüge. Die von den Architekten Paul Bonatz und Fritz Leonhard 1937 entworfene Konstruktion gilt auch heute noch als nachahmenswerte Lösung für die harmonische Einbindung eines modernen Zweckbaus in vorhandene Landschaftsstrukturen.

Mit der Kurbel in die Höhe

Die in den Jahren 1886/87 nach holländischem Vorbild erbaute Gleichgewichts-Klappbrücke verbindet zwei Greifswalder Vororte: Wieck und Eldena. Wenn der Brückenwärter den durch Ketten und Eisengewichte beweglichen Mechanismus per Handkurbel in Gang setzt, wirken die vier jeweils 16 Meter langen oberen Querbalken als Hebel zum Heben und Senken beider Fahrbahnteile. Bei geöffneter Brücke können an dieser Stelle Schiffe bis zu einer maximalen Breite von 10,7 Meter das Flüßchen Ryck auf dem Weg vom Bodden zum Greifswalder Hafen passieren. Bis zum Jahre 1939 mußte für das Betreten oder Befahren der Klappbrücke Zoll entrichtet werden. Ortsansässige Familien berappten eine Pauschalsumme von jährlich drei Mark. Fremde bezahlten fünf Pfennige für jeden Übergang.

Von Arnstadt bis Zwickau
Ein Städte-Alphabet

Fragt man Deutsche in Deutschland-West nach ihren Kenntnissen über kleinere Städte in Deutschland-Ost, wird oftmals Kopfschütteln die Antwort sein. Berlin, Leipzig, Dresden und Erfurt sind geographisch noch einzuordnen, über Großstädte wird öfter berichtet. Aber Hildburghausen? Gardelegen? Schneeberg? Pirna? Achselzucken! Umgekehrt wird das Wissen bei den Deutschen in Deutschland-Ost über die Städte in Deutschland-West und deren Bedeutung ebenfalls immer geringer. Doch während die meisten DDR-Bewohner keine Möglichkeit haben, Cuxhaven oder Freiburg, Duisburg oder Kassel kennenzulernen, können Reisende aus der Bundesrepublik »drüben« auf Entdeckungsfahrt gehen. Die folgenden Stadtbeschreibungen machen vielleicht neugierig, auch andere »unbekannte« Städte zu besuchen.

Hafenstadt Stralsund

Ratsarchive
Feuersicher gebaute Räume und die tiefen Keller von Rathäusern sind schon immer als Orte für die Unterbringung des Stadtarchivs genutzt worden. Im Bautzener Rathaus werden zum Beispiel heute mehr als 65 000 Dokumente aus sieben Jahrhunderten verwahrt, darunter Urkunden aus dem Jahre 1260, die mit handtellergroßen Prachtsiegeln versehen sind. Eines der vielseitigsten Ratsarchive beherbergt das historische Rathaus der Thomas-Müntzer-Stadt Mühlhausen. Seit Anfang des 13. Jahrhunderts werden im »Verwahrgelaß« des Kellergewölbes Chroniken, Rechnungen, Urkunden und andere Dokumente gesammelt. Mit dem Jahre 775 ist das älteste Schriftstück datiert. Das einstige »Reichsstädtische Archiv« verfügt über Protokolle der frühen bürgerlichen Stadtverwaltung ebenso wie über Aufzeichnungen aus der Zeit des von Thomas Müntzers Ideen maßgeblich beeinflußten »Ewigen Bundes«. Auch eine handschriftliche Berufungsurkunde für den Organisten Johann Sebastian Bach aus dem Jahre 1707 ist erhalten geblieben. Danach erhielt der Musiker für seinen Dienst in Mühlhausen jährlich 85 Gulden, zwei Klafter Holz, drei Malter Korn und sechs Schock Reisig.

Arnstadt

Der Märchenerzähler Ludwig Bechstein, der seine Jugendzeit in der Stadt am Nordrand des Thüringer Waldes verbrachte, reimte überschwenglich: »O Arnstadt, trautes Arnstadt, ich hab' dich wiedergesehen, du hast mich wieder bezaubert, du warst noch nie so schön.« Johann Sebastian Bach wirkte von 1703 bis 1707 als Organist an der Bonifatiuskirche. Andere berühmte Leute, wie der Schriftsteller Willibald Alexis (1798-1871) und die unter ihrem Pseudonym »Marlitt« bekanntgewordene »Gartenlauben«-Literatin Eugenie John (1825-1887) sind in Arnstadt begraben worden.
Mit rund 30 000 Einwohnern gehört Arnstadt heute zu den wichtigsten Industriestädten Thüringens. Dort werden Chemieanlagen, Fernmeldeeinrichtungen, Lederwaren und Metallerzeugnisse hergestellt. Für Touristen gibt es viel Sehenswertes: den Hopfenbrunnen von 1583, das 1583/85 im Stil der niederländischen Renaissance erbaute Rathaus, die Liebfrauenkirche und den Neideckturm mit seiner barocken Haube. Im Schloßmuseum ist etwas zu besichtigen, das nicht nur Kindern Freude macht: die Puppensammlung »Mon Plaisir« (Mein Vergnügen). Die Fürstin hatte im 18. Jahrhundert die Idee, ihren gesamten Hofstaat von Künstlern und Handwerkern nachbilden zu lassen. So sind nach jahrelanger Arbeit mehr als vierhundert Puppen aus Wachs, Holz und Stoff entstanden, die in 26 Miniaturhäusern in 84 Zimmern jeweils für eine andere Szene aus dem Leben der Menschen des Spätbarock posieren. Da werden Köche, Diener, Marktschreier, Schuster, Apotheker, Zofen, Kammerherren, vornehme Bürger und natürlich die Fürstenfamilie gezeigt. Alle Gegenstände, die den Puppen zugeordnet sind, Kutschen, Stühle, Schränke, Kücheneinrichtungen oder Waffen, geben als maßstabgerecht verkleinerte Originale einen guten Eindruck in die Umwelt der Menschen, die vor mehr als zwei Jahrhunderten in Arnstadt gelebt haben.

Blankenburg

Das Städtchen (19 000 Einwohner) am Nordrand des Harzes ist einst sogar Residenz eines Fürsten gewesen. Im Barockschloß hoch auf dem Berge werden heute Studenten einer Handelsschule ausgebildet. Das Gebäude kann nicht besichtigt werden. Auch das alte Rathaus, im Jahre 1233 erstmals erwähnt, 1584 umgebaut und bis heute kaum verändert, gilt als Amtsgebäude und ist für Neugierige verschlossen. Bleiben das Heimatmuseum und eine Gedenkstätte für den ersten Präsidenten der DDR, Wilhelm Pieck. Als junger Tischlergeselle hatte Pieck während seiner Wanderjahre 1894 in der Harzstadt gearbeitet. Die »Herberge zur Heimat«, ein kleines Fachwerkhaus in der Bergstraße, damals Logis für Handwerksburschen, ist zum Museum umgestaltet worden. Wenn man die vordergründige Agitation übersieht, sind dort viele Einrichtungsgegenstände sehenswert.
Blankenburgs Kurzentrum, das »Teufelsbad«, wird jährlich von 600 Kranken besucht, die durch Moorpackungen Linderung ihrer Gelenkleiden erhoffen. Wer noch gut zu Fuß ist, sollte den Weg hinaus zur Burgruine Regenstein nicht scheuen. Eine weiträumige Erhebung aus Kreidesandstein im Harzvorland war einst Zufluchtsort für Raubritter. Die Reste der Festung sind noch gut zu erkennen.

Cottbus

»Der Cottbuser Postkutscher putzt den Cottbuser Postkutschkasten«. Ein altbekannter Zungenbrecher. Die Bezirksstadt (118 000 Einwohner) ist seit 1952 administratives Zentrum der Niederlausitz und bedeutungsvoll vor allem durch große Textilbetriebe. Der nahegelegene Spreewald und die Heidelandschaft entschädigen die Einwohner für die bauliche Tristesse der genormten Wohnviertel.

Dessau

Die Kreisstadt an der Mündung des Flusses Mulde in die Elbe zählt über 100 000 Einwohner. Noch immer sind die Zerstörungen durch Luftangriffe im Zweiten Weltkrieg unübersehbar. Nicht wieder bebaute Grünflächen dominieren im Zentrum. Auch ringsum bestimmen Wiesen und Weiden die Landschaft. Der Wörlitzer Park gilt als touristische Attraktion ersten Ranges. Schon Goethe war entzückt von der Kunst der anhaltischen Hofgärtner, die im Auftrage ihres Fürsten einen der größten mitteleuropäischen Landschaftsparks gestaltet hatten. Der Dichter schrieb am 14. Mai 1778 aus Dessau an die Freifrau von Stein in Weimar: »... Hier ist's jetzt unendlich schön, mich hat gestern abend, wie wir durch die Seen, Kanäle und Wäldchen schlichen, sehr gerührt, wie die Götter dem Fürsten erlaubt haben, einen Traum um sich herum zu schaffen. Keine Höhe zieht das Auge und das Verlangen auf einen einzigen Punkt. Man streicht herum, ohne zu fragen, wo man ausgegangen ist und hinkommt. Das Buschwerk ist in seiner schönsten Jugend, und das Ganze hat die reinste Lieblichkeit ... «

Eisleben

Die traditionsreiche Bergbaustadt (28 000 Einwohner) östlich des Harzes ist im Jahre 1180 erstmals urkundlich erwähnt worden. Martin Luther, der große Kirchenreformator, wurde dort geboren. In der Chronik heißt es: »Am Sankt Martin-Abend, welches war der zehnte November nach Christi Geburt im 1483. Jahre, ist Martinus Luther zu Eisleben am Harz von Hans Luther, einem Bergmann und Margarete, Luthers Hausfrau, geboren und diesen Tag in Sankt Peter christlich getauft und Martinus genannt.«
Luthers Geburtshaus, in dem er mit den Eltern nur ein Jahr wohnte, brannte 1693 bis auf die Grundmauern nieder. Der traditionsbewußte Bürgermeister ließ das Gebäude sofort wieder aufbauen. Im Erdgeschoß wurde eine Armenschule eingerichtet, während die oberen Räume mit Bildnissen und Dokumenten an Luther und die Reformationszeit erinnerten. Besucher konnten schon damals gegen Entgelt dieses vom Rat der Stadt unterhaltene Museum, eines der ersten in Deutschland, besichtigen. 1546 starb Luther, 62jährig, in Eisleben. Geburts- und Sterbehaus sind ebenso wie die Andreaskirche mit dem großen Schnitzaltar (um 1500), die Annenkirche mit der Steinbilderbibel, 26 Reliefs, 1585 geschaffen, die Nikolaikirche und die Petri-Pauli-Kirche alljährlich touristische Wallfahrtsstätten für zahllose Besucher aus aller Welt.

Freiberg

Die sächsische Industriestadt (51 000 Einwohner), mit Betrieben der Nichteisenmetallurgie und der ältesten bergbautechnischen Hochschule der Welt, war im Mittelalter

Devisen-Schwerter
August der Starke, einst Sachsens prunksüchtiger Landesherr, ließ seinen Untertanen Johann Friedrich Böttger in den Jungfernbastei-Kasematten der Festung Dresden einsperren, damit er ihm auf künstlichem Wege Gold herstelle. 1709 meldete der Gefangene, »gutes weißes Porcellain sambt allem zugehörigen Mahlwerck« erfunden zu haben. Das war die Geburtsstunde der ersten europäischen Porzellan-Manufaktur. Erzeugnisse mit den gekreuzten blauen Schwertern sind heute weltbekannt und gehören zu den wichtigsten Devisenbringern der DDR. Der volkseigene Betrieb »Staatliche Porzellanmanufaktur Meißen« hat über 100 000 Artikel im Lieferprogramm, 80 Prozent davon werden, zumeist in westliche Länder, exportiert. Wer zusehen will, wie Porzellan hergestellt und bemalt wird, kann die Schauhalle der Meißener Manufaktur besuchen. Auskunft über Öffnungszeiten: Meißen-Information, Willy-Anker-Str. 32, Telefon: 4470.

Teppichknüpfer
Freest, ein kleines Fischerdorf an der Ostsee, ist seit Jahrzehnten Zentrum des seltenen Handwerks der Teppichknüpferei. 82 Mitglieder einer Produktionsgenossenschaft stellen Teppiche mit

Architektonische Zeugen deutscher Geschichte: die Burg Falkenstein im Ostharz (Foto oben, links außen), auf der Eike von Repgow im 13. Jahrhundert mit dem »Sachsenspiegel« das erste deutsche Rechtsbuch verfaßte, das reichverzierte Rathaus von Frankfurt/Oder (Foto oben Mitte), die romanische Stiftskirche in Gernrode/Harz (Foto darunter), das Güstrower Schloß (Foto unten links außen) und die trutzige Greifswalder Kirche Sankt Marien (Foto daneben). Mancherorts sind alte Windmühlen (Foto: Mühle als Ausflugsgaststätte in Dorf Mecklenburg bei Wismar) sachkundig restauriert worden.

typischen Motiven des Küstengebietes her: Möwen, Schiffen, Kormoranen. Die Muster sind seit Generationen überliefert worden. Einst hatte die Teppichknüpferei nur lokale Bedeutung und war eine zusätzliche Erwerbsquelle während der Wintermonate. Heute gelten die Erzeugnisse als »Volkskunst« und werden zu entsprechend hohen Preisen im ganzen Land verkauft. Pro Jahr werden etwa 600 Quadratmeter Freester Fischerteppiche als Wandschmuck hergestellt.

Gerichtliches

Vielerorts künden lebensgroße Justitia-Figuren am Rathaus von der Rechtshoheit der betreffenden Stadt. In Görlitz steht die Symbolgestalt mit der Waage auf einer mit Reliefs geschmiedeten Säule, die 1591 aufgestellt worden ist. Das Original befindet sich im Museum. Von der daneben befindlichen Verkündigungskanzel gaben Justizbeamte Gerichtsurteile bekannt. Auch in Wittenberg ist das 1573 geschaffene »Justizportal« mit der weithin sichtbaren Justitia und anderen allegorischen Figuren erhalten geblieben. Vor diesem Portal fanden einst auf dem Marktplatz alle Hinrichtungen statt. Die vier Steine, auf denen das Schafott stand, sind heute noch zu sehen. Auf dem Hauptmarkt vor dem Rathaus von

Zentrum des Silberbergbaus. 1168 fanden Fuhrleute zufällig das begehrte Edelmetall. Tausende Abenteurer kamen und gruben nach Schätzen. Die Stadt und ihre Bewohner wurden schnell reich. Bis heute ist das spätmittelalterliche Stadtbild weitgehend erhalten geblieben. Der Obermarkt mit dem im 15. Jahrhundert erbauten Rathaus bildet das Zentrum der Stadt. Im Turm des Rathauses befindet sich die Lorenzkapelle. Sterngewölbe und gotische Portale machen das Gebäude zu einer Sehenswürdigkeit von Bedeutung. Nicht weit davon entfernt steht am Untermarkt der von 1484–1512 errichtete Dom. Diese hohe Hallenkirche ist vor allem von Bedeutung wegen der Tulpenkanzel, einer einzigartigen Bildhauer-Filigranarbeit des Meisters Hans Witten aus den Jahren 1508/10 und wegen der Silbermann-Orgel. Gottfried Silbermann stellte das Instrument 1714 fertig und bezeichnete es selbst als in »Sachsen und weit und breit von Güte ohnesgleichen«. Der Meister begann sein Werk 1711 und verwendete zum Bau der Orgel u. a. 20 Zentner Zinn, 18 Zentner Blei, 100 Schaffelle, 12 Pfund Elfenbein und 300 eichene Balken. Mit drei Manualen, 45 Registern und 2674 Pfeifen gehört die alte Orgel noch heute zu den größten in Mitteleuropa.

Gardelegen

Die Kreisstadt (13 000 Einwohner) in der Altmark weist außer dem alten Rathaus und mehreren schönen Fachwerkhäusern keine baulichen Sehenswürdigkeiten auf. Traurige Berühmtheit erlangte der Ort in den letzten Kriegstagen 1945. Damals evakuierte die SS Zehntausende erschöpfter KZ-Häftlinge aus den Lagern Neuengamme, Dora und Buchenwald vor den schnell näherrückenden alliierten Truppen. Die Todesmärsche führten auch durch die Altmark. Am 13. April 1945 richteten SS-Wachmannschaften nahe der Stadt Gardelegen ein grauenvolles Massaker an. Sie hatten 1038 Häftlinge in eine Feldscheune getrieben und diese angezündet. Nur zwanzig Menschen überlebten. Vier Stunden nach dieser Untat rückten US-Truppen in Gardelegen ein. Frontkameraleute hielten das Verbrechen im Bild fest. Am Ort der Mordtat ist 1950 eine Gedenkstätte entstanden. Daneben markieren 1026 Holzkreuze die letzte Ruhestätte der Opfer.

Hildburghausen

Die Thüringer Kreisstadt (11 000 Einwohner) war einst Residenz einer herzoglichen Familie, die über 25 000 Untertanen herrschte. Die Landesherren waren im 17. Jahrhundert Genies im Erfinden neuer Steuern, was die Bürger nicht nur verdroß, sondern auch aufmüpfig werden ließ. Als der Souverän im Jahre 1684 ausgerechnet am Rathaus sein herzogliches Wappen anbringen ließ, setzte der Bürgermeister ein neues Symbol der Stadtfreiheit unmittelbar daneben. Dieses Löwen-Wappen zeigt einen »wilden Mann« und ein »zartes Fräulein«, deren drastische Wechselrede keinen Zweifel daran ließen, daß sich die Bürger durch den Herzog nicht bevormunden lassen wollten. »Ach Fewlein zartt, halt vest und hartt. Ob ich bin Ein Fewlein wiltt, so weich ich doch nicht von diesem Schilt.«

Das Rathaus mit diesem originellen Wappen beherrscht noch heute den Marktplatz und gilt in Südthüringen als bedeutendes historisches Architekturdenkmal.

Einst war Hildburghausen ein wichtiges Schul- und Bildungszentrum. Jean Paul, Carl Maria von Weber und Friedrich Rückert lebten, lehrten und arbeiteten in der Stadt. Besondere Verdienste erwarb sich ein Mann namens Joseph Meyer, der 1828 in Hildburghausen eine Zeitschrift gründete, siebzehn Bände des »Universums« und als billige Klassiker-Ausgaben die »Nationalbibliothek« herausgab. »Meyers Konversationslexikon« wurde weltberühmt.

Ilmenau

Bewaldete Berge umgeben die Kreisstadt (29 000 Einwohner) von drei Seiten. Doch die beeindrukkende Naturkulisse kann nicht darüber hinwegtäuschen, daß Ilmenau zum bedeutendsten Industriezentrum in Thüringen mit allen negativen Begleiterscheinungen, wie hoher Verkehrsdichte, Lärm und Abgasen geworden ist. Am Stadtrand errichteten polnische Bauarbeiter seit 1970 einen Fabrikkomplex, der inzwischen vier Großbetriebe der Glas- und Porzellanbranche beherbergt. Etwa 9 000 Arbeiter sind dort beschäftigt. Sie wohnen in der näheren und weiteren Umgebung. Von der Glasherstellung lebten schon ihre Vorfahren. Erste Glashütten entstanden 1648 in Altenfeld, 1656 in Stützerbach und 1675 in Ilmenau. Die Porzellanherstellung hat seit 1777 Tradition. Noch früher war der Kupferschiefer- und Silberbergbau die wichtigste Erwerbsquelle der Ilmenauer. Wer die Stadt heute besucht, wird viele junge Leute treffen, Studenten der Technischen Hochschule für Elektrotechnik, und wird an mehreren Stellen auf Goethes Wirken hingewiesen.
Sechsundzwanzigmal, so haben Forscher ermittelt, insgesamt 220 Tage seines Lebens, weilte der Dichter in der Stadt. Goethe war als Minister des Weimarer Hofes vor allem verantwortlich für die Entwicklung des Ilmenauer Bergbaus. Dieser Aufgabe widmete er sich sehr intensiv. Im Gasthaus »Zum Löwen« feierte der Hochbetagte am 28. August 1831 seinen letzten Geburtstag. Bergleute brachten dem Dichter-Minister ein Ständchen. In jüngeren Jahren hatte Goethe den nahen Kickelhahn, einen 862 Meter hohen Berg bestiegen und dort in die Wand einer Schutzhütte seine bekannten Verse geritzt: »Über allen Wipfeln ist Ruh . . . «

Johanngeorgenstadt

Das traditionsreiche Bergbauzentrum (10 000 Einwohner) liegt auf dem Scheitelpunkt des Erzgebirges in 680 bis 890 Metern Höhe direkt an der Grenze zur Tschechoslowakei. Gegründet wurde die Stadt, die den Namen eines sächsischen Kurfürsten trägt, Mitte des 17. Jahrhunderts. Damals mußten Bergleute, Handwerker, Köhler, Holzfäller und Menschen anderer Berufe wegen ihres protestantischen Glaubens aus den jenseits des Bergrückens gelegenen böhmischen Gebieten fliehen. Der Silberbergbau ernährte die Asylanten bis ins 19. Jahrhundert. Nach 1945 war die Bergbaustadt eines der Zentren der Urangewinnung für die sowjetische Besatzungsmacht. Heute sind die Schächte geschlossen. Nur in einer Schauanlage, dem ehemaligen Bergwerk »Glöckel«, werden für interessierte Besucher noch alte Technik und Abbauverfahren demonstriert.
Die Umgebung ist landschaftlich reizvoll. Schon 1929 wurde in der Nähe von Johanngeorgenstadt die erste deutsche Großschanze für

Bautzen erinnert ein in das Pflaster eingemeißeltes Maltheserkreuz an die Hinrichtung von 14 aufständischen Handwerksmeistern. 1405 hatten sich die Handwerker der Stadt gegen die Willkür des patrizischen Rates siegreich erhoben. Drei Jahre regierten fortan die Zunftmeister, bis König Wenzel von Böhmen das alte Stadtregiment mit Waffengewalt wieder an die Macht brachte. Vom Fenster des Rathauses verfolgten der Monarch und seine Frau Sophia im Jahre 1408 die Hinrichtung der 14 zum Tode verurteilten Ratsherren, die als gewählte Vertreter der Zünfte hohes Ansehen genossen hatten.

Professorenporträts
An der Friedrich-Schiller-Universität Jena, die 1983 ihr 425. Gründungsjubiläum feierte, sind mehr als 300 gemalte Porträts archiviert. 157 davon sind identifizierte Professorenbilder. Keine zweite Universität der DDR kann sich einer solchen Ahnengalerie rühmen. Die bedeutende Sammlung – sie kann teilweise besichtigt werden – begründet sich offenbar auf eine Anweisung der Universitätsleitung im 17. Jahrhundert, nach der jeder Hochschullehrer sein Porträt malen und der Alma mater übereignen mußte. Vier Gulden Zuschuß gewährte man den gelehrten Herren einst für diese Auftragsarbeit.

Idyllisches findet der Besucher vor allem in den von Kriegszerstörungen weitgehend verschonten Kleinstädten. Arnstadt zum Beispiel, die älteste Stadt der DDR, hat nicht nur ein sehenswertes Rathaus mit funktionstüchtiger Schmuckuhr, sondern auch beschauliche Altstadtwinkel und eine Puppensammlung, einst von der Fürstin in Auftrag gegeben. Kutschfahrten durchs Thüringer Schwarzatal erfreuen sich bei Urlaubern großer Beliebtheit. Viele Rathäuser wie die in der Lutherstadt Eisleben (Foto oben rechts) oder im Bergbauzentrum des Mittelalters, Freiberg, sind architektonische Zeugen deutscher Geschichte.

Rathaus von Eisleben

Rathaus von Freiberg

Bürgermeister
In den Rathäusern der DDR, vor allem in denen kleinerer Städte, tragen mehr Frauen als Männer die hauptamtliche Bürgermeisterwürde. Vor Jahrhunderten war das genau umgekehrt.
In seiner Heimatstadt Wittenberg wurde Lucas Cranach, Hofmaler Kurfürst Friedrichs des Weisen und Johanns des Beständigen, seit 1519 neunmal zum Ratsherrn gewählt. Ab 1537 bekleidete er drei Amtsperioden lang den Posten des Bürgermeisters. Das 1523 bis 1540 an der Nordseite des Marktplatzes im Stil der Renaissance erbaute Rathaus ist maßgeblich nach Plänen des großen Malers entstanden.
Einhundert Jahre später, von 1648 bis 1681 war in Magdeburg ein berühmter Naturforscher Bürgermeister. Otto von Guericke, der die erste Luftpumpe konstruierte, residierte im Rathaus.
Etwa zur gleichen Zeit probierte der Arnstädter Bürgermeister Fischer ein neues Braurezept aus und »erfand« das deutsche Weizenbier. Einer seiner Amtsvorgänger, Bürgermeister Nebel, ging weniger ruhmvoll in die Stadtgeschichte ein. Beim leichtsinnigen Umgang mit kochendem Teer auf seinem Hausdach verursachte er am 7. August 1581 einen verheerenden Stadtbrand.

Skispringer erbaut. Sie ist 1962 von einer Stahlbetonkonstruktion ersetzt worden. Vom Aussichtsturm auf dem Auersberg (1019 m), der zweithöchsten Erhebung des sächsischen Erzgebirges, ist bei guter Sicht ein weiter Rundblick möglich.

Kamenz

Die Kreisstadt im Nordwestlausitzer Bergland (19 000 Einwohner) hat seit ihrer ersten Erwähnung im Jahre 1225 so viele verheerende Brände erlitten, wie kaum eine zweite. Im Jahre 1842 wurden dabei 670 Gebäude vernichtet, darunter das Geburtshaus des späteren Dichters Gotthold Ephraim Lessing, der 1729 in Kamenz zur Welt kam. Aus Anlaß seines 200. Geburtstages ist 1929 der Grundstein für ein Lessingmuseum gelegt worden, das seit 1931 besucht werden kann. Bis heute ist es in der DDR der einzige Ort geblieben, in der Werk und Leben des Dichters gewürdigt werden.

Lützen

Die südwestlich von Leipzig gelegene Kleinstadt ist noch heute bekannt wegen eines Ereignisses, das mehr als 300 Jahre zurückliegt. Am 16. November 1632 tobte dort die größte Schlacht des Dreißigjährigen Krieges im mitteldeutschen Raum. In der Tiefebene zwischen Weißenfels und Leipzig waren der Schwedenkönig Gustav II. Adolf mit 17 000 Soldaten und das Heer der Kaiserlichen mit 12 000 Kämpfern unter dem Befehl des Generalissimus Albrecht Eusebius Wenzel von Wallenstein gegeneinander angetreten. Sechzig schwedische und sächsische Geschütze – Kursachsen war mit dem skandinavischen Königreich verbunden – feuerten gegen nur 21 Kanonen der Armee des deutschen Kaisers. Wallenstein ließ eilends seinen General Pappenheim mit 7 000 Söldern zusätzlich in die Schlacht eingreifen. Als der Abend jenes Tages anbrach und Nebel aufstieg, lagen mehr als zehntausende Tote und Verwundete auf dem Schlachtfeld. Auch der Schwedenkönig war gefallen. An der Stelle, wo ihn Kaiserliche Kürassiere mit Säbelhieben töteten, ist 1837, am 205. Todestag des schwedischen Kriegsherrn, ein Monument eingeweiht worden. Es besteht aus Kunstguß und überdeckt den schlichten Gedenkstein, der lediglich die Initialen »G. A.« und die Jahreszahl »1632« trägt. Eine Kapelle ist 1907 auf dem Gelände gebaut worden. Das Blockhaus, in dem eine ständige Dokumentenausstellung über die Schlacht gezeigt wird, entstand 1932. Im nahegelegenen Heimatmuseum der Stadt Lützen lohnt die Besichtigung des Dioramas der Schlacht.

Merseburg

Viele Schnellzüge brausen ohne Halt durch den Bahnhof dieser Stadt (55 000 Einwohner), andere halten nur kurze Zeit. Wer dort nicht aussteigen muß, freut sich, wer dort wohnt, wird bedauert. Merseburg, an der Saale gelegen, ist neben Bitterfeld das Industriezentrum mit der schlechtesten Luft, mit dem übelsten Gestank und mit dem größten Lärm. Drei riesige Chemiebetriebe, die Werke von Buna, Leuna und Schkopau, deren rauchende Schlote die Umwelt vergiften, kreisen die Stadt ein. Merseburg ist keine touristenfreundliche Stadt. Trotzdem lohnt sich ein kurzer Besuch. Der Dom, dessen Grundriß aus dem 11. Jahrhundert stammt, ist wegen seiner kostbaren Innenausstattung mit Schnitzereien, Grabplatten und einer Orgel sehenswert. Wertvolle Zeugnisse alten deutschen Schrifttums sind die »Merseburger Zaubersprüche«, die durch Zufall 1841 in der Dombibliothek entdeckt worden sind. Das Rathaus in der Burgstraße stammt aus gotischer Zeit und trägt außerdem architektonische Züge der Renaissance. Viele Gebäude im alten Stadtzentrum werden instand gesetzt. Diese Arbeiten haben um 1970 begonnen und schleppen sich langsam voran. Wer sich aufheitern möchte nach der Merseburger Stadtbesichtigung, sollte die wenigen Kilometer hinüberfahren nach Bad Lauchstädt. Im einstigen Kur- und Modebad des sächsischen Hofes ist 1802 ein Theater gebaut worden (Goethe führte dort Regie!), dessen Bühnentechnik bis heute im Originalzustand funktioniert. Ebenfalls in der Nähe gelegen: Bad Dürrenberg. Eine 1763 erschlossene Solequelle labt noch immer Kranke. Wenn der Wind jedoch ungünstig weht, vertreiben die Giftwolken aus Leuna oder Buna auch hartgesottene Kurgäste aus dem Park mit der Gradieranlage in die nächste Kneipe. Da ist die Luft allemal besser als draußen!

Neuhaus (am Rennweg)

Die kleinste Kreisstadt ist es nicht (8 500 Einwohner), aber die mit 730 bis 830 Meter am höchsten gelegene. Auf dem Kamm des Thüringer Schiefergebirges, wo der Winter Anfang Oktober beginnt und erst Mitte Mai endet, siedelten sich 1607 Glasbläserfamilien an. Ihnen folgten bald Köhler und Waldarbeiter. Schließlich errichteten geschäftstüchtige Unternehmer mit wohlwollender Förderung durch den gräflichen Landesherren Porzellanfabriken. Die Leute im Thüringer Wald waren arm und folglich billige Arbeitskräfte. Auch heute ist die Zahl der Wohlhabenden dort auf der Höhe bescheiden. Viele Bewohner der Umgebung arbeiten in einem neuen Großbetrieb und fertigen elektronische Bauelemente. Um die Anzahl der fingerfertigen Frauen in diesem Werk schnell zu erhöhen, wurden vor einigen Jahren ungarische Mädchen zur Arbeit nach Neuhaus geholt. Die lebenslustigen Magyarinnen sorgten für große Turbulenz im kleinen Städtchen, was den bodenständigen Damen, die um ihre Chancen bei den eigenen Männern fürchteten, gar nicht behagte. Inzwischen sind die Feurigen aus der Pußta durch nicht minder temperamentvolle von der Karibikinsel Kuba abgelöst worden. Mit der Planerfüllung im Elektronikbetrieb soll es trotzdem Probleme geben. Auch Probleme zwischenmenschlicher Art bleiben nicht aus, wenn die behäbigen Bergbewohner plötzlich sehr lebenslustige Nachbarn bekommen.

Oschatz

Die Stadt (20 000 Einwohner) befindet sich genau auf der Hälfte des Weges von Dresden nach Leipzig. Jeweils fünfzig Kilometer sind die beiden Großstädte von der sehenswerten Kleinstadt entfernt. Das Zentrum, einmalig in Sachsen, ist nahezu quadratisch angelegt worden. Der Neumarkt, jetzt heißt er »Platz der Deutsch-Sowjetischen Freundschaft«, wird an seiner oberen Seite vom Rathaus mit dem hohen, viereckigen Turm begrenzt. Das Gebäude ist 1842 nach dem Stadtbrand in alter Form neu entstanden. Die Pläne dafür entwarf Gottfried Semper, der auch den berühmten Opernbau in Dresden

Administratives
Das Gebiet des kleineren deutschen Staates, Fläche: 10 833 km², ist in 14 Bezirke gegliedert, die wiederum in 28 Stadt- und 191 Landkreise unterteilt sind. Ost-Berlin bildet als Hauptstadt einen besonderen Verwaltungsbereich mit Stadtbezirken. Die Bevölkerungszahl wird vom Statistischen Jahrbuch der DDR offiziell mit 16,7 Millionen Einwohnern angegeben.

Flüsse
Die wichtigsten Flüsse sind: Elbe (566 km), Mulde (433 km), Saale (427 km), Spree (382 km), Havel (343 km), Unstrut (192 km), Bode (169 km), Warnow (151 km), Peene (126 km), Uecker (93 km).

Seen
Die größten Seen befinden sich in den nördlichen Bezirken: Müritz (116,8 km²), Schweriner See (63,4 km²), Plauer See (38,7 km²), Kummerower See (32,6 km²), Kölpinsee (20,7 km²).

Berge
Fichtelberg (1214 m), Brocken (1142 m), Auersberg (1019 m), Großer Beerberg (982 m), Schneekopf (978 m), Großer Rammelsberg im Erzgebirge (963 m), Großer Inselsberg im Thüringer Wald (916 m).

Leben in der DDR ist Rückzug ins Familiäre. Trautes Heim mit Schrankwand, Fernseher und durchschnittlich zwei Kindern. Außerhalb der vier Wände beansprucht die sozialistische Staatsmacht ihre Bürger, die Schornsteinfegerin ebenso wie den Kumpel im Bergbau, die Amateur-Rennfahrerin und die Kinder, denen schon als »Junge Pioniere« Militärisches verordnet wird. Uniformen beherrschen das Bild: Grenzsoldaten spähen hinüber zum »Klassenfeind« in die Bundesrepublik, Angehörige von Betriebskampfgruppen paradieren, junge Mädchen produzieren Marschmusik und der Tambourmajor der Nationalen Volksarmee gibt sich preußisch stramm, wenn zur Parade befohlen wird.

Arbeitsalltag
Die junge DDR-Familie besteht, statistisch gesehen, aus 3,8 Personen, lebt in einer Dreizimmerwohnung und muß mit einem Nettoeinkommen von 1900 Mark wirtschaften. Neunzig Prozent aller Frauen im erwerbsfähigen Alter sind berufstätig. Siebzig Prozent der Kleinkinder bis zu drei Jahren werden ganztägig in sogenannten »Krippen« betreut.

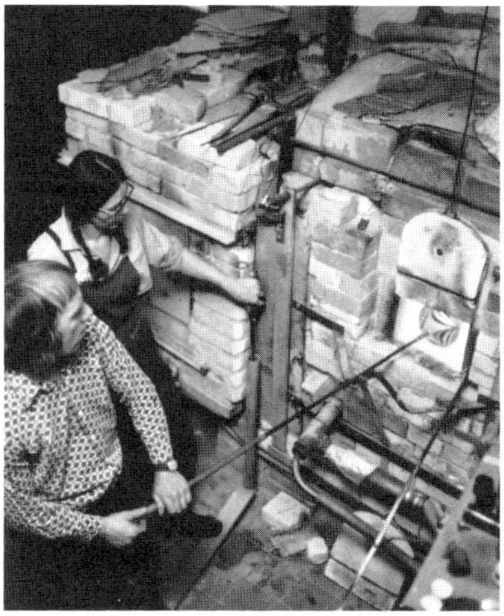

»Made in GDR« sind die schwergewichtigen Umformmaschinen (Foto unten links) aus Erfurt und die vor zwei Jahrzehnten entwickelten, seitdem aber technisch kaum verbesserten Pkw »Wartburg« aus Eisenach. Qualifizierte Facharbeiter, begabte Ingenieure und talentierte Lehrlinge arbeiten vielfach in Betrieben, die Altertumswert haben, wie das Eisenhüttenwerk Thale/Harz (Foto oben). Der technologische Rückstand zum Westen ist auf vielen Gebieten nicht mehr aufzuholen.

Arzneigarten
In Oberholz, südöstlich von Leipzig gelegen, befindet sich ein Botanischer Garten besonderer Art. Dort werden etwa 400 verschiedene Arznei- und Gewürzpflanzen angebaut, u. a. Fenchel, Melisse, Wermut, Rosmarin, Sauerampfer und Thymian. Die Heilkräuter werden im Arzneimittelwerk Leipzig verarbeitet. Interessenten können das zwei Hektar große Gelände unter fachlicher Führung besichtigen.

konzipierte. In unmittelbarer Nähe des Rathauses befindet sich ein mittelalterlicher Korbpranger. Auch das inneren des Gebäudes ist interessant. Die Ratsstube von 1595 dient noch heute als Sitzungssaal. Im Ratsarchiv befinden sich viele alte Dokumente, so der »Oschatzer Sachsenspiegel«, ein Rechtsbuch, das in der Zeit nach 1382 geschrieben wurde. An den Komponisten eines bekannten deutschen Weihnachtsliedes (»Morgen, Kinder, wird's was geben«), Magister Carl Gottlieb Hering, erinnert eine Gedenktafel an der ehemaligen Stadtschule. Die Umgebung von Oschatz ist landschaftlich reizvoll. Westlich der Stadt befindet sich mit dem Grauwackeschiefer-Massiv des »Collm« (316 m) die höchste Erhebung des nordsächsischen Tieflandes.

Pirna

Bernardo Canaletto (1721-1780), der berühmte Maler, lebte 1754 in dieser Stadt (jetzt 55 000 Einwohner) und schuf von ihr ein detailgetreues Gemälde. Das alte Zentrum hat sich architektonisch bis heute kaum verändert. Viele Bauten befinden sich jedoch wegen mangelhafter Instandhaltung in einem beklagenswerten Zustand.
Vor der 750-Jahr-Feier 1983 sind einige denkmalgeschützte Häuser restauriert worden, zur Generalrenovierung fehlen jedoch wie in anderen Städten auch, die notwendigen Materialien und Fachleute. Von Pirna aus schnell zu erreichen sind die Festung Königstein und die Wandergebiete der Sächsischen Schweiz. Ganz in der Nähe befindet sich im Dorf Graupa seit 1907 ein Museum für den Komponisten Richard Wagner. Jener hatte 1846 als Königlich-Sächsischer Hofkapellmeister zwei Zimmer beim Bauern Schäfer gemietet, um fern vom Trubel des Dresdner Hoftheaters Erholung zu finden. In Graupa begann Wagner an der Oper »Lohengrin« zu arbeiten. Das kleine Museum ist auch der Ort, an dem Konzerte und Kunstgespräche stattfinden.

Quedlinburg

In der Stadt am Harzrand (30 000 Einwohner) gibt es viele steinerne Zeugen der deutschen Geschichte. Die Stiftskirche, sie beherrscht gemeinsam mit dem einstigen Schloß der Äbtissinnen das Stadtbild, ist romanischen Ursprungs. Dort sind in der Krypta die sterblichen Überreste des ersten deutschen Königs, Heinrich, beigesetzt worden. 935 war das. Im Jahre 919 soll der vormalige Sachsenherzog am Quedlinburger »Finkenherd« unterhalb jenes Gotteshauses von Rittern des Reiches die Krone erhalten haben. Doch diese glaubhaft klingende Geschichte ist historisch nicht verbürgt. Gewählt wurde Heinrich I. zum deutschen König in Fritzlar während eines Reichstages.
Zu den berühmten Quedlinburgern der Vergangenheit gehört der Dichter Friedrich Gottlieb Klopstock, der 1724 in einem Patrizier-Fachwerkhaus am Schloßberg geboren wurde. Neun Jahre zuvor, 1715, erblickte am Steinweg ein Mädchen das Licht der Welt, das später als erste und lange Zeit einzige deutsche Ärztin wirkte. Mit 39 Jahren promovierte Dorothea Christiane Erxleben an der Universität Halle. Sie arbeitete ihr Leben lang in Quedlinburg, wo sie 1762 gestorben ist.
Auch Karl Ritter (1779-1859), erster Professor für Geographie an der Berliner Universität und Begründer der wissenschaftlichen

Als natürliche Kulisse für historische Filme wird die Quedlinburger Altstadt auch von ausländischen Teams benutzt. Am Schloßberg vor dem Geburtshaus des Dichters Klopstock posieren Komparsen für einen Märchenfilm.

Historisches wird gepflegt, wenn es die materiellen und finanziellen Möglichkeiten erlauben. Doch viele bauliche Sehenswürdigkeiten sind in den vergangenen Jahrzehnten unwiderbringlich verloren gegangen. Vorzeigeobjekte wie Teile der Quedlinburger Altstadt (Foto oben), die Heidecksburg von Rudolstadt (Foto darunter) oder der Marktplatz von Wismar mit dem klassizistischen Rathaus können über den Verfall wertvoller Bauten andernorts nicht hinwegtäuschen.

Erdkunde, ist gebürtiger Quedlinburger. Der gesamte Altstadtbereich steht unter Denkmalschutz. Polnische Spezialisten haben in den vergangenen Jahren einige der wertvollsten Fachwerkhäuser originalgetreu rekonstruiert. Vieles bleibt aber noch zu tun, wenn die Zeugnisse niedersächsischer Fachwerkbaukunst als Stadtensemble der Nachwelt in ansehenswertem Zustand erhalten werden sollen.

Rudolstadt

Hoch über der Stadt an der Saale (33 000 Einwohner) thront das Barockschloß Heidecksburg mit seinen musealen Schätzen. Die Gemäldegalerie, naturkundliche und kunstgeschichtliche Ausstellungen und eine große Waffensammlung werden jährlich von einer Viertelmillion Menschen besichtigt. Im 18./19. Jahrhundert erlebte Rudolstadt seine Blütezeit. Friedrich Schiller traf dort erstmals mit Goethe zusammen und lernte seine spätere Frau, Charlotte von Lengefeld, kennen. Maler, Bildhauer und Musiker belebten die kulturelle Szene. Mehrere Verleger wirkten in Rudolstadt. Schöpferische Impulse solcher Art sind heute selten geworden. Das Leben der Menschen wird vor allem von der Industrie bestimmt, denn in Rudolstadt-Schwarza befindet sich mit dem Chemiefaserwerk einer der größten Thüringer Betriebe.

Stralsund

Nach dem Dreißigjährigen Krieg wurde die alte Hansestadt (heute 75 000 Einwohner) zwei Jahrhunderte lang von Schweden beherrscht. Bevor sie 1815 preußisch wurde, fanden 1809 heftige Kämpfe gegen die napoleonischen

Der Schmuckgiebel des Rathauses von Stralsund gehört zu den Meisterwerken norddeutscher Klinkersteinbauweise.

Ortsnamen
Ins optimistische Bild der DDR-Propaganda passen zwei Namen von kleinen Harzdörfern sicher nicht. Elend liegt direkt an der innerdeutschen Grenze im Kreis Wernigerode. Wenige Kilometer entfernt befindet sich Sorge. Die dort lebenden 220 Einwohner bekommen wegen der Grenznähe (Sperrgebiet) nur selten fremden Besuch. Lediglich ausgesuchte, zuverlässige Funktionäre dürfen sich im einzigen Ferienheim des Ortes erholen. Dieses Heim heißt bezeichnenderweise »Sorgenfrei«.

Mordbilanz
Seit dem Mauerbau am 13. August 1961 (bis zum 13. 8. 85) sind von Grenzsoldaten der DDR an den innerdeutschen Sperranlagen 184 Menschen erschossen worden. 38 920 DDR-Bewohner gelang die Flucht über die Stacheldrahtverhaue und Minenfelder. 2546 DDR-Grenzsoldaten setzten sich von ihren Posten in den Westen ab.

Besatzungstruppen statt. Ferdinand von Schill, ein junger Freikorps-Offizier fiel während der Gefechte. In der Fährstraße, auf dem Fußweg vor dem Haus Nr. 21, erinnert eine Gedenktafel an den deutschen Patrioten. Seine Grabstätte auf dem Knieperfriedhof trägt die lateinische Inschrift »Magna voluisse magnum« (»Großes gewollt zu haben ist groß«).
Stralsund hat heute als Werft- und Hafenstadt Bedeutung. Für Sommerurlauber aus dem DDR-Binnenland, die über den Rügendamm in die Ostsee-Urlaubsorte fahren, ist die Stadt bestenfalls als Zwischenstopp für einen Einkaufsbummel interessant. Hotelbetten sind rar und vorrangig für Transitreisende nach Schweden, die mit Devisen bezahlen, reserviert.

Tharandt

Die Stadt in der Nähe von Dresden zählt nur 4 000 ständige Bewohner, aber jährlich etwa 50 000 Besucher, obwohl architektonische Sehenswürdigkeiten dort rar sind. Was die Gäste anlockt, sind Bäume. Im Forstbotanischen Garten, 1811 gegründet und damit die älteste wissenschaftliche Einrichtung dieser Art auf der Erde, wachsen rund 2 000 verschiedene Gehölze. Auf dem 18 Hektar großen Hanggelände können Tulpenbäume und Edelkastanien ebenso bewundert werden, wie eine Libanon-Zeder und Coulterkiefern aus Nordamerika. Wissenschaftler der Technischen Universität Dresden betreuen die Anlage und erforschen dort die Wirkung von Umwelteinflüssen auf den Baumbestand. Durch Saatgutaustausch mit anderen forstbotanischen Gärten können Vergleichsanalysen aufgestellt werden.

Usedom

Das Landstädtchen (2800 Einwohner) hat bereits 1298 die Stadtrechte erhalten, zu großer Bedeutung gelangte es jedoch nie. Auch heute führt es eher ein Schattendasein am südwestlichen Ende einer Ostseeinsel, die den Namen der Stadt bekannt gemacht hat. 445 km^2 groß ist die Insel Usedom, und an ihrer Küstenlinie befinden sich Kurorte, die einst den Ruf hatten, bevorzugtes Ziel der Wohlhabenden aus der Reichshauptstadt Berlin zu sein. Um einen Ferienplatz in Zinnowitz, Bansin, Heringsdorf oder Ahlbeck bemühen sich heute, meist vergeblich, Zehntausende aus dem DDR-Binnenland. Auch die zahlreichen Campingplätze sind während der Sommersaison hoffnungslos überbelegt.
Reizvoll ist die Insel vor allem im Frühherbst. Dann sind die Urlauber heimwärts gereist und Wanderlustige können die abwechslungsreiche Landschaft in Ruhe durchstreifen. Auf der eingebuchteten Binnenseite Usedoms befinden sich bewaldete Höhenzüge. Im Südosten zahlreiche Endmoränen, Heide und viele kleine Seen. Die Nachsaison hat aber auch Nachteile: hungrige Fußgänger finden selten ein geöffnetes Gasthaus und eine Bleibe für die Nacht schon gar nicht.

Vietlübbe

In Mecklenburg gibt es viele sehenswerte Backsteinbauten, Kirchen, Klöster, Stadttürme und Wohnhäuser. Im Dorf Vietlübbe bei Gadebusch befindet sich nach Ansicht von Fachleuten jedoch die baukünstlerisch interessanteste Dorfkirche des Nordens. Um 1200 ist der stattliche Bau entstanden.

Teilungsfolgen

Die Regierungen der vier alliierten Siegermächte hatten am 5. Juni 1945 eine »Feststellung über die Einteilung Deutschlands in vier Besatzungszonen« getroffen. Bereits 1946 sperrte die sowjetische Besatzungsmacht die Demarkationslinie zu den westlichen Zonen. Vom Ministerrat der DDR wurden am 26. Mai 1952 gesetzliche Regelungen zur völligen Abriegelung der Zonengrenze getroffen. Seit 1956 steht »Republikflucht« in der DDR unter Strafe. Das Abriegelungssystem erreichte am 13. August 1961 mit dem Mauerbau in Berlin seinen bisherigen Höhepunkt. Die 1378 km lange Demarkationslinie zwischen dem Fichtelgebirge und der Lübecker Bucht ist durch die von Angehörigen der DDR-Grenztruppen errichteten Metallgitterzäune, Mauern und andere Sperranlagen nahezu perfekt abgeriegelt. Die willkürliche Grenze durch Deutschland unterbricht 32 Eisenbahnlinien, drei Autobahnen, 31 Bundesstraßen, 80 Landstraßen 1. Ordnung und 60 Landstraßen 2. Ordnung sowie einige tausend lokal bedeutsame Wege. Die Verbindungen zwischen beiden deutschen Staaten sind auf acht Eisenbahnübergänge, fünf Straßenübergänge und zwei Kontrollpunkte an Wasserstraßen begrenzt. Nach Abschluß des

Grundlagenvertrages sind vier weitere Straßenübergänge, vornehmlich für den Verkehr im grenznahen Gebiet, geöffnet worden.

Der kreuzförmige Grundriß mit einer Apsis am Ostflügel hat Vorbilder wahrscheinlich in westfälischen Kirchen. Baudekor und Maurertechnik lassen dagegen auf Einflüsse von Meistern der Bauhütte des Ratzeburger Domes schließen, der heute jenseits der Mauer in Schleswig-Holstein liegt.

Wismar

Über die Hafenstadt (heute 59 000 Einwohner) an der Ostsee schrieb die Dichterin Ricarda Huch 1927: »Erklärt sich die Schwermut, die über Wismar liegt, nur aus dem Verfall einer einst so blühenden Stadt? Und wie kommt es, daß die Stadt, die sich einmal so reich und mächtig darstellen konnte, so verkümmerte?« Auch mehr als ein halbes Jahrhundert später trifft vieles von jener kritischen Stadtbeschreibung noch zu. Die Häuser am riesengroßen Marktplatz sind erneuert worden, in den Gassen dahinter zerbröckelt aber die Bausubstanz. Ein Superlativ: Das Kirchenschiff von Sankt Nicolai ist mit 37 Metern Höhe das höchste der DDR!
Die Schiffe im Hafen sind vergleichsweise klein. Seit der Inbetriebnahme des Rostocker Überseehafens stagnierte der Umschlag in Wismar und hat lediglich für die Verladung von Kalisalzen Bedeutung.

Wenn staatliche Jubelfeste befohlen werden, bleiben selbst altehrwürdige Bauwerke, wie das Zwickauer Gewandhaus, von buntem Fahnentuch und Losungstafeln nicht verschont.

Zwickau

Einst profitierten die Bürger der Stadt (heute 120 000 Einwohner) vom Silberbergbau im nahen Erzgebirge. Dann erzielten die ortsansässigen Tuchmacher mit ihren Stoffen gute Gewinne. Auch die Metallverarbeitung war schon im Mittelalter bedeutungsvoll. Im ernestinischen Kursachsen galt Zwickau neben Wittenberg als reichste Stadt. Friedrich der Weise (1463-1525) nannte sie eine »Perle in des Churfürsten Landen«.
Schriftliches Lob äußerte drei Jahrhunderte später auf andere Weise der Komponist Robert Schumann, der am 8. Juni 1810 in Zwickau geboren worden ist. »Sage allen, daß trotz aller Alpen mein liebes Zwickau doch mein liebes teures Zwickau bleibt«.
Heute ist die sächsische Stadt Industriezentrum und Produktionsort für den kleinen, knatternden DDR-Volkswagen, den deren glückliche Besitzer liebevoll »Trabi« nennen. Der »Duroplastbomber« (Spott der Nichtbesitzer) mit dem umweltunfreundlichen Zweitaktmotor wird in Zwickau produziert. Seit 1904 hat die Autoherstellung Tradition in der Stadt. Damals gründete ein bei Benz geschulter Ingenieur namens August Horch eine Firma und lieferte bald sehr begehrte Fahrzeuge.

Reiseformalitäten

Auszüge aus dem Merkblatt »Reisen in die DDR«, herausgegeben vom Bundesministerium für innerdeutsche Beziehungen, anzufordern beim Gesamtdeutschen Institut, Postfach 12 06 07, 5300 Bonn 1, Telefon 0228/2070

Für eine Reise in die DDR ist ein Reisepaß erforderlich, ein Personalausweis genügt nicht. Auch Jugendliche ab 16 Jahren benötigen einen Reisepaß, Kinder bis 16 Jahren müssen sich durch einen Kinderausweis als Paßersatz (ab 10. Lebensjahr mit Lichtbild) ausweisen oder im Familienpaß der Eltern oder eines Elternteils eingetragen sein. Die Einreise von Kindern ist nur in Begleitung erziehungsberechtigter oder anderer erwachsener Personen erlaubt. Der Reisepaß muß gültig sein und darf vor Beendigung der Reise nicht ablaufen. Zur Vermeidung von Beanstandungen sollte darauf geachtet werden, daß der Paß nicht beschädigt ist, daß die Unterschriften vollständig sind und die Bilder dem derzeitigen Aussehen des Paßinhabers entsprechen.

Gegen Vorlage des Berechtigungsscheines wird an der Grenze das Visum der DDR erteilt.

International
Was es auf der Insel Hiddensee (noch) nicht gibt, ist ein Intershop, überall sonst zwischen Ostsee und Erzgebirge ist er etabliert worden. Für Leute, die keine West-Beziehungen und somit auch keine »blauen Kacheln« (Jargon Ost für 100-DM-Scheine West) haben, ist der Intershop ein ständiges Ärgernis. Sie können dort nichts kaufen. Glückliche Besitzer von »harter« Währung müssen dieselbe seit einigen Jahren zunächst bei der Staatsbank in sogenannte »FORUM«-Schecks (Volksmund: »Theatergeld«) umtauschen, bevor sie als DDR-Bürger in den gut sortierten Läden einkaufen und bezahlen dürfen. Von jenen Leuten wird der aktuelle Spruch stammen: »Lieber rückwärts in den Intershop als vorwärts zum Sozialismus.« Im Intershop gibt's alles, was es gewöhnlich in den Geschäften und Kaufhäusern nicht gibt: westliche Nahrungs- und Genußmittel, Kleidung, Schmuck, Kosmetika und diverse technische Geräte. Zunehmend werden in den Intershops auch Waren gehandelt, die in der DDR hergestellt worden sind. Besucher aus dem Westen können in den Intershops nach Vorlage ihres Reisepasses direkt mit DM, Dollar, Franc oder anderen »frei konvertierbaren Währungen« bezahlen.

Besuch auf Einladung

Der Berechtigungsschein wird von den in der DDR ansässigen einladenden Gastgebern (Verwandten, Bekannten, Institutionen oder Organsisationen) bei den dafür zuständigen Behörden beantragt und anschließend dem Besucher übersandt. Die auf dem Berechtigungsschein angegebenen Daten legen fest, bis wann in die DDR eingereist werden kann. Der Gastgeber benötigt zur Antragstellung folgende Angaben des Gastes: Name, Vorname, ggf. Geburtsname, Geburtsdatum, Geburtsort, Wohnanschrift, zur Zeit ausgeübte Tätigkeit, Name und Anschrift des Arbeitgebers, die Nummer des Reisepasses sowie die Bezeichnung der ausstellenden Behörde. Will der Besucher mit dem Pkw oder einem Wohnmobil einreisen, benötigt der Gastgeber auch die Autonummer. Falls mit einem anderen Pkw eingereist werden soll, ist die Änderung ohne weiteres möglich.

Besuch der Leipziger Messe

Bei Reisen zum Besuch der Leipziger Messe ersetzt der Messeausweis den Berechtigungsschein.

Touristenreisen

Bei Touristenreisen ist der Berechtigungsschein bei der Generaldirektion des Reisebüros der DDR über die Reisebüros im Bundesgebiet zu beantragen, die DDR-Reisen vermitteln. Für Touristenreisen im Rahmen des grenznahen Verkehrs ist keine Buchung über ein Reisebüro notwendig.

Tagesbesuche in Berlin (Ost)

Bei Tagesbesuchen von Westdeutschen und Bürgern dritter Staaten in Berlin (Ost) wird das Visum an den Sektorenübergangsstellen unmittelbar von den DDR-Behörden erteilt. Ein Berechtigungsschein ist nicht erforderlich.

Tagesausflüge nach Potsdam und anderen Orten von Berlin (West) aus

Von Berlin (West) aus sind für Westdeutsche Tagesausflugsfahrten nach Potsdam und zu anderen Zielen in der DDR möglich. Die schriftliche Voranmeldung auf vorgedruckten Anträgen muß mindestens vier Wochen vor dem geplanten Termin bei einem Reisebüro in Berlin (West) erfolgen. Nähere Auskunft über die Reisebüros, die solche Reisen veranstalten, erteilt:
Deutsches Reisebüro (DER)
Direktion Berlin
Augsburger Str. 27
1000 Berlin 30,
Telefon (030) 24 01 21

Bürger dritter Staaten und Staatenlose

Bürger dritter Staaten und Staatenlose erhalten den Berechtigungsschein zum Erhalt des Visums am schnellsten über das Reisebüro der Deutschen Demokratischen Republik
– Generaldirektion –
Charlottenstraße 45
DDR – 1080 Berlin
Telefon 2 15 41 70 oder 2 15 41 71
Ist keine touristische Reise, sondern ein Besuch von Verwandten oder Bekannten in der DDR (ohne Hotelaufenthalt) beabsichtigt, so

muß in die Anschrift des Reisebüros der DDR der Zusatz »Abteilung für besuchsweise Einreise« aufgenommen werden.

Visaerteilung und Visagebühren

Das Visum wird gegen Vorlage des Berechtigungsscheines bzw. der anderen oben erwähnten Dokumente an den Übergangsstellen erteilt. Die Erteilung des Visums ist gebührenpflichtig. Die Gebühr beträgt:

- bei mehrtägigen Reisen in die DDR DM 15,–
- bei eintägigen Reisen nach Berlin (Ost) und in die DDR DM 5,–

Für Kinder und Jugendliche unter 16 Jahren ist das Visum gebührenfrei.

Einreise

Straßen-Grenzübergänge
B 104 Lübeck-Schlutup-Selmsdorf
A 24 Gudow-Zarrentin
B 5 Lauenburg-Horst
B 71 Bergen (Dumme)-Salzwedel
A 2 Helmstedt-Marienborn
B 247 Duderstadt-Worbis
Herleshausen-Wartha
B 19 Eußenhausen-Meiningen
B 4 Rottenbach-Eisfeld
A 9 Rudolphstein-Hirschberg

Alle Straßenübergänge können zur Zeit mit Omnibussen, Pkw oder Wohnmobil passiert werden, nicht mit Motorrädern, Mopeds, Mofas, Fahrrädern oder zu Fuß. Über die Straßenübergänge außer an den Autobahnen verkehren fahrplanmäßig Pendelbusse.

Eisenbahn-Grenzübergänge

Lübeck – Herrnburg
Büchen – Schwanheide
Wolfsburg – Oebisfelde
Helmstedt – Marienborn
Bebra – Gerstungen
Ludwigstadt – Probstzella
Hof – Gutenfürst

Über Fahrpläne und Fahrpreise erteilt die Deutsche Bundesbahn nähere Auskünfte. Mit Transitzügen des Berlin-Verkehrs sind Einreisen in die DDR nicht möglich.

Übergänge in Berlin

Nur für Reisen in die DDR, nicht für Tagesbesuche nach Berlin (Ost)
Dreilinden – Drewitz:
mit Kfz oder Zubringerbus ab Berlin-Wannsee
Heerstraße – Staaken:
mit Kfz oder als Fußgänger
Heiligensee – Stolpe-Dorf:
mit Kfz oder Zubringerbus

Für Tagesbesuche von Westdeutschen in Berlin (Ost) und für Reisen in die DDR

Bornholmer Straße, Prinzenstraße, Heinrich-Heine-Straße:
mit Kfz oder Fußgänger
Bahnhof Friedrichstraße:
mit S- und U-Bahn

Die übrigen in Berlin bestehenden Übergänge dürfen Westdeutsche nicht benutzen. Tagesbesuche von Ausländern in Berlin (Ost) sind über die Übergänge Bahnhof Friedrichstraße und Checkpoint Charlie (am U-Bahnhof Kochstraße) möglich. Bei Tagesbesuchen muß für Ein- und Ausreise derselbe Übergang benutzt werden.

Ihre angebliche Weltoffenheit dokumentiert die DDR-Führung auch, indem sie anderen Einrichtungen verbale Internationalität verordnete: An INTER-Tankstellen gibt es grüne Zapfsäulen mit preiswertem Benzin, zahlbar in West-Devisen. INTER-Hotels sind Herbergen mit gutem Standard, in denen West-Gäste auch mit West-Geld bezahlen müssen, übrigens den doppelten Preis, den DDR-Bewohner für die gleiche Leistung berappen müssen.
Nur einen INTER-City-Expreß hat die Deutsche Reichsbahn der DDR noch nicht aufs angejahrte Schienennetz stellen können. Mit der Bahn sind schwerlich West-Devisen zu verdienen.

Fahrzeugbenutzung

Die Reise mit dem Pkw in die DDR bedarf einer besonderen Genehmigung, die im Berechtigungsschein enthalten sein muß. Die Pkw-Genehmigung muß vom Einladenden zusammen mit der Einreisegenehmigung beantragt werden. Sie wird fast ausnahmslos erteilt.
Die Genehmigung wird im allgemeinen nur im Berechtigungsschein des Kraftfahrzeugführers vermerkt. Die übrigen Mitreisenden können ohne besonderen Vermerk im Pkw mitfahren.
Genehmigungsfrei sind Fahrten zu Tagesbesuchen in Berlin (Ost) und zur Leipziger Messe.
Die Benutzung des Pkw ist bei dringenden Einreisen ohne besondere Genehmigung möglich.
Wer die Genehmigung zur Einreise mit dem Pkw hat, kann auch ein Wohnmobil benutzen.

Die Benutzung von Motorrädern ist nur im Transitverkehr nach und von Berlin (West) und in dritte Staaten gestattet, nicht jedoch zur Einreise für einen Aufenthalt in der DDR. Die Einreise mit Mopeds und Fahrrädern sowie die Mitnahme von Fahrrädern als Reisegebrauchsgegenstand in anderen Transportmitteln ist nicht erlaubt.
»Geheimtip« von Radenthusiasten, die diese Möglichkeit selbst erfolgreich ausprobiert haben: Wer eine Eisenbahnfahrkarte in die DDR gelöst hat und im Besitz des Berechtigungsscheines für das Einreisevisum ist, kann sein Fahrrad wie ein anderes Gepäckstück als Reisegepäck zum DDR-Zielbahnhof aufgeben. Das Fahrrad wird anstandslos dorthin befördert (und wieder zurück). Natürlich kann man sich von Freunden oder Verwandten in der DDR auch ein Fahrrad leihen und damit die Gegend erkunden.

Weiterführende Literatur

1. Karl Wilhelm Fricke: *»Opposition und Widerstand in der DDR. Ein politischer Report«*. Verlag Wissenschaft und Politik, Köln 1984.
2. Volker Ronge: *»Von drüben nach hüben. DDR Bürger im Westen«*, Verlag 84 Hartmann und Petit, Wuppertal, 1985 (Postfach 10 12 08, 5600 Wuppertal 1).
   Das Buch bündelt drei Untersuchungen, die Professor Ronge von der Bergischen Universität Wuppertal und das Münchener Infratest-Institut angestellt haben. Schriftlich befragt wurden DDR-Übersiedler kurz nach ihrer Ausreise, in einer mündlichen Umfrage äußern sich Bundesbürger über die Landsleute aus dem anderen deutschen Staat.
3. Horst Krüger: *»Tiefer deutscher Traum. Reisen in die Vergangenheit«*. Hoffmann und Campe Verlag, Hamburg, 1983.
4. Günter Gaus: *»Wo Deutschland liegt. Eine Ortsbestimmung«*. Hoffmann und Campe Verlag, Hamburg.
5. Klaus Bölling: *»Die fernen Nachbarn. Erfahrungen in der DDR«*. Verlag Gruner und Jahr, Hamburg, 1983.
6. *»VEB Nachwuchs, Jugend in der DDR«*. rororo Panther, Rowohlt Taschenbuchverlag, 1983.
7. *»Die Deutschen auf der Suche nach sich selbst«*. Von Werner Weidenfeld. Edition Interfrom, Zürich, 1984.
8. *»Zurück zur Nation? Kontroversen zu deutschen Fragen«*. Von Arno Klönne. Diederichs Verlag, Köln, 1984.
9. *»Die Sachsen – das Staatsvolk der DDR«*. Von Marlis Menge. Piper Verlag, München, 1985
10. Hans Noll: *»Der Abschied, Journal meiner Ausreise aus der DDR«*. Verlag Hoffmann und Campe 1985
11. Erich Loest: *»Durch die Erde ein Riß, ein Lebenslauf«*. Fischer Taschenbuch Verlag 1984

Alle Bimmelbahnstrecken auf einen Blick

1. »Der rasende Roland«, Rügenbahn, zwischen Putbus und Göhren.
   Gesamtlänge 24,4 km, in Betrieb seit 22. Juli 1895.

2. »Molli«, Bäderbahn, zwischen Bad Doberan und Kühlungsborn.
   Gesamtlänge 15,4 km, in Betrieb seit 19. Juli 1881.

3. »Quirl«, Harzquerbahn, zwischen Nordhausen und Wernigerode.
   Gesamtlänge 78,9 km, in Betrieb seit 27. März 1899.

4. »Fiffi«, Selketalbahn, zwischen Gernrode (Harzgerode) und Stiege.
   Gesamtlänge 37,5 km, in Betrieb seit 7. August 1887.

5. »Boahn'l«, Zittauer Gebirgsbahn, zwischen Zittau und Oybin/Jonsdorf.
   Gesamtlänge 16 km, in Betrieb seit 15. Dezember 1890.

6. »Weißeritz-Expreß«, Osterzgebirgsbahn, zwischen Kipsdorf und Freital.
Gesamtlänge 26,3 km, in Betrieb seit 1. November 1882.

7. »Lößnitzdackel«, Elbebahn, zwischen Radebeul und Radeburg.
Gesamtlänge 16,5 km, in Betrieb seit 16. September 1884.

8. »Bimmel«, Fichtelbergbahn, zwischen Cranzahl und Oberwiesenthal.
Gesamtlänge 17,3 km, in Betrieb seit 1897.

9. »Preßnitztal-Schreck«, Erzgebirgsbahn, zwischen Jöhstadt und Wolkenstein.
Gesamtlänge 23 km, in Betrieb seit 31. Mai 1892.

Die Rolande der DDR befinden sich in:

Belgern · 1610 aus Sandstein errichtet, 5,25 m hoch, trägt als einziger Roland ein Flammenschwert.

Brandenburg · 1474 aufgestellt, Sandstein, Höhe 5,34 m.

Buch · 17. Jahrhundert, besteht aus Sandstein, Höhe 3,30 m.

Calbe · Erste Erwähnung 1381, jetzige Gestalt von 1656 wurde 1976 neu errichtet, Elbsandstein, Höhe 4,50 m, einziger Roland mit Helm.

Halberstadt · 1433 aus Sandstein hergestellt, Höhe 4,20 m, nach dem Bremer Roland der zweitälteste in Deutschland.

Haldensleben · Einziger Roland zu Pferde, 2,40 m hoch, 1528 aus weißem Sandstein errichtet, 1927 erneuert.

Halle/Saale · Jetzige Form von 1719, Sandstein, 4 m hoch.

Neustadt/Harz · 1730 aus Eichenholz geschnitzt, Höhe 3,31 m, bunt bemalt.

Nordhausen · 1717 errichtet, Eichenholz bunt bemalt, 3,20 m hoch, im Wappen Reichsadler.

Perleberg · 1546 aufgestellt, Sandstein, Höhe 4,26 m.

Potzlow · 1727 entstanden, 1806 erneuert, Eichenholz, Höhe 2,05 m.

Quedlinburg · Bereits 1460 erwähnt, 1869 neu errichtet, aus Harzer Buntsandstein hergestellt, Höhe 2,75 m.

Questenberg/Harz · Zwischen 1730 und 1740 errichtet, Eichenholz bemalt, 3,24 m hoch.

Stendal · Erste Erwähnung 1525, 1974 erneuert aus Elbsandstein, 5,41 m hoch, mit Schwert Gesamthöhe 7,80 m.

Zerbst · 1445 aus Sandstein errichtet, Höhe 4 m.

Verzeichnis der geographischen Namen

Kursiv gesetzte Ziffern nehmen Bezug auf Bildunterschriften.

Ahlbeck 18, 195
Altenberg 90
Altmark 180
Amerika, Ortsteil von Arnsdorf 79
Arnstadt 49, 63, 176, 182, 185
Asbach 131
Auersberg 184

Baabe 78
Bad Doberan 79, *80*, 81
Bad Dürrenberg 185
Bad Frankenhausen 106, 108, 110, 111, *112*, 113, 114, 115
Bad Kösen 112
Bad Lauchstädt 185
Bad Liebenstein 150
Bad Muskau 88
Bad Sulza 112
Bansin 195
Bauerbach 148
Bautzen 51, *102*, 145, 176, 180, 181
Belgern 32, 154
Bendelebs Holz 106
Berlin (Ost) 14, 20, 24, 93, 118, 133, 138, 139, 140, 175
Bernau 26
Bernsdorf 100
Bessin 19
Binz 78, 79
Bischofferode 44
Blankenburg 176
Blankenstein 128
Bodden 23
Bode 123, 124, 184
Boltenhagen 18
Brandenburg 20, 26, 55, 154
Brocken 82, 184
Buch 154
Buchfahrt 170, 171
Buckow 93
Burg 144

Calau 145
Calbe *154*
Collm 190
Cottbus 145, 177
Cranzahl 82
Crenzburg 171, 174

Dessau 115, 171, 172, 177
Denna 39, 44, *45*
Dingelstädt 44
Dippoldiswalde 83, 84
Dorf Mecklenburg bei Wismar 179
Dornbusch (auf Hiddensee) 14, 21
Drahtzug 78
Drebach 118
Dresden 12, 14, 24, 32, 56, 66, 82, 90, 100, 118, 119, *133*, *134*, *135*, *136*, *137*, 138, 140, 167, 168, 175, 177, 185, 190, 195
Drei Annen Hohne 81

Eberswalde 174
Ehrenfriedersdorf 63
Eichsfeld 39, 40, *41*, 42, *43*, 44, 45, 48
Eisenach 10, 12, 57, 58, *59*, *60*, *61*, 128, 174, 189
Eisleben 177, *182*
Elbe 55, 56, 90, 91, 98, 102, 117, 119, 137, 138, 145, 154, 167, 168, 177, 184
Elbsandsteingebirge 90
Eldena 174
Elend 78, 81
Ems 55
Erfurt 33, 63, *65*, 66, *67*, *68*, *69*, 70, 71, 72, 73, *74*, *75*, 76, 114, *170*, 175, *189*
Erzgebirge 8, 28, 40, 63, 64, 82, 90, 118, 124, 168, 184, 196
Ettersberg 160

Fichtelberg 7, 8, 50, 117, 184
Fichtelgebirge 82, 195
Finstertal 131
Flöha 174
Forst 145
Frankfurt/Oder 7, 20, *179*
Freest 177, 180
Freiberg 124, 168, 177, 180, *182*
Freital 83
Freyburg 56
Friedrichshöhe 132
Friedrichsroda 131
Frohburg, Bez. Leipzig 10
Frohnau-Cunnersdorf 63

Gadebusch 195
Gardelegen 175, 180
Garftitz 78
Gellen (auf Hiddensee) 19, 21
Genthin 26, 98
Gera 14, 88, 170, 174
Gernrode 82, 179
Geyer 63, 88
Glashütte 83
Göhren 78
»Goldene Aue« *105*, 106, 116
Görlitz 122, 123, 180
Görmar 111
Gotha 63, 174
Graupa 190
Greifswald 174, *179*
Großer Beerberg 131, 184
Großer Dreiherrenstein 132
Großer Inselsberg 184
Großer Rammelsberg 184
Gränzamt 90
Grimma 145
Guben 145

Halberstadt 154, 156
Haldensleben 154, 156
Halle 14, 156
Halsbach 168, 170
Harz 28, 40, 81, 82, 103, 105, 106, 110, 123, 124, 131, 152, 176, 177, 190
Harzgerode 81, 82
Hasselfelde 81
Havel 55, 91, 101, 184
Havelberg 55, 56
Heiligendamm 80
Heiligenstadt *35*, 42, 44, 45, *46*, *47*, 48
Helderungen 111
Henneberg 132
Hennersdorf 174
Heringsdorf 18, 195
Hiddensee 13, 14, *15*, *16*, *17*, 18, 19, *20*, 21, *22*, *23*, 24, 196
Hildburghausen 175, 180, 181
Hinternah 125
Hof 123
Höfgen 145
Hohenfichte 174
Hohnstein 90, 91, 93
Honigstein 171
Hörschel 128
Hoyerswerda 145

Ichstedt 116
Ilm 163, 165, 171
Ilmenau 28, 125, 132, 164, 181
Inselsberg 131

Jagdschloß 78
Jena *98*, 99, 114, 120, *121*, 122, 181
Johanngeorgenstadt 63, 131, 181, 184
Jöhstadt 63, 82
Jonsdorf 83

Kalktal 107
Kamenz 145, 184
Kampehl 123
Kap Arkona 7, 8, 18, 50, 117
Kapellendorf 114
Karlsbad 113
Karl-Marx-Stadt 14, 27, 64, 124, 168
Kattenburg 106
Kelbra 105, 106, 115, 116
Kickelhahn 181
Kipsdorf 83
Kloster 18, 19, 21, 23
Kochberg 161
Kölpinsee 184
Kummgrower See 184
Kühlungsborn 79, 80, 85
Kyffhäuser 103, *104*, 105, 106, 108, 111, 116, 131

Lamm 171
Langensalza 110
Lauscha 132
Lausitz 146
Lausitzer Granitplatte 90
Lehde 145, 146
Lehning 55
Leine 39, 40
Leinefelde 39, 40
Leipe 146
Leipzig 28, 82, 120, 133, 139, 140, 175, 184, 185, 190
Lindewerra 45
Löbau 88, 99, 100
Lokomotive 171
Loschwitz 119, 134
Lübben 144, 145
Lübbenau 141, 144
Lützen 184

Magdeburg 12, 14, 66, 184
Magdeburger Börde 25
Mägdesprung 78, 82, 124
Mansfeld 28
Marienberg 131
Marienborn 7
Märkische Schweiz 93
Masserberg 132
Mecklenburg 20, 40
Meiningen 50, 147, 148, *149*, 150
Meißen 28, 56, 138, 158
Merseburg 184, 185
Mirow 20
Mittellausitzer Bergland 51
Möhra 131
Moritzburger See *100*, 101
Molsdorf 63
Mövenort (auf Rügen) 20
Mühlhausen 44, 111, 176
Mulde 177, 184
Müritz-See 184

Naumburg 58, *62*, 63
Neiße 145
Netzkater 78
Neuendorf 13, 21
Neuhaus 127, 185
Neustadt 91
Neustadt (am Rennsteig) 132
Neustrelitz 20
Niederfinow 174
Niederroßla 54, 55
Niederschlag 78
Niesky 145
Nordhausen 81, 152, 156

Oberhof 14, 130, 131
Oberholz 190
Oberlausitz 134, 145
Oberroderwitz 88
Oberwiesenthal 82
Oder 102, 117, 145, 154
Oederau 124
Ohrdruf 123, 125

Oschatz 185, 190
Ostsee 8, 40, 171, 177
Oybin 83

Pausa *94*
Parow (Marinefliegerstützpunkt) 19
Peene 184
Perleberg 156
Petersberg 66, 70
Pfanne 106
Pfützental 106
Philippshagen 78
Pirna 90, 91, 175, 190
Plauen 123
Plauer-See 184
Pleiße 140
Pobershau 63, 131
Pößneck 37
Polenztal 90
Posewald 78
Postelwitz 50
Potsdam 14, 20, 26, 100, 101
Potzlow 156
Pulsnitz 134
Putbus 78

Quedlinburg 28, 115, 120, 152, *153*, 156, 190, *191*, 192, 193
Questenberg *155*, 156

Radeberg 135
Radebeul 56, 83, 84, 85
Ramberg 124
Rathen 138
Rathenow 91
Rathsfeld 115
Rätzsee 20
Reichenbach 168
Rennsteig 125, *126*, *127*, 128, *129*, 130, 131, 132, 150
Renthendorf 96
Rittersgrün 63, 88
Römhild 150
Rostock 14, 54, 79, 80, 196
Rothenburg 106
Rübeland 131
Rudolstadt 161, *192*, 193
Rügen 8, 18, 19, 20, 21, 24, 78
Ryck 174

Saale 112, 128, 184
Saalfeld 131
Sachsen 56, 90, 100, 132, 154, 177, 185
Sächsische Schweiz 138, 170, 190
Sangerhausen 108
Schaprode 21
Schermützelsee 93
Schierke 81
Schildau 31, 32
Schirgiswalde 51
Schleizer Dreieck/Thüringen 10
Schleuße 132
Schloßberg 106
Schmalkalden 131

Schmalzgrube 78, 82
Schmiedeberg 83
Schmiedefelde 127
Schneeberg 63, 175
Schneekopf 184
Schnepfenthal 128
Schobse 132
Schollene 91
Schorte 132
Schwarza 182
»Schweinsköpfe« *106*
Schwerin 119
Schweriner See 184
Sebnitz 90, 91
Seevitz 78
Selke 82, 124
Sellin 78, 79
Serams 78
Siegmundsburg 132
Silbersee 91
Singen 49
Sitzenroda 31
Söllmnitz 88
Sonnenberg 28, 132, 150
Sorge 78, 81
Spechtritz 78
Spree 184
Spreewald 26, *141*, *144*, 145, 146, 177
Spremberg 145
Steigerwald 70
Steinheld 132
Steinthaleben 106, 108
Stendal 98, 154, *155*, 156
Stettin 79
Stiege 82
Stolberg 110, *122*, 123
Stolpen 90, 100
Stralsund 13, 18, 19, 21, *175*, 193, *194*, 195
Straupitz 144
Straßberg 82
Suhl 125, 131, *132*, 148, 150, 168

Tangermünde 98
Teichel 96
Teterower Heidberge 56, 67
Teufelstal 171, 174
Thale 123, *189*
Tharandt 195
Tilleda 109, 115, 116
Torgau 31
Thum 63
Thüringen 28, 50, 65, 94, 123, 148, 170, 180, 182
Thüringer Wald 39, 40, 66, 103, 105, 128, *129*, 131, 132, 176, 184, 185

Udersleben 106
Uecker 184
Uftrungen 131
Ummerstadt 94, 96
Unstrut 56, 184
Usedom 195
Useriner See 20

Vietlübbe 195
Vitte 21, 23, 24
Vogtland 8, 20, 28, 94, 135, 168
Vordere Gans 171

Warnemünde 18
Warnow 184
Warsungen 50
Wartburg 10, 58, 130
Waschleithe 131
Wehlgrund 170
Weimar 14, *35*, 113, 114, 115, 157, *158*, *159*, 160, 161, *162*, *163*, 164, *165*, 166, 171, 177
Weißenberg 134
Weißenfels 184
Weißes Roß 78
Weißwasser 145
Wernersberg 134, 135
Werningerode 54, 81, 88, 194
Werra 39, 45, 171, 174
Wieck 171, 174
Wieland 160
Wiesa 63
Wismar 80, *192*, 196
Wittenberg 31, 180, 185, 196
Wohlrose 132
Wolkenstein 78, 82
Worbis 42, 44
Wünschendorf 174

Zerbst 154, 156
Ziegelhüttental 106
Zinnowitz 195
Zittau 83, *84*, *85*
Zwickau 12, 196

Namen- und Sachregister

Albrecht d. Beherzte, Herzog v. Sachsen 153
Albrecht II. von Regenstein 120
Alexander I., Zar von Rußland 66
Alexander III. (Papst) 109
Alexis, Willibald 176
Alte Wasserkunst (Bautzen) *102*
Amploniana 66
Amplonius Ratingk de Berka 66
Andersen, Hans Christian 159
Anna Amalia, Herzogin von Sachsen-Weimar-Eisenach 164
August der Starke 100, 101, 135, 138, 140, 177
August III., Kurfürst von Sachsen 101

Bach, Johann Sebastian 58, 140, 176
»Barbarossahöhle« 116, 131
»Bauernkriegsgedenkstätte – Panorama« 110, 111
Baumannshöhle 131
Baumwollspinnereien 39, 44
Bebel, August 58
Bechstein, Ludwig 158, 176
Beichlingen, Graf von 108
Bergbau 63, 64, 181
Bergbrüderschaften 63, *64*
Bierbrauereien 49, 91, 96, 134, 135, 185
Biermann, Wolf 93
Bischoff, Georg Friedrich 111
»Bismarckturm« 108, 109
»Blaues Wunder« (Dresden) *167*, 168
Blumenzucht 72, 73, 118
Bodenstedt, Friedrich von 148
Bodt, Jean de 135
Bölling, Klaus 21
Bonatz, Paul 174
Bonifatius 66
Böttger, Johann Friedrich 177
Brecht, Bert 93
Brandt, Willy 65, 67, 70
Brehm, Alfred 96
Brehm, Ludwig 96
Brücken *167*, 168, *169*, *170*, 171, *172*, *173*, 174
Brüneck, Landvogt 110
Brunnen 119, 120, 139, 159, 176
Buchenwald (Konzentrationslager) 160, 180

Canaletto, Bernardo 190
Carl August, Herzog von Weimar 115, 116, 159, 160, 163, 164
Cerneke, Peter 23
Christianus, Graf 108
Christbaumschmuckherstellung 132
Chronegk, Ludwig 148
Clodius, Christian August 139
Cosel, Anna Konstanze Reichsgräfin von 100
Cranach, Lucas 111, 158, 159, 185
Cyriaksburg (Erfurt) 72

Dagobert III. 66
Dahlberg, Karl Theodor Reichsfreiherr v., Kurfürst v. Mainz 75
Dialekte/Sprache 25, 26, 27, 28, 36, 37, 38, 145
Dora (Konzentrationslager) 180
Dürer, Albrecht 111

Einstein, Albert 18
Eisenbahnen *77*, 78, 79, *80*, 81, 82, 83, *84*, *85*, *86*, *87*, 88, 120, 201, 202
Elisabeth, Landgräfin von Thüringen 58
Engels, Friedrich 139
Erasmus v. Rotterdam 76
Ernst, Kurfürst von Sachsen 153
Erdmannsdorff, Friedrich Wilhelm von 171
Erxleben, Dorothea Christiane 190
Eulenturm (Tangermünde) 98
Eyserbeck, Johann Friedrich 171

Fahlisch, Paul 141, 146
Fährhaus (Höfgen) 145
Falkenstein, Burg 179
Fasanenschlößchen 101
Feengrotte (Saalfeld) 131
Feucht, Johann Gottfried 116
Flemming (Dresdner Bildhauer) 32
Fontane, Theodor 118
Franz, Ellen 148
Freiligrath, Ferdinand 159
Friedrich I., Barbarossa 103, 106, *107*, 109, 110
Friedrich II., d. Große, König von Preußen 118
Friedrich III., der Weise, Kurfürst von Sachsen 185, 196
Fürstenkongreß v. 1808 66

Georg II., Herzog von Sachsen-Meiningen 118, 148, 149, 150
Georg der Bärtige, Herzog von Sachsen 111
Gerber, Christian 56
Gipfeltreffen, deutsch-deutsches 65, 66, 67
Glasbläsereien 125, 181, 185
»Gloriosa« 71, *73*
Gneisenau, Neidhardt von 32
Goebbels, Joseph 32
Goethe, Johann Wolfgang von 28, 58, 67, 73, 74, 113, 114, 115, 116, 139, 140, 148, 157, 158, 160, 161, 163, 164, 165, 166, 177, 181, 185, 193
Goethe, Ottilie von 114
Göltzschtalbrücke 168, *169*
»Gotische Brücke« 168, *170*
Gotter, Reichsgraf Gustav Adolf von 63
Gottsched, Christoph 140
Grillparzer, Franz 28, 166
Grünes Gewölbe (Dresden) 138
Guericke, Otto von 185
Gustav II. Adolf, König von Schweden 184
Gustavs, Arnold 23
Guts Muths, Johann Friedrich Christoph 128

Hammerwerke 125
»Happelshütte« 131
Hauptmann, Gerhart 18, 20, 21, 23, 134, 158
Hauptmann, Johann 101
Hebbel, Friedrich 166
Hedwig, Äbtissin d. Quedlinburg 152, 153
Heidecksburg (Rudolstadt) *192*, 193
Heilquellen 112, 113, 114, 115, 185
Heimkehle 131
Heine, Heinrich 42, 44, 110, 138
Heinrich I. 190
Heinrich IV. 109
Heinrich, Prinz von Preußen 118
Heisenberg, Arnold 166
Henselmann, Hermann 99
Herder, Johann Gottfried von 157, 160, 164
Hering, Carl Gottlieb 190
Hermann, Fürst von Pückler-Muskau 159
Hermannshöhle 131
Hexenfeuer 51
Hexenspuk 123, 124
Hitler, Adolf 166
Honecker, Erich 58
Hopfenbrunnen (Arnstadt) 176
Horch, August 196
Horota, Stephan 119
Huch, Ricarda 196
Humboldt, Caroline (geb. von Dacheröden) 75
Humboldt, Wilhelm von 75
»Hütes« 147
Hutten, Ulrich von 65, 76, 111
Hus, Jan 111

Internationale Gartenausstellung (iga) 73
Intershop 13, 44, 198

Jagemann, Karoline 73
Johann d. Beständige, Kurfürst von Sachsen 185
Johann Friedrich I., Kurfürst von Sachsen 98
Johannisfeuer 51

Kahlbutz, Christian Friedrich 123
Kahnfährleute/Kahnfahrten 141, *142*, *143*, *144*, 145, 146
Karl IV. (eigenl. Wenzel) 98, 181
Kirchen
- Andreaskirche (Eisleben) 177
- Annenkirche (Eisleben) 177
- Frauenkirche (Dresden) 134, 136
- St. Georgskirche (Schmalkalden) 131
- Kreuzkirche (Dresden) 134
- Liebfrauenkirche (Arnstadt) 176
- Lorenzkirche (Freiberg) 180
- St. Nicolai-Kirche (Wismar) 196
- Nikolaikirche (Eisleben) 177
- Stiftskirche (Quedlinburg) 190
- Thomaskirche (Leipzig) 140

Kirms-Krackow-Haus (Weimar) 164
Klopstock, Friedrich Gottlieb 190, 191
Kloster Walkenried 108
Klump, Hermann 115
Knobelsdorff, Georg Wenzelaus von 118
Königstein (Festung) 138, 190
Korbpranger (Oschatz) 190
Kosegarten, Gotthard Ludwig 24
Kottwitz, Eberhard 156
Krämerbrücke (Erfurt) 76, *170*
Kugelbrote 55
Kupferschieferbergbau 108, 181
Kyffhäuserdenkmal *103*, *104*, 105, 106, 109

»Lalenbuch« 31, 32
Langen, Eugen 118
Langhans, Friedrich 139
Lehmann, Johann 140
Lengefeld, Charlotte von 193
Lenin, Wladimir Iljitsch 72
Leonhard, Fritz 174
Leppin, Maria 123
Lessing, Gotthold Ephraim 140, 184
Lessing, Otto 165
Liebknecht, Karl 58
Liszt, Franz 58, 140, 166
Luftgebäck 138, 139
Luise, Königin von Preußen 171, 176, 182
Luisium (Dessauer Schloßpark) 171
Luther, Martin 28, 58, 65, 75, *76*, 110, 122, 130, 131, 136, *137*, 177, 182
Lyonnel-Feininger-Galerie (Quedlinburg) 115

»Mägdetrappen« 124
Mann, Thomas 18, 166
Manniske, Wilhelm August Gottlieb 114, 115
Mansfeld, Graf von 111
Marcus, Otto 120
Marienglashöhle 131
Meininger 148, 149, 150
»Marlitt« (Pseudonym v. Eugenie John) 176
Marschalk, Margarete 18
Marx, Karl 33, 34, 58, 139
Melanchthon, Philipp 76
Mendelssohn-Bartholdy, Felix 140
»Merseburger Zaubersprüche« 185
Meyer, Joseph 181
Miniatur-Park (Oederau) 124
Müntzer, Thomas 110, 111, 112, 176

»Nackte Jungfern« 118
Napoleon Bonaparte 65, 66, 67, 114, 193
Neideckturm (Arnstedt) 176
Neuengamme (Konzentrationslager) 180
Nielsen, Asta 19
Niemeier, Nicolaus 18

Oder-Havel-Kanal 174
Otto II. 148

Palast der Republik (Berlin) 139
Paul, Jean 181
Pelose (Heilschlamm) 91
Perthes, Justus 174
Peter, Richard 134
Pfefferkuchenmuseum (Pulsnitz) 134
Pieck, Wilhelm 176
Philipp, Landgraf von Hessen 111
Pöppelmann, Matthäus Daniel 135
Porzellanmanufaktur 132, 138, 177, 181, 185
Professorenporträtsammlung (Jena) 181
Prokop (Hussitenfürst) 58
Puhkaw, Georg 123
Puppensammlung »Mon Plaisir« (Arnstadt) 176, *182*

Raddampfer 138
»Raubgrafenkasten« (Quedlinburg) 120
Rebentrost, David 118
Reichardt, Gustav 50
Reimann, Hans 27
Rennsteiglauf *126*, *127*
Rennsteigwanderwege 128, 129, 130, 131
Reuter, Fritz 58
Riesen 124
Ritter, Karl 190
Rohr, Julius Bernhard von 106
Rosarium 108
Roßtrappe 124
Rousseau, Jean-Jacques 154
Ruine Altrathen 170
Ruine Kyffhausen 109, 110
Ruine Regenstein 176
Ruine Rothenburg 108, 109

Salzbergwerk 108
Schade, Johann Daniel 101
Schiffsfahrstuhl 174
Schildbürger 21, 31, 32
Schill, Ferdinand von 195
Schiller, Friedrich von 140, 148, 157, 160, 163, 164, 193
Schlachtermarkt (Schwerin) 119
Schloß Belvedere (Weimar) 163
Schloß Güstrow 179
Schloß Moritzburg (Dresden) *134*, *135*
Schloß Rheinsberg 118
Schloß Sanssouci (Potsdam) 101, 163
Schloß Wilhelmsburg (Schmalkalden) 131
Schlözer, Ludwig von 42
»Schnappshaus« (Jena) 120, 122
Schönberg, Hans Friedrich von 31, 32
Schroeter, Chr. G. 91
Schubart, Daniel 154
Schubert, Johann Andreas 168
Schumann, Clara 140

Schumann, Robert 140, 196
Schwarzburg (erloschenes thüring. Adelsgeschlecht) 108, 132
Schwebeseilbahn 118, 119
Schwindt, Moritz von 58, *64*
Scultetus, Bartholomäus 120
Segetius, Joachim 28
Semper, Gottfried 185
Semper-Oper (Dresden) 134, 135, 138, 185
Shakespeare, William 165
»Sieben Wunder« (Jena) 122
Silberbergbau 131, 181, 196
Silbermann, Gottfried 180
»Sixtinische Madonna« (Dresden) 138
Sorben 145, 146
s. a. Kahnfährleute
Spielzeugmuseum (Sonneberg) 132
Stanislaw, Konstantin Sergejewitsch 158
Stein, Caharlotte von 161, 177
»Stieler Handatlas« (Gotha, Schloß) 174
Stöckel, Erich 168
Stoph, Willi 65, 66, 67
Storm, Theodor 42
Talsperre Pöhl (Vogtland) 20
Tauben-Tausch-Tag (Naumburg) *62*, 63
Telemann, Georg Philipp 140
»Telespargel« (Berlin-Ost) 102, 138
Teppichknüpferei 177, 180
Textilindustrie 44, 176
Tobias-Hammer 123
Trachten 42, *43*, 94, *95*, *146*
Tropfsteinhöhlen 131
Tübke, Werner 110, 111
Tucholsky, Kurt 118

Ulbricht, Walter 26, 70, 138, 140

Virchow, Rudolf von 123
Vornamen-Beratungsstelle 38

Wagner, Richard 58, 140, 166, 190
Waid 72
Wallenstein, Albrecht Eusebius Wenzel von 184
Walpurgisnacht 123
Wasserburg (bei Kapellendorf) 114
Wassermühle (Höfgen) 145
Wasserschloß (bei Kochberg) 161
Wasserwerk-Minarett (Potsdam) 100, *101*
Wasserversorgung 91, 93, 101, 102
Weber, Carl Maria von 181
Weigel, Erhard 120
Weinanbau 56, 108
»Weltzeituhr« (Berlin) 139
Wenzel, siehe Karl IV.
Wieck, Friedrich 140
Wilhelm I. 103, 105
Wintersport 130, 131, 132, 181
Witten, Hans 180
Wittumspalais (Weimar) 164
Wolzogen, Henriette von 148
Wörlitzer Park *172*, *173*, 177

Zeiss, Carl 158
Zirkler, Paul 168
Zierfuß, Alfred 112
Zimmermann, Johann Franz August 164
Zoologische Gärten 66, 140
Zweig, Arnold 166
Zwinger (Dresden) *133*, 134, 135, 136, 138
Zwingli, Ulrich 111

Reisetips

BADEN/STRÄNDE

- Rätzsee bei Mirow 20
- See bei Kelbra 20
- Useriner See bei Neustrelitz 20

FKK

- am Gellen 19
- am Bessin 19, 20
- Mövenort 20
- Talsperre Pöhl 20

CAMPING

- 18, 20, 195

FESTE

- Backofenfest 55
- Brautag 49
- Bergparden 63
- Hexenfeuer 51
- Hussitenkirschfest 58
- Johannisfeuer 51
- Kirchenmusikfest 111
- Kirchweihfeste 44
- Maibaumsetzen 51
- »Miss Baba« 54
- Mühlenholzer Pferdemarkt 55
- Schifferfastnacht 50
- Sommergewinn-Fest 58, *60*, 61
- Teterower Bergringrennen 56, 71
- Zwiebelmarkt 164, 166

GASTSTÄTTEN

- Barockschlößchen (Molsdorf) 63
- Braugold (Erfurt) 75
- Corso (Leipzig) 140
- Druschba (Erfurt) 75
- Goldene Gabel (Tilleda) 115
- Kaffeebaum (Leipzig) 140
- Lengefelder Warte (Eichsfeld) 44
- Zenner, Gasthaus (Berlin-Treptower Park) 139
- Zum fröhlichen Hecht (Lehde) 145

TRANSITREISEN

Wer mit dem Kraftfahrzeug aus der Bundesrepublik über eine der vier für den Transitverkehr festgelegten Straßenverbindungen nach West-Berlin reist, muß Führerschein und Fahrzeugpapiere mitführen, und sein Auto muß der Straßenverkehrszulassungsordnung der Bundesrepublik Deutschland entsprechen. Kraftfahrzeuge mit amtlichen Kennzeichen der Bundesrepublik Deutschland bedürfen keiner zusätzlichen Haftpflicht-Versicherung. Eine grüne Versicherungskarte wird nicht benötigt.
Jeder Reisende sollte die Bestimmungen des Transitabkommens beachten. Eines ist vielen nicht bewußt: Durch das Transitabkommen sind die Transitwege keine neutralen Korridore geworden (wie etwa die Luftkorridore nach Berlin/West), sondern DDR-Gebiet geblieben, die auch vom DDR-Verkehr benutzt werden. Entsprechend ist von den Kraftfahrern die DDR-Straßenverkehrsordnung zu befolgen, und alle Transitreisenden müssen eine Reihe von Punkten, die der besonderen Situation entspringen, beachten.

Hier die wichtigsten:
Für den Fahrer eines Kfz in der DDR gilt auch auf den Transitstrecken absolutes Alkoholverbot. Jeder sollte sich hüten, noch kurz vor dem Grenzübertritt auch nur das kleinste Bier zu trinken. Beim Transit gilt auf allen Autobahnen in der DDR eine Höchstgeschwindigkeit von 100 km/h für PKW und Motorräder und von 80 km/h für alle übrigen Kraftfahrzeuge sowie von 80 km/h auf allen anderen Straßen außerhalb geschlossener Ortschaften. Die wichtigsten Bestimmungen besagen, daß man die Transitrouten nicht verlassen und während der Fahrt durch die DDR keine Personen, beispielsweise Anhalter, mitnehmen darf. Auf und in den für Berlin-Reisende vorgesehenen Parkplätzen und Raststätten dürfen keine Zeitungen, Zeitschriften oder andere westliche Drucksachen verteilt oder weitergegeben werden. Man sollte sie dort nicht einmal liegenlassen oder wegwerfen – im Auto sind sie gut aufgehoben. Besonders empfindlich sind die Behörden der DDR gegen das unerlaubte Treffen von Bürgern ihres Staates mit westdeutschen und Westberliner Transitreisenden und noch empfindlicher gegen den nicht gestatteten Austausch von Geschenken, und seien sie noch so harmloser Natur. Wer Verwandte oder Bekannte in der DDR besuchen möchte, kann das heute in der Regel mit einem entsprechenden Visum tun, und die meisten Geschenke können per Post versandt werden.
Wer bei einem Zwischenstopp während der Transitfahrt ein Erinnerungsfoto machen möchte, sollte bedenken, daß das Fotografieren von militärstrategisch interessanten Objekten wie Bahnanlagen und Bahnhöfen, Brücken und Viadukten, Industrie- und Grenzsicherungsanlagen, Marschkolonnen, diensttuenden Soldaten o. ä. untersagt ist. Dies gilt sinngemäß auch für Omnibusreisende, wenn ihr Bus auf einem der speziell dafür vorgesehenen Parkplätze (die wiederum nicht von PKW benutzt werden dürfen) eine Pause einlegt. Eisenbahnreisende durchfahren ohne Aussteigemöglichkeit die DDR und bekommen das erforderliche kostenlose Transitvisum im Zug. Kfz-Reisenden wird es an der Grenze ausgestellt, wobei sie ihr Fahrzeug nicht zu verlassen brauchen. Auch eine Kontrolle des Gepäcks findet in der Regel nicht statt.
Die Übergänge sind Tag und Nacht geöffnet. Der Transitreisende darf in seinem Gepäck auch alle an westlichen Grenzen normalerweise üblichen Gegenstände mitnehmen, wobei sich die Verbotsliste eher erheiternd liest: Sprengstoffe, Gifte und radioaktive Stoffe hoher Aktivität. Tierfreunde werden es begrüßen, daß sie mit einer amtstierärztlichen Bescheinigung nicht nur Hunde und Katzen, sondern auch Kaninchen, Hasen und Reitpferde mit sich führen dürfen. Für Fische, Schildkröten und Reptilien sind solche Bescheinigungen nicht erforderlich, und für Goldhamster, Meerschweinchen und Vögel nur dann, wenn mehr als vier Tiere mitgeführt werden.
Um alle Bestimmungen genau beachten zu können, besorge man sich das vom Bundesministerium für innerdeutsche Beziehungen herausgegebene Merkblatt »Reisen nach und von Berlin (West)«, das bei den Fahrkartenausgaben oder Auskunftsstellen der DB-Bahnhöfe, den Geschäftsstellen der Automobilklubs, in Reisebüros, den Grenzdienststellen des Bundes oder beim Gesamtdeutschen Institut, Postfach 12 06 07, 5300 Bonn 1, Telefon: 02 28/20 70, kostenlos erhältlich ist.

WALLFAHRTEN/ PROZESSIONEN

40, 44, 48, 69

- Fronleichnam 51
- Palmsonntag *46*, 47, 48

WANDERN

siehe auch:
- Rennsteiglauf
- Rennsteigwanderwege
- Dornbusch
- Kyffhäuser
- Honigstein
- Lamm
- Lokomotive
- Maldetal (bei Grimma)
- Ruine Altrathen
- Vordere Gans
- Wehlgrund
- Usedom

FESTE IM JAHRESVERLAUF

JANUAR

- Tauben-Tausch-Tag in Naumburg (S. *62*, 63) an allen 4 Samstagen im Januar

KARNEVAL/FASCHING

- Pumphutulkfest in Schirgiswalde (S. 51) 1–2 Wochen vor Fasching, genauen Termin erfragen
- Schifferfastnacht in Postelwitz (S. 50) am Faschingssonntag

MÄRZ

- Krokusblüte in Drehbach (S. 118) von Mitte März bis Mitte April
- Sommergewinn-Fest in Eisenach (S. 58, *60*, 61) letzter Samstag im März

APRIL

- Hexenfeuer am 30. April

PFINGSTEN

- Backofenfest in Lehning (S. 55) 1. Sonntag nach Pfingsten
- Maibaumsetzen (S. 51) 1 Woche vor Pfingsten
- Teterower Bergringrennen (S. 56, 57) zur Pfingstzeit, genauen Termin erfragen

JUNI

- Johannisfeuer (S. 51) in der Mittsommernacht
- Hussitenkirschfest in Naumburg (S. 58) Ende Juni

SEPTEMBER

- Mühlenholzer Pferdemarkt bei Havelberg (S. 55, 56) 1. Wochenende

OKTOBER

- Kirchweihfeste der Eichsfelddörfer (S. 44) 3. Sonntag im Oktober. Am Vortag: »Kirmesgelage« (d. Erstlingsburschen)
- Zwiebelmarkt in Weimar (S. 164, 166) 1. Wochenende im Oktober

ADVENT

- Bergparaden im Erzgebirge (S. 60)

Klötze
Stendal
Tangermünde
Gardelegen
Genthin
Haldensleben
Magdeburg
Zerbst
Rosslau
Kalbe
Halberstadt
Dessau
Wernigerode
Bernburg
Blankenburg
Quedlinburg
Köthen
Thale
Gernrode
Stolberg
Eisleben
Nordhausen
Sangerhausen
Halle
Worbis
Bad Lauchstädt
Sondershausen
Heiligenstadt
Querfurt
Bad Frankenhausen
Dingelstädt
Mühlhausen
Naumburg
Bad Langensalza
Zeitz
Erfurt
Weimar
Apolda
Eisenach
Jena
Gera
Arnstadt
Bad Salzungen
Rudolstadt
Schmalkhalden
Pößneck
Ilmenau
Saalfeld
Suhl
Meiningen
Neustadt
Lauscha
Hildburghausen
Sonneberg
Ummerstadt